William Clapier

Effondrements ou révolution ?

État d'urgence spirituelle pour un monde durable et désirable

LE PASSEUR
ÉDITEUR

Dans la collection
« Le Passeur Poche »

Céline Anaya Gautier, *Dis, maman, c'est encore loin Compostelle ?*
Philippe André, *Robert Schumann, folies et musique*
Guillaume Apollinaire, *Faire l'amour et faire la guerre*
Leonard Appel, *En dialogue avec Christiane Singer*
Bettina von Arnim et Johann Wolfgang von Gœthe, *Le monde n'a pas besoin de savoir que tu m'aimes*
Gilles Babinet, *Big data, penser l'homme et le monde autrement*
Gilles Babinet, *Transformation digitale : l'avènement des plateformes*
Isabelle Barth et Yann-Hervé Martin, *La Manager et le Philosophe*
Charles Baudelaire, *Cette maladresse maternelle me fait t'aimer davantage*
Pauline Bebe, *Saisir le merveilleux dans l'instant*
Coline Béry, *Adrienne Bolland ou les ailes de la liberté*
Pierre Bonte, *La Belle France*

(suite en fin d'ouvrage)

www.lepasseur-editeur.com

ISBN : 978-2-36890-890-7

EFFONDREMENTS OU RÉVOLUTION

DU MÊME AUTEUR

Aimer jusqu'à mourir d'amour. Thérèse et le mystère pascal, Le Cerf, 2003.

Une voie de confiance et d'amour : l'itinéraire pascal de Thérèse de Lisieux, Le Cerf/Éditions du Carmel, 2005.

Élisabeth de la Trinité, l'aventure mystique (dir.), Éditions du Carmel, 2006.

Thérèse de Lisieux, approches psychologiques et spirituelles (dir.), DDB, 2008.

Louis et Zélie Martin : une sainteté pour tous les temps, Presses de la Renaissance, 2009.

Thérèse de Lisieux au risque de la psychologie, Presses de la Renaissance, 2010.

Une année avec Thérèse de Lisieux, Presses de la Renaissance, 2017.

Sainte Thérèse de Lisieux, coll. « Les grandes figures de la spiritualité chrétienne », Le Figaro/Presses de la Renaissance, 2017.

Quelle spiritualité pour le XXI*e siècle, Au fil d'une vie,* Presses de la Renaissance, 2018.

La perspective de la fin du monde, ou en tout cas de la fin d'un monde pacifique, n'est plus une hypothèse d'école.

NICOLAS HULOT

Singe danse dans une maison en flammes. Mais la part dominante de sa cervelle s'obstine à le nier.

LAURENT TESTOT

Introduction

Crise salutaire ou chaos irrémédiable

Aucun doute. Le monde des humains est entré dans une ère nouvelle. Celle de son éveil au désastre écologique. En France et au-delà, une sorte de basculement médiatique s'est produit au cours de l'année 2018[1]. Impossible désormais de ne pas être informé sur les problèmes environnementaux[2]. Alimentée par la multiplication de catastrophes naturelles, l'actualité écologique s'alourdit de scandales

1. Par une multitude d'évènements concomitants : phénomènes climatiques d'une ampleur inédite (sécheresses, incendies, fonte des glaces accélérée, évaluation alarmante de l'effondrement de la biodiversité…), l'impact, en France, de la démission de Nicolas Hulot, l'apparition de mouvements nouveaux (Extinction Rebellion, grève de l'école initiée par Greta Thunberg), rapport du GIEC, etc.
2. En 2018, on recense plus de 20 000 publications sous le mot-clé « climat ».

alimentaires à répétition[1] et autres faits divers, dont une pollution protéiforme qui met en péril la santé publique. Le drame écologique n'épargne à présent aucune partie du globe. La Terre, organisme vivant, souffre, suffoque, s'épuise littéralement sous la pression croissante des activités humaines. Hormis les grands conflits mondiaux du XXe siècle, jamais une crise – le mot est trop faible – n'a mis autant en évidence la communauté de destin de toute la famille humaine et de l'ensemble du vivant. Les coups de semonce répétés du dérèglement climatique donnent à l'humanité les allures d'un immense corps se cognant, se meurtrissant jusqu'au sang, abîmé dans un chaos provoqué par son inconscience.

Face au cumul des conséquences funestes d'une errance insouciante, conjuguées à l'inertie des pouvoirs politiques, une part croissante de la population mondiale s'alarme. L'éclat des festivités « *made in* Occident » est terni. Le ciel du devenir de l'humanité se couvre de nuages menaçants. Les offres pléthoriques de l'industrie du divertissement ne font plus sourire. Si elles attirent encore et toujours plus, massivement

1. Vaches folles (1986-1996), poulets à la dioxine (1999), grippe aviaire (2003), lait maternel frelaté (2008), graines germées contaminées (2011), porc transformé en bœuf (2011), affaire Spanghero : viande chevaline vendue pour de la viande de bœuf (2013), lait infantile Lactalis contaminé aux salmonelles (2017), œufs contenant du friponil (2017)…

orchestrées par la puissance des artifices publicitaires, elles ne manquent pas d'interroger et d'inquiéter.

Ainsi que j'ai pu le constater durant mon long séjour en milieu médical[1], les données sur le drame environnemental commencent à alimenter les discussions quotidiennes. Le sujet « écologique » n'est plus éludé. Il est abordé à table, au gymnase, en box de soins, autour du distributeur à café, au cours d'une promenade dans le jardin… Beaucoup en sont réellement préoccupés, sans pouvoir ou vouloir encore s'inscrire dans une démarche réactive. À partir des questions écologiques, les échanges laissent transparaître un mal-être diffus plus profond. « Le monde, disent-ils, tourne mal », avec cet environnement « malade » et cette société de plus en plus « inhumaine ». « On le sent bien, le moral des gens est plombé. » Ils n'ont pas assez le temps de vivre leur vie, de se parler, de partager, de se réjouir en famille. Happés par le travail, les trajets embouteillés, aspirés dans un rythme de vie accéléré et confinés dans un univers bétonné ; sinon rongés par l'inquiétude sourde de perdre leur emploi, ou d'en rechercher un. Et les fins de mois mal

1. À la suite d'un accident fin janvier 2016, ayant entraîné une grave fracture du genou droit et de multiples complications cliniques, j'ai dû séjourner plus de trois années en milieu hospitalier.

assurées par des crédits qui grèvent l'élan de vivre, la confiance dans des projets, l'espoir de lendemains meilleurs. Chacune, chacun, avec ses mots, sa sensibilité, sa culture, pressent qu'il y a un lien entre la Terre qui souffre et le délitement d'une société matérialiste, socialement fragmentée et inégalitaire. La crise dite des « gilets jaunes » en a été, en France, un révélateur étonnant – et détonant – dans ses formes d'émergence, symptomatiques de l'ampleur d'une détresse sociale aux multiples visages.

Dans la première partie, j'exposerai en un recueil synthétique les données factuelles du drame écologique et du malaise sociétal, étape essentielle de l'information. Sans elle, impossible d'éveiller nos consciences jusqu'à opérer un changement de mode de vie et un engagement citoyen. La connaissance du désordre de notre monde peut être un puissant catalyseur de l'action intérieure et extérieure. C'est « parce qu'elle comprend que sa survie est en jeu que l'humanité peut naître à elle-même[1] ».

Dans la deuxième partie, nous nous confronterons aux principaux obstacles qui se dressent sur le chemin d'un changement tant personnel que collectif. L'immobilisme est fréquemment déploré. Les raisons en sont multiples : psychologiques, culturelles, politico-sociales. Quelles

1. Jean-Pierre Dupuy.

sont les causes qui bloquent notre volonté alors que nous savons l'urgente nécessité d'un changement ?

Dans la troisième partie, nous verrons que l'alternative de civilisation à laquelle nous sommes conviés suppose un changement puisant son inspiration et son dynamisme aux sources mêmes de l'esprit. L'ampleur de la crise est d'ordre moral et spirituel. Ma conviction est que l'effondrement systémique de l'environnement est la conséquence d'un effondrement spirituel qui l'a précédé. Avoir substitué à sa soif de sens, de sacré et de lien la recherche sans fin de biens finis, là est le drame de l'*Homo consumator* du XXIe siècle. Alors comment aider notre consentement à quitter les zones de surabondance matérielle qui nous rivent à un modèle de vie que nous savons « géocide » (destructeur de la Terre) ? L'amorce d'un changement passe par la reconnaissance des limites des ressources de notre planète tout autant que de nos propres limites, corollaire au dépassement de nos désirs de toute maîtrise. C'est une difficile séquence à mettre en œuvre. Comment retrouver notre lien essentiel avec la nature, notre « maison commune » ? Quels moyens et quel récit pourront motiver et guider suffisamment l'éveil de notre conscience et notre engagement pour nous mobiliser dans l'aventure intérieure-extérieure de la vie humaine ? Les voies spirituelles peuvent assurément nous y aider[1]. Avec l'esprit critique qu'il convient pour déjouer les pièges de l'enfermement idéologique, dogmatique et sectaire. Cet esprit critique doit s'exercer en premier lieu sur sa propre démarche intérieure. Chacun selon ce qu'il est. Et ce qu'il peut faire ici et là, dans la société civile, sa ville, son village, son quartier, son habitat, auprès de son entourage, de ses amis, de sa famille ; et s'il est croyant, au sein de son église, de sa synagogue, de sa mosquée, de son dojo, de son ashram, de son monastère.

L'intériorité, que l'on revendique ici et là dans les milieux les plus divers, ne serait-elle plus galvaudée, ignorée, mais reconnue à sa juste valeur ? Le crépuscule de notre civilisation qui s'annonce pourrait alors se muer en une aurore pascale.

1. Voir notre précédent essai, *Quelle spiritualité pour le XXIe siècle ? Au fil d'une vie*, Presses de la Renaissance, 2018.

Première partie

Dépression planétaire : l'alarme écologique et autres symptômes

Nous n'avons qu'une terre et tout dommage que nous lui causons se retournera contre nous.

DALAÏ-LAMA

Quand le Saint, Béni-Soit-Il, créa le premier homme, il le prit et l'avertit : Vois mes œuvres, vois leur beauté, leur perfection ; et tout ce que j'ai créé, je l'ai créé pour toi.

Prends garde de ne gâter, ni ne détruire mon monde, car il n'y aura personne pour le réparer après toi.

TAMULD (KOHELLET RABA 7, 28)

COMMENÇONS notre enquête par ce qu'il convient d'appeler le *drame environnemental*. Depuis plusieurs années, singulièrement durant mes trois années en milieu médical, je me suis documenté avec le désir de la véracité et l'énergie d'une lucidité croissante. J'ai lu, épluché, étudié livres et articles, visualisé vidéos, interviews, documentaires. J'ai pris des notes, rédigé des fiches de lecture, compilé des synthèses. Soucieux de vulgarisation, je les ai rassemblées, simplifiées pour offrir un panorama aussi clair et objectif que possible. C'est ce travail de synthèse que je partage avec vous. Sans rechigner à la tâche, prenons ce temps de l'information. Avec le courage de ne pas nous dérober à ses injonctions, à ce qu'elle nous inspire. Cette étape pourra sembler fastidieuse. Elle est pourtant incontournable pour prendre la mesure des principaux symptômes du délitement de notre planète. Et évaluer la gravité du mal dont notre civilisation est à la fois responsable et victime. En vue d'agir, de réagir en conséquence.

1
SOS environnement

Les sources des données sur l'écologie sont chaque jour alimentées et commentées par d'innombrables acteurs : scientifiques, économistes, sociologues, acteurs politiques, ONG, philosophes, leaders religieux, artistes, intellectuels, citoyens engagés… Dans ce foisonnement, essayons d'opérer une première clarification. Lorsqu'on parle de crise environnementale, on distingue généralement quatre volets : le réchauffement climatique, la sphère complexe des pollutions[1], l'épuisement des ressources naturelles, l'effondrement de la biodiversité[2].

---

1. Le volet pollution recouvre l'ensemble de l'écosystème naturel : pollutions de l'air, des sols, des mers, des océans et des cours d'eaux ; par suite, tout ce qui est produit : alimentation, vêtements, objets usuels (mobiliers, voitures, jouets…), etc. Sans omettre les pollutions par les ondes, les nuisances sonores, lumineuses, etc.
2. Nous n'ignorons pas la lourde problématique de l'énergie nucléaire, sa dangerosité pour la société civile, son impact sur la planète. Désireux de restreindre notre champ d'investigation, nous ne l'avons pas intégrée à notre enquête.

L'aggravation du réchauffement climatique

1988 est une année clé dans la prise en compte du réchauffement climatique[1]. Le mérite en revient au climatologue James Hansen. Son audition devant le Congrès américain fut un grand choc. Une véritable déflagration cognitive. Il affirme, preuves à l'appui, être « certain à 99 % que le climat se réchauffe ». Et que les hommes en sont en grande partie responsables. Depuis, les études scientifiques se multiplient. Toutes, ou presque, convergent pour reconnaître un fait : le climat se réchauffe.

Une des principales sources de ce domaine très médiatisé sont les rapports du Groupe d'experts intergouvernemental sur l'évolution climatique (GIEC), créé cette même année 1988[2].

---

1. Notre planète a toujours connu des cycles de réchauffement et de refroidissement climatique. Durant « l'optimum climatique médiéval » (du xe au xive siècle) localisé sur les régions de l'Atlantique Nord, souvent évoqué lors des débats sur le climat, le niveau des températures était plus élevé que celui du « petit âge glaciaire » (du xive au xixe siècle) qui lui a succédé. Ce niveau était à peu près équivalent à celui de la décennie des années 1990 ; mais il n'aurait pas atteint « globalement » le niveau des températures que nous connaissons depuis le début xxie siècle. Aujourd'hui, et cette différence est décisive, ce n'est pas une vaste région de la planète qui est concernée. C'est l'ensemble du globe terrestre.
2. Le GIEC dépend de l'Organisme météorologique mondial et du Programme des Nations unies pour l'environnement.

Un rapport du 8 octobre 2018, à l'attention des dirigeants participant à la Conférence de Katowice (Pologne) sur les changements climatiques (COP24, du 5 au 15 décembre 2018), expose de nouveau les graves conséquences du réchauffement déjà en cours, et particulièrement la menace de dépassement au-delà de 1,5 °C à 2 °C de réchauffement par rapport aux niveaux préindustriels ; seuil maximal que les pays signataires de la COP21 (Paris 2015) se sont engagés à ne pas dépasser. Des vagues de chaleur répétées, l'extinction de nombreuses espèces, voire la déstabilisation des calottes polaires entraînant une montée des océans y sont présentées sur le long terme. Rappelons qu'une des principales causes du réchauffement climatiques sont les émissions de gaz à effet de serre (GES)[1], dont le plus connu, le dioxyde

Il a été récompensé par le prix Nobel de la Paix en 2007 (conjointement avec l'ancien vice-président Al Gore). Il est financé par 195 pays (un budget évalué à 6 millions d'euros). Les États-Unis de Donald Trump se sont retirés du GIEC en 2016.

1. Les gaz à effet de serre (GES) absorbent une partie des rayons solaires en les redistribuant sous la forme de radiations au sein de l'atmosphère terrestre, un phénomène appelé « effet de serre ». Plus d'une quarantaine de GES ont été recensés, parmi lesquels figurent, outre le dioxyde de carbone (CO_2) issu de la combustion des énergies fossiles (pétrole, charbon), la vapeur d'eau (H_2O), le méthane (CH_4) généré par l'agriculture et l'élevage, mais aussi par la production et la distribution de gaz et de pétrole et par l'extraction du charbon, l'ozone (O_3), le protoxyde d'azote (N_2O)

de carbone, est celui le plus émis par les activités humaines. Il est responsable de 63 % du réchauffement de la planète causé par l'homme. Sa concentration dans l'atmosphère est actuellement supérieure de 40 % à celle du début de l'industrialisation[1].

Le seuil des 1,5 °C à 2 °C – objectif de la COP21 de Paris – semble intenable, voire totalement illusoire, au vu de l'inertie actuelle des décideurs politiques et économiques[2]. Ce qui est aujourd'hui mis en œuvre n'enrayera pas la hausse de la température moyenne de la Terre. Les prévisions les plus réalistes pronostiquent davantage de 3 °C à 4 °C, voire plus d'ici la fin du XXIe siècle[3].

---

produit par les activités agricoles, la combustion des produits chimiques, les *gaz fluorés* (HFC, PFC, SF_6) dotés d'un pouvoir de réchauffement de 1 300 à 24 000 fois supérieur à celui du dioxyde de carbone et d'une très longue durée de vie, utilisés dans les systèmes de réfrigération, de climatisation, les aérosols et les mousses isolantes.

1. Voir le site de la Commission européenne sur le changement climatique.

2. Ces chiffres sont une moyenne terrestre. Quand on annonce de 1,5 °C à 2 °C, il faut entendre de 4 °C à 5 °C, voire davantage sur les continents.

3. Le 17 septembre 2019, une centaine de chercheurs et d'ingénieurs du Centre national de la recherche scientifique (CNRS), du Commissariat à l'énergie atomique (CEA) et de Météo-France prévoient que, « dans le pire des scénarios, une hausse de température moyenne globale atteindra de 6,5 °C à 7 °C en 2100 ». Le scénario le plus optimiste marqué par une forte coopération internationale et donnant priorité au développement durable, prévoit de rester « tout juste »

Dès 2010, de concert avec de nombreux climatologues[1], Clive Hamilton[2] avait alerté sur la forte probabilité de cette hausse : « Sauf coup de chance imprévisible, un réchauffement de 4 °C ou plus paraît très probable. L'estimation la plus sérieuse indique que nous atteindrons ce niveau dans les années 2070 ou 2080, ou, si les choses tournaient mal, dès les années 2060[3]. » Huit ans plus tard, début août 2018, une nouvelle alerte était publiée dans la revue scientifique

---

sous l'objectif des 2 °C de réchauffement. « La température moyenne de la planète à la fin du siècle dépend donc fortement des politiques climatiques qui seront mises en œuvre dès maintenant et tout au long du XXIe siècle », insistent le CNRS, Météo-France et le CEA (« Les prévisions alarmantes de scientifiques français sur le réchauffement climatique », *L'Obs*, 17 septembre 2019).

1. Une session réunit fin septembre 2009, à Oxford, une centaine de climatologues. « Au début de cette session, Mark Lynas posa la question suivante à l'auditoire : "L'hypothèse d'un monde plus chaud de 4 °C vous paraît-elle alarmiste ou réaliste ?" La réponse fut sans ambiguïté : à main levée, l'auditoire vota pour le réalisme. Résumant l'opinion des climatologues les plus en vue, l'orateur qualifia d'optimiste, voire irréaliste, l'objectif officiel de 2 °C au-dessus de la température que connaissait la planète à l'ère préindustrielle » (in Clive Hamilton, *Requiem pour l'espèce humaine. Face à la réalité du changement climatique*, Presses de Sciences Po, 2013, 1re éd. en anglais, 2010, p. 217).

2. Clive Hamilton est philosophe, professeur d'éthique publique à l'université de Charles-Sturt en Australie et ancien membre du conseil australien sur le changement climatique.

3. Clive Hamilton, *Requiem pour l'espèce humaine*, p. 221 : voir le chapitre 7, « Quatre degrés de plus », p. 215 et suivants.

Proceedings of the National Academy of Sciences (PNAS). Elle confirme les vues « réalistes » des climatologues d'Oxford (2009) : la pollution due aux énergies fossiles oriente la planète dans un état durable et dangereux d'« étuve ». Il ne s'agira pas de vivre dans un monde un peu plus chaud, mais sur une planète quasiment invivable pour l'humanité. Cette nouvelle étude se penche aussi sur le phénomène appelé « boucles de rétroactions positives » ou conséquences en chaîne du réchauffement de notre planète induit par nos rejets massifs et continus de gaz à effet de serre. Les auteurs examinent plusieurs rétroactions naturelles contribuant à accroître le réchauffement :

– Les régions polaires voient fondre de manière accélérée leur sol appelé « permafrost » (ou pergélisol, « sol gelé en permanence »). Ce dégel croissant permet aux bactéries de se développer. Les déchets organiques deviennent alors accessibles aux microbes qui produisent, en s'en nourrissant, du carbone et aussi du méthane ; un gaz aux effets beaucoup importants pour le réchauffement. On estime jusqu'à environ 1,5 milliard de tonnes de gaz à effet de serre qui pourraient être libérés dans l'atmosphère chaque année. Si ce phénomène de fonte se confirme, nous serions confrontés à l'explosion d'une « bombe » accélératrice du réchauffement climatique.

Le dégel du permafrost menace aussi de libérer de grandes quantités de mercure, un métal lourd hautement toxique[1].

– La banquise, les glaciers de montagne et polaires disparaissent ; ainsi que la couverture neigeuse des massifs montagneux[2]. Ce qui affaiblit l'effet dit « albédo » : le réfléchissement de l'énergie solaire dans l'atmosphère.
– Les puits naturels de carbone (océans, sols, végétation) sont de moins en moins efficaces à cause des variations thermiques et des pollutions.
– L'Amazonie, la plus grande forêt du monde, rétrécit chaque année, ainsi que la forêt boréale.

Cet ensemble de conséquences accroît le risque d'un dysfonctionnement majeur de l'écosystème terrestre provoquant un emballement. Autrement dit, un effet « domino » incontrôlable, jusqu'au point de rupture qui ferait basculer la Terre dans un nouvel état biosphérique.

---

1. « Climat : la catastrophe annoncée du mercure, prisonnier de l'Arctique », *La Croix*, 2 décembre 2019.
2. Voir le rapport du GIEC du 25 septembre 2019 sur l'état des océans et de la cryosphère qui confirme l'accélération de la fonte des glaces (calotte glacière, banquise, glaciers, permafrost) dont la diminution entraînera une accélération du réchauffement climatique par le dégel du permafrost, la disparition quasi complète des coraux vers 2050, une hausse du niveau des mers de plus d'un mètre d'ici 2100, des migrations massives.

Selon ce scénario, les températures sur Terre augmenteraient en moyenne de 4 °C, voire de 5 °C d'ici à la fin du XXIe siècle, par rapport aux températures de l'ère préindustrielle. Dans la revue *Nature* (avril 2018), comme en désespoir de cause et pour confirmer ce sombre pronostic, le climatologue français Jean Jouzel et un groupe de scientifiques prévoient que si, d'ici trois ans (2021), les émissions de gaz à effet de serre (GES) ne sont pas stabilisées, la planète passera dans un autre type de climat aux conséquences « catastrophiques » : recrudescence des décès dus à la chaleur[1], incendies, augmentation du nombre des réfugiés climatiques venant de régions particulièrement touchées comme la Corne de l'Afrique, le Moyen-Orient, le Pakistan ou l'Iran, baisse des rendements agricoles, etc.

Le constat est clair : le temps est court pour inverser la tendance du dérèglement climatique. La fenêtre de réaction se rétrécit, avertit Antonio Guterres, secrétaire général de l'ONU, dans un discours prononcé le 10 septembre 2018 au siège des Nations unies à New-York : « Si nous ne changeons pas d'orientation d'ici 2020, nous risquons […] des conséquences désastreuses pour les humains et les systèmes naturels qui nous soutiennent. » Que cette réalité alarmante

1. Certaines régions de France connaîtraient des températures supérieures à 50 °C.

ne nous cantonne pas dans le seul émoi. Réagir est possible.

La pollution dans tous ses états

L'évaluation de ce volet est à la fois simple et complexe. Simple parce que tout ou presque est désormais altéré par plusieurs formes de pollution. Complexe parce qu'il y a une interaction généralisée des différentes sources polluantes, s'aggravant l'une l'autre. Abordons les principales sphères de notre environnement naturel pollué par les activités humaines. Je veux parler des piliers de la biosphère : l'air, les sols et l'eau. L'exposé n'a pas la prétention d'être exhaustif. Il n'en sera pas moins suffisamment étayé pour éveiller à l'ampleur du drame environnemental.

L'air

La pollution de l'air est souvent dénoncée comme « un tueur invisible ». Selon un bilan de l'Organisation mondiale de la santé (OMS) publié en 2018, elle tue effectivement et massivement : près de 7 millions de personnes dans le monde chaque année[1]. L'humanité

---

1. Ce bilan a été publié en mai 2018. L'estimation du nombre de décès en Europe est de 500 000, dont près de 50 000 en France (2016). Un nombre en constante augmentation.

commence à être touchée à mort par le désastre écologique qu'elle a elle-même provoqué[1]. En 2015, on recensait environ 4,2 millions de personnes décédées des conséquences d'un air insalubre. Les personnes mortes par l'inhalation de particules fines ont augmenté de plus de 20 % entre 1990 et 2015, surtout en Afrique du Nord, au Moyen-Orient et en Asie du Sud-Est en raison de l'explosion des transports (véhicules terrestres, avions[2]), de l'urbanisation, de l'industrie, de la combustion du bois et du charbon. La pollution de l'air, en constante augmentation, est devenue un « risque majeur

---

L'OMS met en avant un autre chiffre sidérant : 9 habitants de la planète sur 10 respirent un air « contenant des niveaux élevés de polluants ». Une autre étude, plus pessimiste, publiée le 12 mars 2019 dans l'*European Heart Journal* (revue médicale d'*Oxford University Press*), estime à 8,8 millions le nombre de décès causés par la pollution de l'air due aux particules fines en 2015, dont 790 000 en Europe et 67 000 en France.

1. Les plus vulnérables étant les enfants (600 000 décès, dont 543 000 enfants âgés de moins de 5 ans) et les personnes âgées.

2. En 2017, l'ASN (*Aviation Safety Network*) a enregistré 36,8 millions de vols, soit 1,16 vol chaque seconde. Selon une autre source (l'ATAG, Groupe d'action pour le transport aérien), on aurait enregistré en 2014 37,4 millions de vols, soit une moyenne de 102 465 trajets par jour. Sachant qu'il suffit de deux allers-retours Paris-Manille pour atteindre la moyenne de CO_2 émis par un Français en un an, soit 9 tonnes. C'est aussi l'équivalent de vingt allers-retours Paris-Madrid. En voiture essence, il faudrait rouler 33 000 kilomètres pour émettre autant de CO_2. Cf. Julien Vidal, *Ça commence par moi*, Seuil, 2018, p. 219.

pour la santé ». Or les mesures prises jusqu'à présent par les pouvoirs publics, politiques et les décideurs économiques, dans ce domaine comme en bien d'autres, sont clairement en deçà de ce que réclame la gravité de la situation[1]. De plus, les pollutions des constituants de la biosphère interagissent. Un sol pollué entraîne la pollution des nappes phréatiques, des sources d'eau, des mers ; mais aussi de l'air par les poussières emportées par les vents. Rien n'est cloisonné dans l'écosystème du vivant dont nous faisons partie. Tout est en interaction.

Les sols

Qu'est-ce que la pollution des sols ? Une terre, un sol sont dits pollués quand ils contiennent un ou plusieurs polluants ou contaminants susceptibles de causer des « altérations

1. À l'instar d'autres pays, la France, qui s'affiche officiellement comme un leader en la matière (*Make our planet great again…*), ne remplit aucunement ses engagements, notamment ceux pris solennellement lors de la COP21 (2015). Une déception de plus dont l'accord final apparaît finalement comme un succès en trompe-l'œil. Voir « L'Affaire du siècle » : les quatre ONG (la Fondation pour la Nature et l'Homme, Greenpeace France, Notre affaire à tous et Oxfam-France), à l'origine de la pétition qui a recueilli plus de deux millions de signatures, dénoncent l'« inaction climatique » de l'État français et l'assignent en justice devant le tribunal administratif de Paris (février 2019).

biologiques, physiques et chimiques » au point de mettre en danger son équilibre de vie, la fertilité qui lui est propre. Cette altération du sol provient en grande partie de l'exploitation minière, de l'agriculture intensive et industrielle, avec un usage irraisonné du labour[1] associé à l'épandage des engrais chimiques, pesticides, fongicides, etc. À terme, ce type d'exploitation agricole participe à ce qu'on appelle l'« artificialisation » des sols ; c'est-à-dire la perte des qualités d'une terre, de son équilibre naturel d'auto-régénération. Plus largement, ce phénomène, qui porte directement atteinte à la biodiversité, recouvre l'urbanisation (habitats et centres commerciaux), la construction des routes et des parkings, l'ouverture de carrières et de décharges. « Depuis 2006, la France métropolitaine a perdu 590 000 hectares », rapporte une étude de l'Observatoire national pour la biodiversité parue en avril 2018. En près dix ans, c'est l'équivalent d'un département grand comme

1. Quand on laboure à plus de 10 centimètres de profondeur, on perturbe fortement l'équilibre de la vie souterraine. Le labourage contribue à tasser les sols. Conséquence : le sol est moins aéré, l'oxygène ayant plus de mal à pénétrer. L'humus s'appauvrit, l'équilibre biologique est menacé, en premier lieu les vers de terre, véritables moteurs de l'écosystème des sols. « La disparition des vers de terre, rappelle Hubert Reeves en 2018, est un phénomène aussi inquiétant que la fonte des glaces. »

la Seine-et-Marne qui a été perdu pour l'agriculture et les écosystèmes[1].

Cette inquiétante dégénérescence biologique des sols n'est évidemment pas circonscrite à la France. Elle se vérifie sur toute la planète. Selon un rapport publié le 2 mai 2018 lors du lancement d'un symposium mondial organisé à Rome sous l'égide de la FAO (Organisation des Nations unies pour l'alimentation et l'agriculture), « la pollution des sols représente une menace inquiétante pour la productivité agricole, la sécurité alimentaire et la santé humaine ». Les évaluations de cette pollution sur le plan mondial n'ont pas encore été réalisées selon des critères scientifiques et l'on n'en sait que très peu quant à l'ampleur et la gravité d'une telle menace. Les détériorations sont toutefois suffisamment visibles pour être répertoriées. L'industrialisation, les guerres (Syrie, Irak, Yémen…), les activités minières, l'exploitation des énergies fossiles (notamment celle du gaz de schiste[2] et du pétrole des sables bitumineux) et l'intensification de l'agriculture industrielle contribuent toutes à la contamination des sols à travers le monde, tandis que l'urbanisation des villes transforme le sol en « une sorte de déchetterie communale ». En conséquence de quoi,

1. Voir *Les Échos*, 18 avril 2018 ; *Reporterre*, 20 avril 2018.
2. Yona Helaoua, « L'exploitation du gaz de schiste dévaste les États-Unis », *Reporterre*, 27 juin 2019.

« la pollution des sols affecte la nourriture que nous mangeons, l'eau que nous buvons, l'air que nous respirons et la santé de nos écosystèmes[1] ».

L'eau : mers, océans, fleuves, rivières et lacs

L'eau est le constituant dominant de notre planète. Toute vie dépend de sa qualité et de sa disponibilité. Sans eau, aucune possibilité de vie. Rappelons quelques chiffres : l'eau salée des océans et des mers recouvre à elle seule 71 % de la surface de la Terre, les 29 % restants étant les terres émergées. Toute l'eau présente sur la Terre se monte à un volume de 1,4 milliard de kilomètres cubes. C'est proprement colossal. Si cette eau était uniformément répartie à la surface du globe, elle formerait une couche de 3,7 kilomètres d'épaisseur. Mais très faibles, par comparaison, sont les ressources en eau potable : l'eau salée des mers et des océans représente plus de 97 % du volume d'eau total ; alors que l'eau douce ne représente qu'à peine 3 % de ce volume. De plus, sur ces 3 % d'eau douce, 99 % sont très difficiles à exploiter : 77 % sont gelés au niveau des calottes polaires et dans les glaciers de montagne et 22 % sont enfouis

1. Maria Helena Semedo, Directrice générale adjointe de la FAO.

dans le sous-sol. Il importe d'avoir ces chiffres en tête pour comprendre l'enjeu mondial de la préservation de l'eau potable. C'est sans aucun doute l'un des défis majeurs du XXIe siècle pour la viabilité sur la terre dont la gestion suscitera inéluctablement tensions et conflits.

Cette disponibilité en eau potable est déjà en faillite dans certaines zones du globe. En 2018, on estime que la moitié de la population mondiale souffre de la « crise de l'eau ». La pénurie se fait sentir dans certaines régions de l'Inde, de la Chine, de l'Afrique du Sud et du Nord, du Brésil, du Cambodge, du Moyen-Orient, de l'Australie… Certes, des plans de désalinisation des eaux marines sont en cours ; mais outre leur coût exorbitant, ces procédés entraînent de graves pollutions[1]. À cette raréfaction due à la surconsommation industrielle, agricole, urbaine, touristique vient s'ajouter la pollution provoquée par l'activité humaine : rejet des eaux usées industrielles, domestiques[2], des déchets de l'agriculture intensive, des activités

1. Rejets de produits chimiques et émission de millions de tonnes de CO_2 dans l'atmosphère.

2. Les problèmes sanitaires provoqués par la pollution du Gange, en Inde, en sont une sinistre illustration. Cette pollution aux proportions titanesques a transformé la ville de Vârânasî en un gigantesque égout : 200 000 millions de litres d'eaux usées sont rejetés chaque jour sans aucun traitement. Aucune station d'épuration n'a été installée (2018). Le taux de matière fécale, de produits toxiques et autres bactéries a fini par détruire la vie du fleuve traversant l'antique cité.

de l'industrie pharmaceutique et autres. Enfin, l'eau des océans, essentielle à l'écosystème planétaire et principale source du renouvellement en eau douce par les précipitations[1], est mise en grave péril à cause du réchauffement planétaire[2], la pollution due aux déchets plastiques, l'intensification du commerce maritime[3] et la surpêche intensive. Attardons-nous sur deux phénomènes : l'« acidification » des océans et les « continents plastiques ».

Le phénomène de l'« acidification » traduit la diminution du potentiel hydrogène (pH) dans les océans. Il est induit par l'augmentation des émissions du dioxyde de carbone causées par l'activité humaine. Les conséquences de l'acidification sont dévastatrices sur l'ensemble de l'écosystème marin, notamment sur les récifs coralliens, les organismes à coquilles, mais aussi

1. L'océan absorbe, stocke et transporte dans ses courants la chaleur du soleil, influant ainsi sur la température et la circulation atmosphérique. La capacité de l'océan à stocker la chaleur est bien plus efficace (absorption de 93 % de l'excédent d'énergie résultant de l'augmentation de la concentration atmosphérique des gaz à effet de serre due aux activités humaines) que les continents (3 %) et l'atmosphère (1 %). Il a ainsi un effet modérateur déterminant sur le climat et ses changements.

2. Le contenu thermique des océans a atteint de nouveaux pics en 2018, « pulvérisant les records de 2017 », selon une alerte de l'ONU du 28 mars 2019.

3. Voir « La pollution du transport maritime inquiète », *La Croix*, 5 juillet 2019 ; « Pollution : le transport maritime est l'un des plus polluants », *Science & Vie*, 25 octobre 2018.

pour l'équilibre de la faune marine (plancton, algues, poissons…). Plus grave encore, l'acidification perturbe le rôle de « pompage » du dioxyde de carbone qu'exercent les océans dans la biosphère planétaire. En effet, les océans ont une activité majeure dans la captation du carbone. Ils sont en réalité le principal « puits de carbone » de la planète. Or cette capacité semble atteindre un seuil de saturation et se dégrade en raison des effets combinés du réchauffement climatique et de l'acidification. Nous avons là une conséquence typique d'une réaction en chaîne avec ses conséquences perverses : l'accroissement des émissions de carbone dû à l'activité humaine sature les capacités des océans à fixer le carbone, lequel est « rejeté » dans l'atmosphère, etc.

Le phénomène des « continents plastiques » est une des pollutions marines les plus spectaculaires. Les chiffres donnent le vertige. « La pollution plastique est une pandémie mondiale[1]. » Chaque seconde, 100 tonnes de déchets (sur 4 milliards produits annuellement) finissent en mer, dont une grande partie est constituée de matière plastique. Comment se forment ces « continents plastiques » ? Les courants

1. Gilles Asenjo, président de l'ONG de défense des océans *Surfrider*, commentant le rapport de WWF du 5 mars 2019 qui estime que si rien n'est fait, « il y aura deux fois plus de plastique dans les océans d'ici 2030 ».

rotatifs marins, les « gyres », regroupent les déchets en d'immenses masses que les explorateurs appellent le « septième continent ». Si l'on totalise la surface des divers « continents plastiques[1] », dont la densité est d'environ 750 000 débris par kilomètre carré, nous atteignons le chiffre ahurissant de 3,5 millions de kilomètres carrés, soit un tiers de l'Europe ou 6 fois la France. Une étude a montré qu'au rythme actuel (2018) de croissance des rejets en mer, il y aurait vers 2050 plus de plastique (en terme de masse) que de poissons ! Une projection à la fois consternante et effrayante pour la biosphère marine et, par suite, pour tout l'équilibre écologique. Avec tous les risques sanitaires pour l'homme, au sommet de la chaîne alimentaire[2].

---

1. On dénombre cinq « continents plastiques » : dans l'Atlantique Nord, l'Atlantique Sud, l'océan Indien, le Pacifique Nord et le Pacifique Sud. En fait de « continent », il s'agit plutôt d'une sorte de magma ou de « soupe » épaisse composée de macro et de micro-déchets issus de la lente dégradation des plastiques (de trente à quarante ans pour un tissu en nylon, cent ans pour un briquet, quatre cent cinquante ans pour les bouteilles ou sacs plastiques, et jusqu'à mille ans pour le polystyrène… qui sert à fabriquer les emballages de notre quotidien). Selon l'ONG *Greenpeace*, 267 espèces marines seraient affectées : 44 % des oiseaux, 43 % des mammifères marins et 86 % des espèces de tortues marines. Selon le ministère de l'Environnement, les estomacs de 94 % des oiseaux de la mer du Nord contiennent du plastique (statistiques de 2017).

2. Voir « Le plastique est une menace pour la santé », *Reporterre*, 16 avril 2019.

Dans le prolongement des pollutions de la sphère naturelle, il y aurait à examiner leur impact sur l'homme, les pollutions spécifiques aux actes de la vie humaine proprement dite : s'alimenter, boire, se vêtir, se loger. Bref, les dégradations de la qualité de notre nourriture, de nos vêtements, de nos habitats. À tout cela s'ajoute le coût écologique exorbitant du numérique[1], les incidences des perturbateurs endocriniens, celles des ondes électromagnétiques... Notre propos n'étant pas exhaustif, je laisse aux lecteurs le soin de poursuivre l'enquête. Les données sont tout aussi préoccupantes[2].

---

1. Agnès Michel, « Le coût écologique du numérique », *Alternatives économiques*, 19 juillet 2019 ; *Internet, la pollution cachée*, film documentaire de Coline Tison et Laurent Lichtenstein, France 5, juin 2014.
2. Voir l'industrie agroalimentaire, ses produits transformés (truffés d'addictifs, d'édulcorants, d'agents conservateurs, de saveurs...) et ses scandales sanitaires (vaches folles, viandes et laits frelatés, fraudes en tout genre). Et l'industrie vestimentaire, la deuxième industrie la plus polluante au monde, juste après celle du pétrole (d'après le rapport sans concession de la fondation Ellen Mc Arthur datant de fin 2017 : de l'extraction de ressources non renouvelables à l'enfouissement ou l'incinération sans recyclage, en passant par un nombre important de lavages lors de l'usage, chaque étape est très polluante), et le scandale de la destruction des vêtements invendus (avec la pratique du *fast fashion* chez H&M et autres marques : tout ce qui n'est pas vendu est détruit). Et la toxicité des perturbateurs endocriniens que nous retrouvons partout, à commencer par notre alimentation (désorganisateurs du fonctionnement hormonal, facteurs de cancers et de malformations des organes génitaux). Et la dangerosité des

Au final, peut-on trouver un espace de notre environnement vital épargné par la détérioration écologique ? La réponse est négative. En dépit des rappels de ce que l'on dénomme « l'amélioration constante du niveau de vie[1] », c'est à une altération généralisée de nos conditions de vie, de notre viabilité sur terre, que nous assistons désormais.

---

ondes électromagnétiques (stress cellulaire, dommages génétiques, désordres neurologiques) dont nous ne pourrons nous extraire avec l'arrivée de la 5G. Voir l'alerte des scientifiques (appel du 13 septembre 2017) qui réclament un moratoire sur le déploiement de cette 5e génération de téléphones portables. Un appel relayé par l'association « Robin des Toits », qui œuvre pour la sécurité sanitaire dans les technologies sans fil. Selon cette association, « la 5G augmentera considérablement l'exposition aux champs électromagnétiques » de radiofréquences et s'ajoutera au brouillard électromagnétique déjà produit par la 2G, 3G, 4G, le Wi-Fi… Voir « Pour une planète viable, arrêtons la 5G. Appel des médecins, scientifiques, membres d'organisations environnementales et citoyens ». *Reporterre*, 8 avril 2019 ; et plus encore le dossier réalisé par Laury-Anne Cholez et Mathieu Génon : « 5G, la grande enquête » (cinq volets), *Reporterre*, 15 juillet 2019.

1. L'accroissement de la longévité (mais en recul dans certains pays riches tels que les États-Unis), la diminution de la mortalité infantile et de l'extrême pauvreté (lorsqu'elle est comprise uniquement en termes de revenus, 1,90 dollar (!) par personne et par jour), les progrès médicaux dont les moyens ne cessent de croître, avec une forte disparité selon les populations et les régions.

L'épuisement des ressources naturelles

Dotée de moyens techniques sophistiqués et surpuissants, l'industrie extractive qui exploite les ressources naturelles impressionne[1]. La pression de la consommation d'énergie est telle qu'entre 1950 et 2000, elle a été multipliée par cinq. De plus en plus manifeste, l'épuisement des ressources naturelles n'est plus éludé. Annoncé et relayé par les médias, le phénomène est régulièrement mis à jour par divers instituts spécialisés.

Parlons d'abord des ressources non renouvelables : les énergies fossiles (pétrole, gaz naturel, charbon) et les minéraux (argent, or, étain, zinc, plomb, cuivre, uranium, fer, etc.). En dépit des annonces « rassurantes » des compagnies pétrolières, fortes de leurs projets de prospection en haute mer, arctique et antarctique, dont le coût d'extraction est des plus onéreux et polluants, l'horizon de leur épuisement est prévisible[2]. Autrement dit, leurs

1. Pour une vision globale sur « l'épuisement des ressources naturelles », voir le site Consoglobe et son article synthétique sur la question.

2. Les innovations prometteuses de la « bio-économie » (cf. l'élaboration industrielle de thermoplastiques biodégradables et compostables) sont encore trop peu influentes pour induire une inversion des courbes de l'épuisement des ressources. La fin du pétrole conventionnel, sur les bases de la consommation actuelle, est annoncée autour de 2050. Le pic pétrolier pour le brut conventionnel a été

stocks, constitués par un long labeur géologique, sont limités. C'est un concept difficile à admettre pour un système économique qui prône un consumérisme sans bornes. Comment allier sérieusement les perspectives de l'épuisement des ressources naturelles avec le mode de consommation actuel ? C'est tout simplement impossible. Or, à ce jour, tout fonctionne comme si les ressources naturelles étaient illimitées. Comment notre monde peut-il continuer à vivre avec la même logique consommatrice ? « Cela suppose le mensonge de la disponibilité infinie des biens de la planète, écrit le pape François, qui conduit à la presser jusqu'aux

atteint en 2006, selon l'Agence internationale de l'énergie (AIE) ; en 2008, selon d'autres instituts. Depuis cette date, sa disponibilité ne cesse de décroître ; d'où le développement de l'exploitation du pétrole dit « non conventionnel » (offshore [plate-forme marine], pétrole de schiste, sable bitumineux), beaucoup plus coûteuse et risquée en matière environnementale. La fin du gaz est prévue vers 2070, celle du charbon vers 2150, celle des minéraux tel l'uranium vers 2070, de l'or vers 2040, de l'argent vers 2030, etc. Selon un rapport officiel du ministère de l'Industrie (juin 2017), les perspectives de la fin de l'extraction dite « facile » sont encore plus proches pour certains gisements métalliques essentiels à notre économie (le zinc, l'étain, le plomb, le cuivre) : elle est prévue entre 2020 et 2040. D'autres avis estiment ces pronostics hasardeux et erronés : « La fin du pétrole, ce n'est pas pour ce siècle ! », *La Tribune*, 29 mai 2018 ; « La fin du pétrole : mythe ou réalité ? », *Ceriscope*, 2014 (article plus nuancé). Pour une vue opposée et étayée, voir Jean-Marc Jancovici, « La fête du pétrole ne va pas durer », *Le Temps*, 22 février 2019.

limites et même au-delà des limites[1]. » Cela présume effectivement un déni insensé aux conséquences « écocides » désastreuses.

Et les ressources dites « renouvelables » ? Celles-ci sont tout autant menacées. Elles réclament sauvegarde et protection de leur rythme biologique, des lois de leur fragile écosystème. Pensons aux éléments basiques déjà abordés tels que l'air, les sols et les eaux. Portons simplement notre attention sur l'espace naturel où convergent en quelque sorte ces trois données, au rôle déterminant pour l'équilibre de la biosphère planétaire : les forêts. Selon la FAO (*Food and Agriculture Organization of the United Nations*), environ 13 millions d'hectares de forêts disparaissent chaque année sur la Terre. Soit l'équivalent de la surface de l'Angleterre. Autrement dit, 40 terrains de football disparaissent toutes les minutes. En dépit des initiatives de reforestation, qu'il faut saluer, le site Global Forest Watch[2] observe une aggravation du phénomène : la déforestation planétaire a augmenté de 51 % entre 2015 et 2016 pour passer à 29,7 millions d'hectares par an, soit l'équivalent de la surface de la Nouvelle-Zélande. Un accroissement dû

---

1. Le pape François dans son encyclique *Laudato si'* (LS) 106.
2. Global Forest Watch a mis au point une application Web permettant de suivre, presque en temps réel, l'état des forêts sur la planète.

aux feux de forêts[1], à l'agriculture intensive, à l'extraction minière et à l'urbanisation. Les menaces qui pèsent sur la forêt amazonienne illustrent cette dérive prédatrice. Composée de près de 390 milliards d'arbres, 40 000 espèces de plantes, 3 000 espèces de poissons d'eau douce et 370 espèces de reptiles, la forêt amazonienne couvre 570 millions d'hectares. Cette biodiversité exceptionnelle en fait le « poumon vert de la planète ». La mettre à mal, c'est toucher gravement à l'équilibre écologique de la planète. Or, depuis 1970, environ 18 % de la forêt originale a disparu à cause de la déforestation. En se fondant sur les taux de déforestation de 2005, on a estimé que la taille

1. Favorisés par le réchauffement climatique. Pensons aux incendies historiques l'été 2018 en Grèce, au Portugal, mais aussi dans les pays scandinaves (Suède, Norvège, Finlande, Lettonie). Et au Canada, en Californie. De nouveau, durant l'été 2019, d'immenses feux ont ravagé les forêts de la Sibérie, obligeant l'État russe à sortir de sa léthargie et à réagir enfin en envoyant l'armée en soutien aux pompiers déployés sur place : plus de 3,2 millions d'hectares sont partis en fumée, soit plus de la surface de la Belgique. Certaines ONG affirment que les surfaces brûlées sont 4 fois plus importantes (12 millions d'hectares selon Greenpeace). Bien évidemment, l'ampleur de ces incendies hors norme fait craindre un impact environnemental à long terme, y compris sur la fonte des glaces de l'Arctique (voir « La Sibérie brûle, Moscou regarde ailleurs », *La Croix*, 1er août 2019 ; « L'armée russe appelée en renfort pour lutter contre de gigantesques incendies en Sibérie », *Le Monde*, 1er août 2019). La multiplication de ces catastrophes parle d'elle-même.

de la forêt amazonienne serait réduite de 40 % en vingt ans[1].

Notre monde s'est polarisé sur un horizon illusoire : la poursuite d'une licence consumériste sans égard pour la planète[2]. Bon gré mal gré, si aucune inflexion n'arrive, une fin

---

1. Si, entre 2004 et 2012, les gouvernements brésiliens successifs ont pris des mesures entraînant une baisse notable de la déforestation, celle-ci est repartie à la hausse. « Selon le ministère brésilien de l'Environnement, la déforestation de la forêt amazonienne s'est accrue de plus de 13 % entre août 2017 et juillet 2018, soit 7 900 kilomètres carrés défrichés contre 6 950 l'année précédente. L'élection présidentielle de Jair Bolsonaro, qui annonce d'ambitieux projets d'exploitation de la forêt amazonienne, ne manque pas d'inquiéter. Les faits le confirment : d'après l'ONG Imazon, la déforestation en Amazonie a augmenté de 54 % en janvier 2019 – premier mois de présidence de M. Bolsonaro – par rapport à janvier 2018. Selon le World Ressources Institute (WRI), le monde a perdu 12 millions d'hectares de forêts tropicales en 2018 (l'équivalent de la superficie du Nicaragua ou de l'Angleterre) ; dont 3,64 millions de forêts tropicales primaires, essentielles pour le climat et la biodiversité (soit la taille de la Belgique). Comble de la dérive politique écocide du gouvernement de Jair Bolsonaro : en avril 2019, à la suite de nombreuses démissions, "des postes clés du ministère de l'Environnement brésilien sont occupés par des militaires" (Silvana Conte, "Au Brésil, c'est maintenant l'armée qui s'occupe de l'environnement", *Reporterre*, 3 mai 2019). Les incendies de l'été 2019 révèlent davantage encore la politique criminelle, écocide et sociocide (à l'égard des peuples de la forêt amazonienne) de Jair Bolsonaro » (Valérie Cabanes, « Bolsonaro pourrait un jour se retrouver devant la justice pour écocide », *Médiapart*, 24 août 2019).
2. Il y aurait aussi à dénoncer d'autres graves dérives : la surpêche non respectueuse des capacités de reconstitution des populations de poissons, les effets dévastateurs du tourisme de masse, etc.

calamiteuse adviendra inexorablement. Preuve en est l'avancement chaque année du « jour du dépassement de la Terre[1] ». Que signifie ce marqueur ? Le « jour du dépassement » est celui où les habitants de la Terre ont consommé la totalité des ressources que la planète est en mesure de renouveler en un an. En dépit des controverses sur les modalités de ce calcul, ce « jour du dépassement » traduit un point de rupture entre notre consommation des ressources naturelles et ce que la planète peut fournir. Il constitue une alarme annuelle que l'on ne peut négliger.

1. En 2019, ce fut le 29 juillet (3 jours plus tôt qu'en 2018). Autrement dit, du 29 juillet au 31 décembre 2019, l'humanité a vécu à crédit, la Terre ayant épuisé les ressources naturelles qu'elle peut renouveler en un an (selon les calculs de l'Institut de recherches Global Footprint Network). Ainsi, la consommation de l'humanité dépasse de 70 % les ressources disponibles, avec de grandes disparités de consommation par habitant selon les pays : si nous vivions comme les Américains, 5 planètes seraient nécessaires ; si le reste du monde vivait comme les Français, près de 3 planètes. Si l'on effectue une moyenne mondiale, nous aurions besoin de plus de 1,7 planète pour vivre. Ce qui est strictement impossible à plus ou moins long terme. Le premier dépassement, selon cet instrument de mesure, remonte au 30 décembre 1970, il y a cinquante ans.

L'effondrement de la biodiversité[1]

C'est une des données écologiques les plus alarmantes, dont les chiffres choquent à chacune de leur publication. Dans un rapport publié le mardi 30 octobre 2018, le Fonds mondial pour la nature (WWF) estime que les populations de vertébrés ont chuté de 60 % entre 1970 et 2014. Ce sont bien les données de cette étude : près des deux tiers d'animaux vertébrés – oiseaux, mammifères, reptiles, amphibiens... – ont disparu en quarante-cinq ans ! Il est difficile d'évaluer à sa juste mesure le contenu sidérant de cette information. « Le monde sauvage s'effondre sous nos yeux à une vitesse et à une échelle sans précédent, réagit Virginie Maris. Tous les continents sont touchés, comme tout ce qui compose la nature : les végétaux, les insectes, les vertébrés, etc. Nous martyrisons le vivant, sans nous rendre compte qu'en agissant ainsi, nous nous détruisons nous-mêmes[2]. » Nous vivons une crise d'extinction inédite dans l'histoire de la planète Terre, appelée « sixième extinction

---

1. Tout aussi inquiétant que le dérèglement climatique, plus médiatisé. Voir Guillaume Sainteny, *Le climat qui cache la forêt : comment la question climatique occulte les problèmes d'environnement*, L'Échiquier, 2015.
2. Virginie Maris, chercheuse en philosophie de l'environnement au Cefe (Centre d'écologie fonctionnelle et évolutive-CNRS), *La Croix*, 30 octobre 2018.

de masse ». Entamée avec la période dite « holocène », il y a environ 13 000 ans, elle s'est considérablement accélérée depuis les débuts de l'ère industrielle (fin du XVIIIe siècle) et singulièrement ces soixante-dix dernières années (depuis 1950). La vitesse de cette extinction éclair en renforce la gravité et le caractère dramatique, soulignent tous les scientifiques[1].

Un autre marqueur important : le nombre des insectes du monde entier s'effondre. Plus de 40 % des espèces d'insectes sont en déclin ; et un tiers sont menacées[2]. Leur taux de mortalité est huit fois plus rapide que celui des mammifères, oiseaux et reptiles. Au cours des trente dernières années, la masse totale des insectes existant dans le monde a diminué de 2,5 % chaque année, soit une régression de 75 %. « C'est très rapide. Dans dix ans, il y aura un quart d'insectes de moins, dans cinquante ans, plus que la moitié, et dans cent ans, il n'y en aura plus », déclare Francisco Sánchez-Bayo, de l'université de Sydney (Australie). Cette raréfaction des insectes constitue une

---

1. La dernière extinction, appelée *Permien-Trias* ou *permienne,* s'est produite il y a 250 millions d'années. Elle a vu la disparition de 95 % des espèces marines et 70 % des espèces vivant sur les continents. Elle s'est étalée sur plusieurs millions d'années. Le rythme de la disparition actuelle est de 100 à 1 000 fois plus rapide que celui des cinq grandes extinctions précédentes.

2. Selon une étude de chercheurs australiens publiée en février 2019 dans la revue *Biogical Conservation.*

redoutable menace pour l'ensemble des écosystèmes naturels[1]. La conclusion est claire : « À moins que nous ne changions nos façons de produire nos aliments, les insectes auront pris le chemin de l'extinction en quelques décennies », insistent les auteurs de ce bilan, une synthèse de 73 études qui pointe le rôle dévastateur de l'agriculture intensive par l'usage des pesticides.

Pour confirmer la sombre tendance, le groupe d'experts de l'ONU sur la biodiversité, l'IPBES[2], a publié le 6 mai 2019 un rapport très attendu sur l'état de la biodiversité. Sans surprise, celui-ci est alarmant. Il démontre l'érosion accélérée de la biodiversité.

---

1. Les conclusions d'une étude publiée le 18 octobre 2017 dans la revue américaine scientifique *Plos One* avaient déjà pointé une chute de plus de 75 % du nombre d'insectes volants depuis 1989 dans des réserves naturelles d'Allemagne. « Alors que des écosystèmes entiers dépendent des insectes pour la nourriture et la pollinisation, on peut s'inquiéter d'un déclin des populations d'oiseaux et de mammifères qui s'en nourrissent », prévenait Hans de Kroon, qui a piloté l'étude. Ajoutant à l'attention de notre alimentation : « On peut difficilement imaginer ce qu'il pourrait advenir si ce phénomène de disparition des insectes ailés se poursuivait. »
2. Équivalent du GIEC pour la biodiversité, l'IPBES, organisme de l'ONU, est la Plate-forme intergouvernementale scientifique et politique sur la biodiversité et les services écosystémiques. Son rapport du 6 mai 2019 est le fruit de trois ans de travail, 15 000 références scientifiques et gouvernementales épluchées et synthétisées par 355 experts de 50 pays.

« La biosphère, dont l'humanité dépend, subit des dégradations à un niveau inégalé dans toutes ses échelles spatiales. La biodiversité, c'est-à-dire à la fois la diversité au sein des espèces, mais aussi entre les espèces et les écosystèmes, décline plus vite que jamais auparavant dans l'histoire humaine. » Le chemin vers la restauration des écosystèmes dégradés par l'homme passe par une réforme drastique du système agroalimentaire et le changement des modèles de production et de consommation, lourdement grevés par un gaspillage effarant[1]. Est clairement pointé du doigt le système économique dominant : « Nous sommes en train d'éroder les fondements mêmes de nos économies, nos moyens de subsistance, la sécurité alimentaire, la santé et la qualité de vie dans le monde entier », décrit Robert Watson, président de l'IPBES. Le bilan est aussi accablant que stupéfiant par son ampleur : 75 % de l'environnement terrestre a été « gravement altéré » par les activités humaines et 66 % de l'environnement marin est également touché ; 85 % des zones humides ont disparu. Entre 2010 et 2015, 32 millions d'hectares de forêts primaires ont été détruits. Depuis 1870, près de la moitié des coraux ont été perdus. Résultat : environ 1 million d'espèces animales

1. Près de 60 % de la production mondiale des légumes, fruits et racines est jetée sans avoir été consommée.

et végétales, sur les quelque 8 millions estimées sur Terre, sont menacées d'extinction, dont « beaucoup dans les prochaines décennies » si rien n'est fait rapidement. Les principaux responsables sont formellement identifiés dans ce rapport : l'utilisation abusive des terres par l'agriculture intensive, la déforestation et l'urbanisation, la surexploitation des ressources (pêche, chasse, exploitation minière), le changement climatique, les pollutions et les espèces invasives[1]. Les solutions existent pour enrayer cet effondrement. Pour les mettre en œuvre, il faut un courage politique à la hauteur des enjeux vitaux pour l'humanité – ce que nos gouvernants depuis quarante ans n'ont manifestement pas – et un engagement de chacun.

L'effondrement de la biodiversité, prenons-en bien conscience, est un cataclysme humanitaire, puisqu'il bouleverse directement la chaîne alimentaire. Il frappe tant les pollinisateurs que les oiseaux, les chauves-souris, les insectes auxiliaires des cultures ou encore les micro-organismes présents dans les sols. « Les filières industrielles érodent la biodiversité,

---

1. Sur le rapport de l'IPBES, voir les analyses de Jade Lindgaard, « L'érosion massive de la biodiversité menace les sociétés humaines », *Médiapart*, 7 mai 2019 ; Vincent Lucchese, « L'effondrement de la biodiversité s'accélère : trois pistes pour éviter le pire », *Usbek & Rica*, 7 mai 2019.

dénonce Lorène Lavocat[1]. Leurs monocultures et leurs produits agrochimiques détruisent la biodiversité et les moyens de subsistance. » De plus, outre le modèle d'une agriculture intensive, ces « filières » imposent un monopole des semences. Ce qui fragilise nos ressources alimentaires et diminue leur qualité nutritive. Le recouvrement « des droits de propriété sur les semences » et leur défense deviennent un impératif pour la sauvegarde de la santé de notre agriculture et de notre alimentation. Il suppose un rude combat contre l'hégémonie commerciale des lobbys de l'industrie agroalimentaire que les organisations paysannes et citoyennes ne pourront mener sans l'aide de pouvoirs publics impartiaux et les recours à une jurisprudence internationale déterminée.

Nous sommes arrivés au terme de notre parcours panoramique des graves déséquilibres écologiques dont souffrent planète et humanité. Faisons le point. Dans une démarche de vulgarisation, j'ai évoqué les principaux traits du drame environnemental, intimement corrélés les uns aux autres[2]. La vue que délivre cet

1. Lorène Lavocat, « L'effondrement de la biodiversité met en péril l'alimentation mondiale », *Reporterre*, 22 février 2019.
2. Sur les interactions entre climat et biodiversité, voir Guillaume Sainteny, « Climat et biodiversité : duel ou duo ? », *Esprit*, novembre 2019.

examen est alarmante. Certes, je n'oublie pas quelques bonnes nouvelles : la couche d'ozone se répare peu à peu depuis l'année 2000 ; d'ambitieuses campagnes de reforestation sont mises en œuvre dans de nombreux pays[1] ; des espèces semblent sauvées de l'extinction[2] ; une faune marine se reconstitue dans certaines zones du globe, notamment en Méditerranée[3] ; des programmes de conservation des forêts[4] et de réintroduction animale ont permis le retour en Europe de grands carnivores comme l'ours, le lynx, le glouton ; la Chine a officiellement interdit la vente et la fabrication de tous les objets en ivoire en 2018 ; la Norvège a renoncé, en avril 2019, de forer l'Arctique ; l'Union européenne a interdit les plastiques à usage unique d'ici à 2021, tout comme la pêche électrique ; les États, sous la pression conjointe des populations et des études scientifiques,

1. Au Pakistan, aux Philippines, au Costa Rica, en Éthiopie, en Équateur, en Inde, en Chine, à Madagascar, au Burundi, au Sénégal... Cependant, aussi spectaculaires que soient ces reforestations intensives, elles ne sont pas sans inconvénients majeurs (« Pourquoi planter des arbres aveuglément ne nous sauvera pas du crash climatique », *Mr. Mondialisation*, 16 août 2019).

2. Notamment le gorille des montagnes et le tigre du Bengale.

3. Le Parc marin de la Côte bleue.

4. La réserve naturelle de la forêt primaire du mont Nimba en Côte d'Ivoire (voir « En Côte d'Ivoire, une forêt menacée est devenue une réserve naturelle modèle », *Reporterre*, 27 août 2019).

commencent à mettre en place des mesures de « transition écologique ».

Tout cela est bon. Et témoigne d'initiatives de protection environnementale efficaces, portées par une réelle adhésion populaire. À y regarder de près, force est de reconnaître que ces signaux sont largement insuffisants au vu de la puissance de l'impact dévastateur des activités humaines[1]. En réalité, il est « presque impossible d'accepter toute la vérité sur ce que nous avons fait subir à la Terre[2] ». Effectivement, « nous n'avons jamais autant maltraité ni fait de mal à notre maison commune qu'en ces deux derniers siècles »[3]. De fait, « tous les compteurs sont au rouge, alerte Hubert Reeves. J'ai des enfants et des petits-enfants et je suis inquiet de la vie qu'ils auront dans un futur qui n'est pas très

1. Cf. les tergiversations politiques à l'égard du très controversé glyphosate, qui continue à être massivement utilisé dans le monde, notamment en France. « Les ventes ont été multipliées par 15 entre 1994 et 2014 pour s'établir à 826 000 tonnes par an au niveau mondial, selon une étude publiée dans la revue *Environnemental Sciences Europe*. En 2015, ce chiffre est monté à 850 000 tonnes appliquées sur 360 millions d'hectares de terres agricoles, l'Europe absorbant 4 % du volume, dont 1 % pour la France, selon le cabinet Kleffmann » (Antoine d'Abbundo, « Le glyphosate un herbicide encore massivement utilisé », *La Croix*, 29 avril 2019).

2. Clive Hamilton, « Nous sommes tous climato-sceptiques », *Le Monde*, 19 novembre 2018.

3. Le pape François, LS 53.

lointain. À l'échelle de trente ans, personne ne sait ce que sera cette planète[1] ». Cette vision sombre du célèbre astrophysicien n'est en rien un pessimisme réducteur et déformateur de la réalité.

1. Propos recueillis par Jean-Jacques Durré, dans cathobel.be, 23 janvier 2017.

2

Autres signaux dépressifs

Les turbulences planétaires actuelles débordent largement la question du drame environnemental. Le système technoéconomique prédominant en rajoute, peut-on dire, plusieurs « couches ». Et non des moindres : le creusement sans précédent des inégalités sociales, les bouffées de toute-puissance des technosciences, l'accélération effrénée du biorythme social, l'asthénie du lien interpersonnel. Autant de signaux d'une civilisation pathogène. Une « société autophage », selon la formule d'Anselm Jappe[1].

L'insolent scandale du creusement des inégalités sociales

Ce point sombre de la galaxie sociale devient un lieu médiatique commun, presque banalisé

---

1. *La Société autophage : capitalisme, démesure et autodestruction*, La Découverte, 2017.

à force d'être annoncé, dénoncé, analysé. Jamais l'humanité n'a créé autant de richesses qu'aujourd'hui et jamais elles n'ont été autant concentrées entre les mains d'une infime minorité[1]. Constat d'un grave déficit de solidarité redistributive. Il y a quarante ans, les plus riches gagnaient 25 fois plus que les plus pauvres. Ils gagnent désormais 100 fois plus. Les économistes pointent les années 1980, comme étant la période décisive de l'emballement du phénomène[2]. De fait, l'enrichissement des plus riches n'a jamais été aussi rapide que ces dernières décennies, avec un record enregistré – personne ne s'en étonnera – aux États-Unis, où 1 % des plus riches ont capté 25 % du revenu national. Quelles que soient les critiques adressées à l'ONG Oxfam avec ses rapports-chocs annuels[3],

1. En 2014, 1 % de la population mondiale détenait la moitié du PIB ; alors que 71 % de cette même population n'en avait que de 3 %. Et la tendance inégalitaire ne fait que s'accentuer.

2. Dans un contexte de discrédit du rôle de l'État et en vue – officiellement – de résoudre le problème du chômage (à la suite des chocs pétroliers des années 1970), d'éliminer l'inflation et de réduire le déficit commercial, la dérégulation du marché s'est imposée au début de la décennie 1980. « *There is no alternative* » (« Il n'y a pas d'autre solution »), martelait alors Margaret Thatcher. L'arrivée au pouvoir de Ronald Reagan en 1981 a consacré ce *new deal* économique. L'effondrement du bloc soviétique en 1989 n'a fit qu'accélérer son expansion mondiale.

3. Le rapport de 2017 signale que « les huit plus riches habitants de la planète cumulaient 426 milliards de dollars ; soit l'équivalent des richesses détenues par la moitié la

nul ne peut nier l'accroissement vertigineux du capital des plus riches, conséquence d'un système vénal qui l'alimente directement. Si l'extrême pauvreté dans le monde est en net recul[1], les inégalités se creusent démesurément avec, pour les plus pauvres, la confrontation à de graves problèmes d'hygiène, d'alimentation, d'environnement, d'éducation, de logement, d'emplois, d'instabilité politique[2]. La

plus pauvre des habitants de la planète ». Celui de 2018 : « Les 1 % les plus riches ont empoché 82 % des richesses créées l'an dernier [2017]. » Celui de 2019 : « Tandis que les milliardaires ont vu leur fortune augmenter de 12 % l'an dernier [2018], empochant ainsi 2 milliards d'euros par jour, la richesse de la moitié la plus pauvre de la population mondiale, soit 3,8 milliards de personnes, a chuté de 11 %. »

1. Le nombre de personnes vivant sous le seuil de l'extrême pauvreté (1,90 dollar par jour et par personne) dans le monde a diminué d'un peu plus de 1 milliard en trente ans, passant de 1,9 milliard en 1981 à 800 millions en 2013, selon la Banque mondiale (octobre 2107), alors que la population a augmenté.

2. Pour mieux cerner la pauvreté réelle dans le monde, un rapport de la Banque mondiale d'octobre 2018, intitulé « Pauvreté et prospérité partagée 2018 : résoudre le puzzle de la pauvreté », introduit de nouveaux indicateurs qui prennent en compte des éléments de bien-être autres que le seul manque de revenus – accès à l'éducation, aux services publics de base, à l'électricité, à l'eau potable, aux soins de santé… « Cette vue élargie "multidimensionnelle" révèle un monde dans lequel la pauvreté est un problème beaucoup plus vaste… soulignant l'importance d'investir davantage dans le capital humain », insiste le rapport, qui conclut : « Au niveau mondial, la part de pauvres selon une définition multidimensionnelle est

théorie dite du « ruissellement » qui prétend que les richesses des plus riches débordent au profit des couches les moins aisées de la population est une supercherie. Elle n'est qu'une « conception magique du marché » qui estime à tort « que les problèmes se résoudront tout seuls par l'accroissement des bénéfices des entreprises ou des individus, écrit le pape François. Est-il réaliste d'espérer que celui qui a l'obsession du bénéfice maximum s'attarde à penser aux effets environnementaux qu'il laissera aux prochaines générations[1] ? ». La réalité est tout autre : les riches n'ont jamais capté et cumulé autant de richesses au détriment d'une dégradation tant environnementale que sociale.

Une telle injustice ne peut qu'engendrer frustration, colère et conflits. De fait, cette tendance mondiale[2] inquiète les esprits les plus avertis, tous bords confondus, y compris des voix peu réputées pour être révolutionnaires, telles, en France, celles de Valéry Giscard d'Estaing[3],

---

d'environ 50 % de plus que lorsque l'on compte uniquement la pauvreté monétaire » (Marie Dancer, *La Croix*, 17 octobre 2018).

1. LS 190.

2. Voir Facundo Alvaredo, Lucas Chancel, Thomas Piketty, Emmanuel Saez et Gabriel Zucman (dir.), *Rapport sur les inégalités mondiales*, Seuil, 2018.

3. « À l'heure actuelle, l'enrichissement des plus riches est plus rapide qu'il ne l'a jamais été. Moyennant quoi personne ne proteste. C'est très étrange », surenchérit

de Jacques Attali[1], d'Alain Minc[2], et jusqu'à celle d'Emmanuel Macron lui-même[3]. Et lorsqu'on ose parler de nouvelles taxations des plus hauts revenus et des transactions financières, on crie au scandale, à la « spoliation des riches » ! Alors qu'un simple regard sur l'histoire nous apprend que jusqu'à l'élection de Ronald Reagan, le taux d'imposition des plus riches aux États-Unis était de 71 %[4]…

Quant à l'ex-numéro de 2 de Wall Street, Georges Ugeux, il prédit rien de moins – avec d'autres – un nouveau krach financier, bien plus dévastateur que celui de 2008. Pour quelle raison ? Le surendettement faramineux des pays

---

l'ancien chef de l'État, dans une interview du 11 septembre 2018, peu avant le mouvement des gilets jaunes.

1. « Nous sommes devant une urgence sociale car il y a une obscène accentuation de la concentration des richesses entre quelques mains, constate Jacques Attali, en raison de la globalisation des marchés sans globalisation de la règle de droit », *Les Écho,* 11 mars 2019.

2. « En tout état de cause, on ne peut pas continuer comme cela, l'inégalité est trop forte. On risque l'insurrection, prévient Alain Minc. Elle a déjà commencé dans les urnes, avec la montée des partis populistes », *Libération,* 8 juillet 2018.

3. « Quelque chose ne fonctionne plus, dans ce capitalisme qui profite de plus en plus à quelques-uns », a-t-il déclaré devant l'Organisation internationale du travail (OIT), à Genève, le 11 juin 2019.

4. Voir François Meunier, « Taxer les très hauts revenus », *Études,* juin 2019 ; Luc Peillon, « Est-il vrai que les États-Unis ont taxé les riches à plus de 70 % pendant trente ans ? », *Libération,* 21 mars 2019.

industrialisés[1]. Incapables de retenir les leçons de la crise de 2008, les gouvernants continuent à soutenir une économie marchande dérégulée qui abuse de prêts faciles proposés par les banques, sous la poussée cupide des grandes entreprises unilatéralement soucieuses de croissance, de rentabilité et de dividendes[2]. Comble du cynisme d'un tel fonctionnement profondément inégalitaire, cause matérielle première de la dévastation écologique et de ses graves conséquences : 10 % des habitants de la planète, soit les plus riches, sont responsables de 45 % des émissions de CO_2. Alors que 50 %, soit les plus pauvres, n'en produisent que 13 %, mais

1. Le FMI estime que la dette mondiale s'élève à 184 000 milliards de dollars (!), dont 83 000 milliards pour la seule dette publique (*Le Figaro*, 4 janvier 2019). Voir Alain Guillemoles, « L'économie mondiale face au piège de la dette », *La Croix*, 11 avril 2019.

2. « Nous vivons une perversion du capitalisme, diagnostique Georges Ugeux, où les entreprises parviennent à faire faire aux États à peu près ce qu'elles veulent alors qu'elles contribuent peu aux besoins de l'État. Typiquement, un dispositif, le CICE (Crédit d'impôt compétitivité emploi), mis en place sous la présidence de François Hollande, a permis d'octroyer 40 milliards d'euros aux entreprises. Et alors qu'on avait demandé au Medef de s'engager sur la création d'un million d'emplois, rien n'a été fait… », *Le Parisien*, 25 mars 2019 ; voir le livre de Georges Ugeux, *La Descente aux enfers de la finance*, Odile Jacob, 2019. Voir aussi Gaël Giraud, son analyse de la dérive de l'économie mondiale sous l'emprise des marchés financiers, dans *L'Illusion financière, Des subprimes à la transition écologique*, Les Éditions de l'Atelier, 2012.

sont en revanche les premières victimes du réchauffement climatique[1].

Aberrante et consternante « globalisation de l'indifférence[2] » de la part des plus riches. Constat d'un système totalement indéfendable qui, à terme, ne peut être voué qu'à son propre écroulement. « Quand le cœur d'une société, voire d'une civilisation, réside dans l'économique – ce qui ne s'était encore jamais produit dans l'histoire de l'humanité –, quand au cœur de l'économie se trouve l'organisation financière et qu'au cœur de cette organisation financière règnent l'euphorie et la panique, il n'est pas très étonnant que le système devienne profondément insoutenable[3]. »

Dérives de toute-puissance des technosciences[4]

Les progrès technologiques, extraordinairement décuplés par le génie informatique,

1. Voir les ouvrages d'Hervé Kempf, *Comment les riches détruisent la planète*, Seuil, 2007 ; *Pour sauver la planète, sortez du capitalisme*, Seuil, 2009 ; ainsi que Naomi Klein, *Tout peut changer. Capitalisme & changement climatique*, Actes Sud, 2015.
2. Le pape François.
3. Patrick Viveret, *La Cause humaine. Du bon usage de la fin d'un monde*, préface d'Edgar Morin, Les Liens qui libèrent, 2012, p. 56 ; voir le dossier « L'argent, maître invisible », *Esprit*, n° 456, juillet-août 2019.
4. Voir Éric Sadin, *L'Intelligence artificielle ou l'enjeu du siècle. Anatomie d'un antihumanisme radical*, L'Échappée,

donnent le vertige. Dépassant les buts premiers de la médecine, c'est-à-dire la restauration et le maintien de la santé humaine, les technosciences visent l'élaboration d'un homme « augmenté » ou « amélioré ». On parle d'intelligence artificielle, de modifications génétiques à l'aide de la méthode dite d'« édition des gènes[1] », d'eugénisme programmé, de maîtrise de son environnement et de son périmètre d'action par l'ultra-connexion, et enfin de transhumanisme. Pour simplifier le monde foisonnant des technologies nouvelles dites « convergentes », on les regroupe sous le sigle NBIC : nanotechnologies (techniques de l'infiniment petit), biotechnologies (techniques agissant sur les fondements génétiques de la vie), informatique (techniques de l'univers numérique) et cognition (techniques relatives à l'investigation du cerveau)[2]. La mise

---

2018 ; Jean-Fançois Mattei, *Questions de conscience. De la génétique au posthumanisme*, Les Liens qui libèrent, 2017 ; Thierry Magnin, *Penser l'humain au temps de l'homme augmenté. Face aux défis du transhumanisme*, Albin Michel, 2017 ; Marc Dugain et Christophe Labbé, *L'homme nu. La dictature invisible du numérique*, Plon & Robert Laffont, 2016 ; Jean-Michel Besnier, *Demain les posthumains : le futur a-t-il encore besoin de nous ?*, Fayard, 2010.

1. Technique connue et définie par le sigle énigmatique CRISPR-Cas9.

2. Selon Laurent Testot, les nanotechnologies ambitionnent « la maîtrise de l'infiniment petit, qui réagencent la mécanique de la matière à l'échelle des atomes et des molécules » ; les biotechnologies, « la maîtrise de la reproduction des génomes » à partir « d'organismes génétiquement

en convergence de ces technologies ambitionne l'avènement d'un nouveau type d'humain ou d'un posthumain affranchi quasiment de la maladie et de la mort[1], évoluant dans un univers matériel enfin maîtrisé, entièrement sous contrôle.

Quand bien même ces avancées seraient réalisables, *quid* de celles et ceux qui n'auront pas les moyens de s'octroyer un tel dépassement physiologique ? *Quid* de la question de la procréation et celle de la démographie[2] ?

---

modifiés qui confèrent au vivant de nouvelles propriétés, et à partir des cellules souches détenant la capacité de la division cellulaire, au fondement de toute vie et susceptible d'abroger toute limite en matière de réparation ou d'augmentation du corps » ; l'informatique, « la maîtrise de la machine et de la communication, avec ce I de l'informatique et de l'information, qui peut par exemple s'associer au N des nanotechnologies, pour créer une informatique quantique libérée des lois physiques qui enchaînent nos esprits au monde terrestre ; et la cognition, "la maîtrise du cerveau humain, de sa conformation, de sa cartographie même, bref, le contrôle des processus de conscience, soit la couche la plus intime de notre être" » (*Cataclysmes. Une histoire environnementale de l'humanité*, Payot & Rivages, 2017, p. 416).

1. Google a dégagé un budget de 1,2 milliard de dollars pour fonder en 2013 la société Calico (*California Life Company*) entièrement vouée à « la lutte contre le vieillissement et les maladies associées » avec pour projet ultime de « tuer la mort ».

2. Dès 1979, le philosophe Hans Jonas posait déjà ces graves questions. Face à la perspective d'une amortalité de l'existence humaine, « pour la première fois, écrivait-il, nous avons à nous poser sérieusement la question : "Dans

C'est l'exaucement de la tentation originelle de l'homme-Dieu : l'évanouissement de toute limite physique, biologique, spatiale. Là réside le danger hypnotisant du pouvoir des nouvelles technologies en passe d'être « déifiées[1] ». Loin de nous l'idée de blâmer les formidables avancées de la technique comme telle, dont nous ne pouvons que saluer les services rendus à l'humanité, notamment dans le domaine médical. Mais face à ces perspectives vertigineuses, l'univers technoscientifique en perpétuelle expansion appelle urgemment « un supplément d'âme[2] », autrement dit l'éthique nécessaire pour ne pas entraîner l'humanité vers des catastrophes sans nom. Selon son usage, le progrès technique peut se traduire en régression morale et conduire au désastre[3].

---

quelle mesure cela est-il désirable ? Dans quelle mesure est-ce désirable pour l'individu, dans quelle mesure pour l'espèce ?" Ces questions touchent à rien de moins qu'au sens entier de notre finitude, à l'attitude face à la mort, et à la signification biologique générale de l'équilibre de la mort et de la procréation » (*Le Principe responsabilité. Une éthique pour la civilisation technologique*, Flammarion, 2013, p. 52).

1. Voir « Une nouvelle religion fondée sur l'intelligence artificielle suscite des inquiétudes », *La Croix*, 5 octobre 2017. Anthony Levandowski, père de la voiture autonome, a fondé en 2015 aux États-Unis une organisation religieuse, *The Way of Future* (La voie de l'avenir), qui fait la promotion d'une « divinité » fondée sur une intelligence artificielle.
2. Henri Bergson.
3. La bombe nucléaire, les armes chimiques et bactériologiques, l'eugénisme racial, l'euthanasie active, les dérives

Contrairement aux affirmations des chantres du transhumanisme, l'homme n'est réductible ni à son ADN ni aux innombrables connexions de son cerveau. Tout comme la tête dépasse le reste du corps humain, la personnalité profonde de l'homme, son « Je », transcende sa corporéité tout en demeurant dans un lien de dépendance essentielle avec elle. Rappelons-nous les mots de Paul Ricœur lors de son échange avec Jean-Pierre Changeux : « Mon cerveau ne pense pas ; c'est moi qui pense, mais quand je pense, il se passe toujours quelque chose dans mon cerveau. Même quand je pense à Dieu[1]. » Le transhumanisme concentre les vœux démiurgiques des technosciences actuelles. Il représente « l'idée la plus dangereuse de l'histoire de l'humanité », avertit le politologue américain Francis Fukuyama[2]. Pour quelles raisons le transhumanisme serait-il le pire ennemi de l'aventure humaine ? Parce qu'il entend s'affranchir des liens indissociables corps-esprit qui caractérisent l'humain[3]. Il ignore

---

dictatoriales du numérique, etc. Voir « Science et technique, comment éviter les dérives ? Le contrôle de la technologie en question », *Agoravox*, 27 octobre 2016.

1. Jean-Pierre Changeux & Paul Ricoeur, *La Nature et la règle. Ce qui nous fait penser*, Odile Jacob, 1988, p. 54.

2. Voir son essai *La Fin de l'homme : les conséquences de la révolution biotechnique*, La Table ronde, 2002.

3. Dans leur projet de coupler l'homme avec la machine numérique et de créer un humanoïde de type nouveau, les concepteurs du transhumanisme prétendent parvenir

également la dimension culturelle du développement de la personnalité humaine. Enfin et surtout, il nie notre humanité foncièrement redevable au besoin d'autrui qui lui est constitutif. Posons-nous clairement la question : le posthumain fabriqué par le transhumanisme aurait-il besoin de l'autre dans son supposé perfectionnement ?

Sans vrai contrôle sur le plan mondial, un des grands risques que court l'humanité dans l'épopée robotique qui se profile serait un enfermement dans une forme de « totalitarisme de la technique » où les machines se substitueraient à l'humain, à chacun de nous. Ne nous y trompons pas, nous sommes bel et bien entrés dans l'ère de « la substitution logicielle », affirme Bill Gates, fondateur de

---

à télécharger le cerveau une fois cartographié ; et ainsi délester le « posthumain » de son corps périssable. C'est une stupéfiante démarche que celle qui nie à ce point la réalité corporelle de l'être humain. Toutefois, et c'est plutôt rassurant : « Lorsque le transhumanisme annonce qu'il pourra vaincre la mort en fusionnant l'homme avec la machine, il passe une frontière que peu de savants acceptent de franchir. Comme l'indiquent deux grands spécialistes du cerveau, Danièle Tritsch et Jean Mariani, le vieillissement est inéluctable [par le non-renouvellement des neurones], même s'il y a des espoirs sérieux de mourir en meilleure santé » (Daniel Cohen, *« Il faut dire que les temps ont changé… » Chronique (fiévreuse) d'une mutation qui inquiète,* Albin Michel, 2018, p. 179 ; l'auteur renvoie à l'ouvrage coécrit par les deux neuroscientifiques précités, *Ça va pas la tête ?*, Belin, 2018).

Microsoft. Encore balbutiante par rapport aux prévisions annoncées, la robotisation prendra rapidement pied et suppléera à la présence humaine dans les secteurs socioprofessionnels les plus variés : centres commerciaux, agences bancaires, assurances, hôpitaux, résidence pour personnes âgées, services publics, enseignement, journalisme, etc. Ce qui entre en contradiction frontale avec la demande actuelle, de plus en plus affirmée, de contacts humains. Si de tels projets se confirmaient, nous assisterions à « une déshumanisation des soins [et des rapports sociaux qui] banaliserait la démission de nos obligations à l'égard de nos proches[1] ». Il n'est pas anodin que le CSRE (*Center for the Study of Existential Risk*) classe l'intelligence artificielle comme la plus grande menace pour l'humanité dès 2075.

Rythme exténuant de la vie quotidienne

Le changement de société qu'inaugure la révolution numérique, nous venons de le voir avec les technosciences, est considérable. Il est plus approprié de parler d'une mutation. Une double accélération est à l'œuvre : celle des

1. Éric Sadin, *L'Intelligence artificielle ou l'enjeu du siècle, op. cit.*, p. 260.

transformations sociales et celle du rythme de vie de chacun[1]. Un climat d'agitation permanent et de frénésie croissante s'installe. Il contraint le commun des mortels à « courir après le temps », souffrant de n'en avoir jamais assez. Une fièvre qui n'épargne aucun domaine de l'existence. À tel point que les frontières entre vie professionnelle et vie privée sont de plus en plus poreuses. La pression impérieuse du « 24/7 » – travailler vingt-quatre heures sur vingt-quatre, sept jours sur sept – s'immisce dans la plupart des secteurs socioprofessionnels. Et fait s'entrechoquer tous les temps, tout le temps. Temps passé dans les transports en commun, dans son propre véhicule, sautant d'un lieu à l'autre. Temps (beaucoup de temps) passé sur son smartphone et autres écrans pour mailer, liker, poster, tchater, échanger, s'informer, se distraire, partager, commander, acheter, rêver, s'évader... Temps passé dans les hypermarchés et autres centres commerciaux. Temps passé à essayer de se divertir, de décompresser... si on en trouve le temps ! Et au cœur de cet emballement trépidant, le

1. Harmut Rosa a bien mis en évidence le lien entre ces trois types d'accélération (accélération des innovations techniques, des transformations sociales et des rythmes de vie) dans son ouvrage *Accélération. Une critique sociale du temps*, La Découverte, 2013 ; voir l'interview avec Hartmut Rosa, « Au secours ! Tout va trop vite ! », *Le Monde Magazine*, 29 août 2010.

temps du sommeil se réduit, avec en corollaire les risques de dégradation de la santé[1]. Le temps s'accélère et l'espace se rétrécit. Aller toujours plus vite pour joindre un point à un autre, passer d'une activité à l'autre. La spéculation boursière change plusieurs fois par jour le prix des céréales et autres denrées de première nécessité. Le paysage social subit une transformation continue du fait de la délocalisation, la « flexibilité » et « l'agilité » prônées par les décideurs et autres managers rivés sur les courbes de productivité de leurs entreprises. Selon l'opportunité des échanges commerciaux et des fluctuations boursières, plannings et orientations professionnels doivent être modifiés, réadaptés, réajustés en cours de route dans une totale malléabilité en fonction des inflexions de la direction. Et il faut faire preuve de « réflexivité » pour prendre – rapidement – les justes décisions. Car le marché n'attend pas. « Le monde est

1. Selon une étude du 12 mars 2019, de Santé publique France, le temps de sommeil des Français est passé sous la barre des sept heures : en semaine, les Français dorment 6 h 42, et cette durée atteint 7 h 26 par nuit les jours de repos. Au final, les Français dorment en moyenne seulement 6 h 55 par jour, soit une diminution d'environ 20 minutes par rapport à une précédente étude de 2010. Pris en tenaille entre le travail et les loisirs, le temps de sommeil se réduit et met en danger la santé (risques d'irritabilité, de dépression, de prise de poids, d'hypertension et d'infections…).

trop petit, disait Paul Virilio, pour la puissance du progrès technique, de l'information et des transports[1]. » Le monde du travail en pâtit, au point de devenir pour beaucoup le monde de la souffrance[2].

C'est l'avènement du règne de l'instantané, de l'immédiateté, du direct en continu. Pour être à jour, à l'heure, à temps dans ce présent hyper-informatisé, la nécessité s'impose d'être à flux tendu sur terre, sur mer, dans les airs, sur les ondes. L'espace de notre monde se réduit par le refus de prendre en compte l'écoulement naturel du temps perçu comme une contrainte, un frein, une entrave. Le temps-éclair, tel un tyran, s'apparente à un Moloch dévoreur de lenteur. Lenteur suspectée de porter atteinte au système productiviste et consumériste. Car

1. Propos recueillis en 2009 par le journal *La Croix*, publiés de nouveau le 18 septembre 2018, à l'occasion du décès du célèbre urbaniste et philosophe le 10 septembre 2018.
2. En 2014, un cabinet spécialisé dans la prévention des risques professionnels communiquait le chiffre de 3,2 millions de personnes exposées à un risque élevé de faire un burn-out en France. Pour l'Institut de veille sanitaire, l'épuisement professionnel concernerait près de 7 % des gens en souffrance psychologique liée au travail, soit un peu plus de 30 000 personnes. On estime, en 2018, la part des suicides liés au travail entre 300 et 400 par an. Un marasme tel qu'un marché économique se serait créé autour des risques psychosociaux : formations, expertises, séminaires... Voir l'analyse de Sylvaine Perragin, *Salaire de la peine : le business de la souffrance au travail*, Seuil, 2019.

time is money, le temps c'est de l'argent. Ne pas perdre une seconde, c'est ne pas perdre un centime. Dès lors, la gestion matérielle du temps – afin d'en avoir plus – se condense dans la recherche de son accélération forcenée que lui prodigue, tel un magicien, l'univers numérique. Résultat ? Une société fatiguée, éreintée, épuisée, qui produit dépressions et burn-out à la pelle. Qui ne connaît pas dans son proche entourage une victime anéantie sur l'autel de la pression professionnelle au résultat immédiat, à la performance express, à la rentabilité sans retard ? Une oppression ponctuée par un effondrement physique et psychologique.

Cette accélération ininterrompue met hors jeu les gens compétents qui n'en peuvent plus et ceux qui ne peuvent pas ou ne peuvent plus suivre, dépassés par cette incessante et indomptable innovation. On appelle ce phénomène de rupture sociétale une « disruption[1] ». C'est-à-dire ? La mutation des technologies et les bouleversements sociaux qu'elle suscite

1. « Disruption » vient de l'anglais *disrupt* (« perturber fortement »). Ce mot vient de l'ancien français « rupteur » (« qui rompt, qui enfreint »). On parle à présent du « commerce de détail *disrupté* », de « l'agriculture mondiale bientôt *disruptée* », du « monde de l'entreprise *disrupté* », de « Airbnb qui *disrupte* l'hôtellerie », d'« Uber qui *disrupte* les taxis », des « réseaux sociaux qui *disruptent* les médias », etc.

perturbent à tel point les usagers qu'il s'ensuit une mise au ban d'une large frange de la population ; et pas seulement des personnes âgées. La technicité et la vélocité d'un cadre de vie continuellement renouvelé ne permettent plus que l'on soit en phase, en accord, en prise avec le système. Ça va trop vite. Alors on subit comme on peut, jusqu'à être hors circuit, « court-circuité », « disrupté ». Le système n'admet plus les *has been*, les gens du passé, dépassés. Ceux qui ont fait leur temps ou qui n'ont pas su se renouveler pour être dans le flux du temps-éclair se retrouvent, de fait, exclus.

Au final, l'irrépressible accélération à laquelle nous assistons depuis quelques décennies met davantage à vif l'impossible adaptation humaine à un monde aimanté par la recherche de l'inessentiel érigé en valeur absolue. Un monde mû par la séquence : travaille-plus-pour-avoir-toujours-plus-et-plus-vite-des-biens-matériels. Et ceux, celles qui n'ont pas la chance de travailler ? Ils survivent dans la frustration déprimante et déshumanisante de ne pas être dans le « TGV social ubérisé »… à marche forcée.

Anémie du lien interpersonnel

C'est le symptôme majeur du malaise sociétal. L'aboutissement de notre monde lassé, exténué, déprimé à force de courir après des riens, déraciné des valeurs stabilisatrices. Celles qui fondent, animent et soudent une entité humaine, une famille, un groupe d'amis, une association, un mouvement, un syndicat, une communauté : l'attention à l'autre, l'entraide, la solidarité, le besoin de recevoir d'autrui et de lui donner, de partager, la gratuité dans le service, la compassion envers les faibles, le sens de la fête et de l'amitié qui prend du temps. Bref, ce qui n'a pas bonne presse dans un système où tout tend à devenir monnaie d'échange, marchandise, rouage économique, base de données informatiques.

Le creusement des disparités sociales, conjointement à la formidable accélération des changements sociaux et territoriaux, se produit dans un contexte de repli croissant de l'individu sur lui-même par l'éloignement du prochain. « Le monde est devenu individualiste », entend-on communément. Nous assistons bel et bien à l'érosion du sentiment d'appartenance au corps social. Le tissu qui relie les humains est distendu, dévitalisé, voire déchiré par la violence du matérialisme ambiant. La prédominance d'une culture de « l'avoir » finit par épuiser la qualité des liens sociaux, au point de ruiner ce qui assura longtemps le socle éducatif et le relais culturel entre les générations : le noyau familial.

Conséquences : une atomisation de l'individu, son isolement. Avec, en parallèle, une inflation d'« attaches », de « liens » de plus en plus virtuels. Les déracinements, gentiment appelés « délocalisations », ne sont pas sans conséquences sur les structures sociales et plus encore sur les mentalités. À force de bouger, migrer, changer de lieu, de profession, de milieu familial, la personne humaine, être de relation par excellence, « s'individualise ». C'est sa manière de se protéger de l'implosion psychique. Le temps de l'approfondissement de la relation semble révolu. Ce n'est plus, ce ne peut plus être dans l'air du temps accéléré. L'homme du XXIe siècle, du système dans lequel il vit, a de moins en moins l'opportunité ou le « loisir » – le temps – de tisser des liens approfondis, stables, mûris. Il s'autogère en donnant priorité à lui-même sur autrui. Comme une forme d'urgence de survie. Le noyau de sa nouvelle identité : être « individu », autoentrepreneur permanent de son itinéraire de carrière. Son univers devient celui de ses seules capacités, de ses projections, de ses désirs. Et des possibilités de son compte bancaire. L'autre est toujours là ; mais il tend à devenir un simple auxiliaire utile à la réussite de sa trajectoire, à son « mérite ».

Et il en faut pour garder son équilibre dans un contexte aussi mouvant, fluctuant, transitoire. Effectivement, « la plus grande victoire du capitalisme dans les trois dernières décennies n'est pas d'avoir ouvert le marché mondial, fait exploser les inégalités, relancé par la numérisation généralisée la course technologique ; elle est d'avoir transformé la conscience publique en la convainquant de donner à l'individu une position démesurée par rapport aux relations humaines[1] ».

La survalorisation de l'individu est le mirage d'une liberté qui tourne en boucle sur elle-même. Parce qu'elle nie et annihile le lien de dépendance structurante avec autrui et tout vivant, elle contribue inévitablement à anémier la sociabilité, le sens du lien avec l'autre. Or, l'absence de sociabilité, avait repéré Durkheim, est une des premières causes de suicides formels ou ritualisés dans un refus d'intégration au corps social[2]. Quelles sont les conséquences

1. Hervé Kempf, *Pour sauver la planète, sortez du capitalisme*, *op. cit.*, p. 40.

2. Voir les phénomènes nouveaux de « phobies sociales » et le cas particulier des *hikikomori* au Japon, où l'individu se coupe de tout contact, confiné dans sa chambre durant des mois et des années. Selon une étude du gouvernement japonais (2016), ils seraient aujourd'hui plus de 1 million sur une population de 127 millions ; 35 % d'entre eux se sont isolés depuis au moins sept ans (voir Franco « Bifo » Berardi, *Tueries, forcenés et suicidaires, à l'ère du capitalisme absolu*, Lux Éditeur, 2016, p. 155 et s.).

d'une telle dépressurisation du lien social ? Une désertification interrelationnelle et sociale. Paradoxe d'une société aux membres à la fois hyper-connectés et distants les uns des autres. Internet rapproche du lointain tout en éloignant du prochain. La marche accélérée d'une société finalisée par la dynamique d'un marché dérégulé et la recherche du profit renforce une culture consumériste, lamine les cercles familiaux, amicaux et les liens qu'ils abritaient. Au final, elle entraîne une individualisation de masse[1]. À l'image du drame écologique, où les écosystèmes naturels, ravagés par l'oppression extractiviste-productiviste de notre économie, sont aujourd'hui mortellement touchés dans leur capacité à maintenir les liens vitaux et solidaires qui les unissent. Atteints dans leur harmonie mutuelle, ils s'entraînent les uns les autres dans un processus de désorganisation aux conséquences désastreuses pour l'ensemble du vivant. À l'origine des désordres

---

1. Ce que pointait le pape François lors de son message à l'occasion du rassemblement annuel à Davos-Klosters (23-26 janvier 2018) : « Les technologies les plus récentes transforment des modèles économiques et le monde globalisé lui-même, qui, conditionné par des intérêts privés et une ambition d'un profit à tout prix, semble favoriser davantage la fragmentation et l'individualisme plutôt que de faciliter des approches plus inclusives » (Vatican, 12 janvier 2018) ; voir les analyses de Barbara Lefebvre, « La tyrannie de l'individualisme caractérise nos sociétés contemporaines », Europe 1, 17 janvier 2018.

de civilisation, humanitaire et écologique, il y a bel et bien un grave déficit de solidarité humaine en grande partie causé par l'égoïsme cupide des puissants, décideurs et animateurs culturels de ce monde. « Il devient manifeste que la dégradation de l'environnement comme la dégradation humaine et éthique sont intimement liées[1] ».

Face à ce constat, que faire ?

Outre nos résistances intérieures, les forces d'opposition à un changement sociétal, réel et durable, sont puissantes. Ne pensons pas que les nantis de ce monde vont gentiment lâcher leurs privilèges et soutenir docilement une mutation civilisationnelle à l'opposé de leurs « croyances » socioéconomiques. Pour cela, il leur faudrait être touchés eux aussi dans la chair de leur conscience. Nul ne sera étonné que la sphère la plus endurcie, réfractaire à ce changement soit celle de la finance dont le cynisme n'a d'égale que la ferme volonté de « laisser faire et aller les choses vers le crash », sans changer de cap ni modifier le mode de fonctionnement du système qui y conduit[2]. Pour autant, nous ne devons pas nous résigner à une posture fataliste. Tout au contraire, ce dur constat doit motiver notre esprit pour que

---

1. Pape François, LS 56.
2. Voir l'interview avec Gaël Giraud, « Tsunami financier, désastre humanitaire ? », *Thinkerview*, 20 mars 2019.

nous nous engagions dans une lutte radicale au service de la vie. Le futur de notre monde ne ressemblera pas aux traversées des graves conflits du passé. Ainsi que nous le préciserons, le conflit présent et à venir est à la fois intérieur et extérieur à nous-mêmes.

Deuxième partie

Les obstacles au changement

En négligeant toujours les conseils de l'expérience pour s'abandonner à ses passions, on dirait que l'homme est destiné à s'exterminer lui-même après avoir rendu le globe inhabitable.

JEAN-BAPTISTE DE LAMARCK
(1744-1829)

Celui qui croit qu'une croissance exponentielle peut continuer indéfiniment dans un monde fini est soit un fou, soit un économiste.

KENNETH E. BOULDING
(1910-1993)

Un dessin qui circule sur le Net croque avec humour la situation cornélienne de notre monde bouleversé, tiraillé entre inertie personnelle (ou presque) et désir de changement. Du haut d'une tribune estampillée du sigle de l'ONU, un homme interroge son auditoire : « Qui veut le changement ? », sous-entendu pour remédier aux conditions de vie détériorées par la pollution. La réponse est unanime : tous lèvent le bras en criant leur entière approbation. Question suivante : « Qui est prêt à changer ? », sous-entendu pour y contribuer. Unanimité là aussi : celle d'un silence lourd et embarrassé où l'on n'entend qu'une mouche voler…

Nous le savons chaque jour davantage : nous avons à changer notre mode de vie, à commencer par notre façon de consommer. Le changement de modèle de développement ne se fera pas sans notre investissement personnel, conjugué à un engagement collectif. Œuvre immense s'il en est. Pourtant nous le devons, si nous voulons corriger la dérive écocide de notre monde. Sans une conversion de vie écocitoyenne, soutenue par une nouvelle politique socio-économique, les déséquilibres systémiques de la biosphère annoncés par les rapports scientifiques mettront en péril l'humanité. Désormais, il est impossible de dire que nous ne savons pas. Or, force est de constater que la mobilisation d'un changement réel est défaillante, sur le plan tant personnel que collectif.

Comment expliquer cette incohérence entre les informations et l'immobilisme qui soutient – cautionne du moins en pratique – un modèle de croissance désastreux pour le vivant ? Essayons de voir plus clair dans cette inconséquence qui semble brouiller tout bon sens et de cerner les causes des obstacles au changement.

3

« Cela ne nous arrivera pas » : les écrans psychologiques

RIEN de mieux pour illustrer cette contradiction « incompréhensible » que la réponse de Nicolas Hulot sur France Inter, le jour même de sa démission, le 28 août 2018 :

> LE JOURNALISTE NICOLAS DEMORAND : Bonjour Nicolas Hulot. Incendies un peu partout dans le monde – Grèce, Suède, États-Unis ; inondations suivies de canicule au Japon ; records de températures en France, etc. J'arrête la liste des événements majeurs de l'été. C'est la bande-annonce de ce qui nous attend, ont dit les scientifiques. Sur le sujet, tout a été dit. Tous les grands mots ont été employés. Mais le film catastrophe est là, sous nos yeux. On est en train d'y assister. Est-ce que vous pouvez m'expliquer pourquoi, rationnellement, ce n'est pas la mobilisation générale contre ces phénomènes et pour le climat ?
>
> NICOLAS HULOT : Je vous ferai une réponse qui est très brève : non.

> DEMORAND : C'est impossible à expliquer ?
>
> HULOT : Non. Je ne comprends pas. Je ne comprends pas que nous assistions globalement, les uns et les autres, à la gestation d'une tragédie bien annoncée, dans une forme d'indifférence. La planète est en train de devenir une étuve. Nos ressources naturelles s'épuisent. La biodiversité fond comme la neige au soleil. Et ça n'est toujours pas appréhendé comme un enjeu prioritaire. Et surtout, pour être très sincère, mais ce que je dis vaut pour la communauté internationale, on s'évertue à entretenir, voire à réanimer un modèle économique marchand qui est la cause de tous ces désordres. Donc, la réponse à votre question : non, je ne comprends pas comment, après la Conférence de Paris, après un diagnostic imparable qui ne cesse de se préciser et de s'aggraver de jour en jour, ce sujet est toujours relégué dans les dernières priorités.

Voilà qui est clair. Incompréhension de l'indifférence pratique qui prédomine encore face à une crise écologique majeure, prémice d'« une tragédie bien annoncée ». Pourquoi prédomine l'absence d'une réaction à la mesure de la gravité du drame environnemental ?

Trop grand pour être pensé

Pour rendre compte de cette étrange difficulté, les psychologues parlent de « dissonance cognitive[1] ». Autrement dit, nous ne sommes pas mentalement préparés à faire le deuil de nos certitudes et de nos pratiques lorsque celles-ci sont radicalement remises en question par une réalité nouvelle. Il est très malaisé, voire impossible pour une personne, un groupe, une communauté, une nation, d'intégrer des données qui chamboulent de fond en comble son cadre de pensée habituel, ancré dans sa psychologie par les traditions, les conceptions et les conventions culturelles de son milieu social. Exemples ? Jusqu'à la *Controverse de Valladolid* (1542), où ils furent enfin considérés comme des êtres humains, les Indiens de la nouvelle Amérique étaient assimilés tout « naturellement » par la majorité des conquistadors à des bêtes de somme, torturés, exécutés sans ménagement. C'était la « norme » de leur vision commune sur ces personnes. De même, l'abolition de l'esclavage et de la ségrégation raciale fut longtemps inconcevable pour beaucoup de colons blancs d'Amérique du Nord. Même résistance « cognitive » pour le vote des femmes et l'accession à leur pleine autonomie citoyenne pour nombre de « mâles » bien-pensants.

1. C'est au psychologue Léon Festinger que revient l'origine de ce concept formulé pour la première fois dans son ouvrage *A Theory of Cognitive Dissonance*, Stanford University Press, 1957.

La réaction-résistance confine alors à un invraisemblable déni. Sur la question environnementale, c'est typiquement le cas pour les « climatosceptiques » de bonne foi[1]. « L'argumentation, explique Clive Hamilton, est structurée de la façon suivante : "Vous, les scientifiques, vous prétendez qu'il existe un réchauffement climatique d'origine anthropique [humain], mais c'est parce que vous voulez plus de financement pour vos recherches, ou parce que vous avez un comportement grégaire, ou parce que vous êtes des écologistes ; par conséquent, le réchauffement climatique mondial n'existe pas."[2] » Le phénomène de la dissonance cognitive se traduit par une incapacité extrême à valider la vérité factuelle jusqu'à discréditer les communications du GIEC et d'autres sources scientifiques incontestables. Cette posture de surdité volontaire ne se réduit pas au seul clan des « climatosceptiques » militants. En chacun de nous vit une part climatosceptique. Quelle en est la raison ? Ces annonces, pour la plupart d'entre

1. Il y a ceux que j'appelle les « pseudo-climatosceptiques » qui, en privé, reconnaissent la réalité du réchauffement climatique, mais qui, par intérêts financiers, économiques et opportunismes politiques, n'en continuent pas moins de lutter ouvertement contre les mesures de protection environnementale.

2. Clive Hamilton, *Requiem pour l'espèce humaine*, *op. cit.*, p. 115.

nous, sont tout simplement trop énormes et surtout compromettantes pour être reçues à leur juste mesure. On botte « cognitivement » en touche. Ce qui est présagé – catastrophe systémique planétaire jusqu'à mettre en danger la survie de l'espèce humaine – « n'est pas possible », se dit-on. Et si, dans le meilleur des cas, les informations sont comprises, « cela ne nous concerne pas », pense-t-on alors avec quelque soulagement. Sans le mécanisme de dissonance cognitive, ces sombres perspectives, scientifiquement étayées, nous affecteraient en profondeur. Avec lui, l'impact émotionnel, qui modifierait notre vie personnelle et sociale, est réduit à néant ; du moins fortement atténué.

De fait, comment « penser » ce qui ne s'est jamais produit auparavant ?

Nous touchons là au nœud du problème. De quoi s'agit-il précisément en ce début de XXIe siècle ? D'une perspective totalement inédite dans l'histoire de l'humanité : sa possible extinction.

Depuis des millénaires, nombreux furent les effondrements de civilisations jusqu'à leur anéantissement : les civilisations d'Amérique (Aztèques, Mayas, Incas...)[1], de l'île de Pâques,

1. Avec l'arrivée des Européens en Amérique, les populations amérindiennes ont été littéralement décimées, passant de 55 millions de personnes à 5 millions entre 1492 et 1650.

des Vikings du Groenland[1], les empires grec, romain, ottoman. Pensons à la dévastation causée par la peste noire au XIVe siècle en Europe occidentale, qui tua de 30 % à 50 % de la population en seulement cinq années (1347-1352), faisant environ vingt-cinq millions de victimes. Plus près de nous, pensons à la dislocation de l'Union soviétique, spectaculaire par la rapidité et la non-violence de sa disparition politique. Aujourd'hui, la Libye, le Venezuela, le Burkina Faso sont des nations dans un état d'effondrement proche du chaos. N'oublions pas aussi le peuple syrien dont le pays est ravagé par un conflit aux dimensions internationales, littéralement désagrégé pour des millions d'entre eux qui demeurent encore loin de leur patrie. Notre regard sur l'actualité doit aussi élargir la notion d'« effondrement » aux populations socialement sinistrées du nord de la France par la délocalisation et une désindustrialisation à marche forcée en quelques décennies. Pensons également aux peuples victimes des cataclysmes naturels à répétition ; Africains, Indiens, Indonésiens, Philippins, Antillais… De manière brutale et tragique, eux aussi ont vécu l'effondrement de leurs lieux de vie séculaires.

---

1. Voir l'étude de Jared Diamond, *Effondrement. Comment les sociétés décident de leur disparition ou de leur survie*, Gallimard, (2005), 2009.

L'histoire de l'humanité a été le théâtre de terribles dévastations, consécutives à des guerres fratricides, des conquêtes militaires au nom d'une idéologie politique et/ou religieuse, des invasions coloniales. Jusqu'aux derniers traumatismes planétaires que furent les deux guerres mondiales du XXe siècle et leurs cortèges d'horreurs, de carnages, de barbarie inégalée produite par la diabolique tyrannie nazie et les sinistres « camps de la mort ». Par-delà leurs irrémédiables séquelles mémorielles, ces catastrophes ont été traversées et finalement surmontées pour donner à l'humanité la possibilité d'écrire de nouvelles pages à son histoire.

Mais aujourd'hui, nous sommes confrontés à une tout autre dimension du phénomène humain : le chaos qui se profile est planétaire. Il s'agit d'un « effondrement systémique » mondial, déjà à l'œuvre dans le monde animal et végétal, où plusieurs facteurs se corrèlent et concourent pour engendrer un processus de délitement généralisé. Cette situation n'a aucun précédent dans l'histoire humaine. Nous sommes face à l'amorce d'un scénario totalement inexpérimenté. Les prémices[1] de ce qui n'a

1. Un fait parmi les plus frappants : le nombre de réfugiés climatiques ne cesse de croître chaque année. Selon François Gemenne, spécialiste des flux migratoires et chercheur à l'université de Liège et à Sciences-Po Paris, « environ 25 millions de réfugiés climatiques ont été recensés en 2017 »

jamais pu être mémorisé s'annoncent. L'obstacle psychologique est colossal parce qu'incommensurable : comment penser ce qui n'a jamais été[1] ? D'autant plus insaisissable que le prélude de l'effondrement en cours se caractérise, pour l'instant, par son invisibilité. Ce qui renforce sa dénégation.

Les meilleures fictions, littéraires ou cinématographiques, qui ont tenté de décrire la fin du monde touchent fortement notre sensibilité et notre imaginaire. Certaines sont capables d'émouvoir jusqu'au saisissement, nous faisant balancer entre effroi et exaltation. Elles n'en demeurent pas moins incapables de nous initier à une telle réalité. Elles sont incompétentes en la matière, parce qu'elles nous projettent précisément hors du réel, du fil de la réalité de l'histoire humaine telle qu'elle s'est déroulée

---

(Radio française internationale, 2 janvier 2018). Pour 2050, la fourchette de projection oscille désormais entre 250 millions et 1 milliard de réfugiés climatiques. Voir *Migrations : idées reçues et propositions*, préface de François Gemenne, Éditions Utopia, 2019.

1. En référence à la tragédie du bombardement atomique d'Hiroshima (150 000 morts en l'espace de quelques minutes), le philosophe Anders Günther (1902-1992) qualifiait les événements inconcevables de « supraliminaires » : « J'appelle "supraliminaires" les événements et les actions qui sont trop grands pour être encore conçus par l'homme » (*Et si je suis désespéré que voulez-vous que j'y fasse ?*, Allia, 2010, p. 71). Trop grand pour être intériorisé, modélisé par notre psychologie, l'événement excède nos capacités mentales, cognitives.

jusqu'à nos jours. N'ayant jamais été vécu, ce qui advient aujourd'hui dans la biosphère planétaire ne peut être appréhendé à sa juste mesure pour l'immense majorité d'entre nous. C'est hors de nos capacités mentales. D'autant plus, nous y reviendrons, que la pression de notre société conditionne et oriente nos esprits et nos actes vers une forme d'abêtissement culturel et d'assujettissement social.

Une autre donnée facteur d'obstacles au changement nous oriente vers le fonctionnement de notre cerveau.

Un étrange aiguillon dans mon cerveau

Cet autre obstacle cognitif a été mis en évidence pour le grand public par Sébastien Bohler, docteur en neurobiologie et rédacteur en chef du magazine *Cerveau et psycho*[1]. Notre cerveau est doté d'une petite région appelée le « striatum ». Situé sous le cortex, c'est lui qui régit nos comportements basiques. Il nous aide à atteindre les cinq objectifs majeurs pour la survie de l'espèce humaine, les « renforceurs primaires » : se nourrir, se reproduire, acquérir du pouvoir, étendre son territoire, s'imposer face à autrui. Le moins que l'on puisse dire,

1. Voir son ouvrage, *Le Bug humain : pourquoi notre cerveau nous pousse à détruire la planète et comment l'en empêcher*, Robert Laffont, 2019.

c'est que ces objectifs ont été largement atteints, sans le moindre égard pour l'environnement naturel ni pour les sociétés humaines (génocides, dévastation des cultures autochtones).

Le striatum est un agent de sécrétion de la dopamine, la molécule dispensatrice du plaisir. Or la nature humaine est ainsi faite qu'elle en réclame toujours plus. Tout irait à peu près bien si le fonctionnement de notre cerveau était naturellement doté d'une fonction « stop ». Ce qui n'est pas le cas. Et c'est là que les choses se gâtent, notamment lorsque ce « toujours plus » individuel se cumule à d'autres individus. Ce qui donne un collectif redoutablement vorace. L'histoire humaine en rapporte les innombrables méfaits. Les cadres régulateurs issus des prescriptions religieuses et autres sources juridiques civiles (droit romain) survinrent pour en juguler les tendances dévastatrices[1]. Les choses se compliquèrent avec l'essor démographique, urbain et industriel d'une société humaine dopée par l'accélération exponentielle des perfectionnements technologiques. Aux commandes d'un cerveau performant, notre striatum réclame continuellement de nouvelles récompenses pour le succès des activités expansionnistes de l'*homo technicus-consumericus*. « Tel un drogué, il ne peut discipliner sa tendance à l'excès. À aucun moment,

1. Voir à ce propos l'essai de Laurent Testot, *Cataclysmes. Une histoire environnementale de l'humanité*, *op. cit.*

il ne cherche à se limiter. Hier, notre cerveau était notre allié, il nous a fait triompher de la nature. » Avec les immenses dégâts collatéraux sur les plans écologique et social qu'à présent nous déplorons. « Aujourd'hui, il est en passe de devenir notre pire ennemi », écrit Sébastien Bohler. La frénésie de l'*hubris* (démesure) auquel nous expose un striatum débridé plonge l'humanité dans le drame de la transgression des lois sociales et naturelles. Où peut-on trouver le frein à ses appétits ?

Sébastien Bohler ne voit qu'une échappatoire à ce funeste engrenage : « rééduquer son cerveau » en lui apprenant « la modération », l'aider à « retrouver la profondeur du temps » pour s'affranchir de l'addiction à l'exaucement immédiat du désir, revaloriser la « croissance mentale » et non pas matérielle. Bref, opérer un renversement de l'échelle des valeurs. Car « nous nous comportons comme des êtres dotés d'un haut niveau d'intelligence, mais d'un faible niveau de conscience ». Le labeur intérieur auquel convie le neurobiologiste n'est autre qu'un travail d'ordre éthique et éducatif sur la conscience[1]. Il évoque à ce propos les effets positifs de « la méditation de pleine conscience ».

Cet éclairage original par les neurosciences pourra paraître trop limité aux seuls appétits

---

1. Voir tout le dernier chapitre de son livre, « Faire plus avec moins : la puissance de la conscience », *op. cit.*, p. 217-243.

du striatum. Il ne fait que confirmer l'impératif éthique et plus encore spirituel inhérent à l'incontournable travail personnel auquel nous oblige la crise écologique pour ne pas sombrer dans le chaos.

Invisibilité et court-termisme

L'invisibilité du phénomène

L'autre raison de l'inertie réactionnelle découle de la qualité émotionnelle de l'information. Nous sommes évidemment moins sensibles aux chiffres qu'aux histoires, aux récits, qu'ils soient fictifs ou réels. Les annonces du GIEC nous émeuvent peu ou beaucoup moins que la nouvelle d'un accident dont a été victime un(e) de nos proches ; ou celle d'un incendie dont les flammes détruisent notre ville, plus encore notre quartier, notre maison. Aisément compréhensible, me direz-vous. Oui, mais… Au niveau planétaire, c'est bien de cette réalité qu'il s'agit : un feu destructeur est en train d'embraser la Terre, notre « maison commune ». Seul espace viable de notre habitat. Et parce que de notre Europe, nous n'en apercevons, de temps à autre, que des volutes de fumée, nous ne pensons guère à l'éteindre. Moins encore à combattre le système pyromane qui en attise les flammes. Comme si nous attendions d'être asphyxiés et brûlés pour réagir !

L'être humain est ainsi fait : s'il n'est pas exposé à un danger existentiel personnel, percuté dans sa propre « chair », la sienne, celle de ses proches, il n'opérera pas un changement notoire dans le cours de sa vie[1]. La pollution causée par l'usage d'Internet illustre parfaitement cette exonération personnelle. L'impact écologique du numérique est colossal. Pourtant nul n'en prend conscience, car personne ne le voit[2].

Le court-termisme

L'être humain contemporain, pris dans le flux culturel « *made in* Occident », réagit dans le court terme de son espace vital plus qu'il

---

1. Afin de consentir à un changement à la mesure du drame environnemental, Yves Cochet étaye la nécessité d'une confrontation avec le « réel », en citant le psychanalyste Jacques Lacan. « Quand on lui demandait : "Qu'est-ce c'est que le réel ?" "Le réel [répondait Jacques Lacan], c'est quand on a prend plein la gueule." Eh bien, à ce moment-là, c'est quand M. Macron, quand M. Trump, quand Mme Merkel, quand Mme May et d'autres "en prendront plein la gueule". Dans leur chair ! Pas dans leur esprit. On a beau leur parler de rapports... Ça, c'est rien du tout. Mais dans leur chair ! Lorsque eux-mêmes, ou leurs familles, ou leurs proches, souffriront pour de vrai. C'est pas simplement : "Ah, j'ai lu un rapport qui était alarmiste." Non, non, pour de vrai ! Lorsqu'on dira : est-ce qu'il y aura encore de l'eau potable demain matin ? Alors là, on dira : "Ah, oui, tiens... il fallait y penser avant." Trop tard !... » (*L'Effondrement de notre civilisation [Next]*, web série documentaire, 21 décembre 2017).
2. *Le coût écologique d'Internet est astronomique et personne ne le voit, Mr. Mondialisation*, 30 avril 2017.

n'agit dans une vision élargie de sa condition humaine. Peu ou pas de prospective ni de recul. Certes il clique, like, twitte, maile, échange, correspond aux quatre coins de la planète de manière quasi instantanée, mais en fonction de ses besoins immédiats. L'agenda, ce qui est à faire, l'est dans un délai toujours plus serré. À l'image de l'économie dans laquelle il est imbriqué, l'individu fonctionne à flux tendu pour optimiser ses « productions », l'efficacité de ses activités du moment. Avoir tout « juste à temps ». Pourquoi se préoccuper de demain et plus encore d'après-demain ? Pourquoi se tracasser des prévisions alarmantes des divers cercles scientifiques puisqu'elles ne concernent, croit-on, que des horizons lointains : 2050, 2070, 2100… ? Ce qui est de moins en moins vrai au fil des années qui passent.

Abordons un deuxième obstacle au changement personnel et collectif, aussi prégnant dans nos mentalités qu'omnipotent dans les rouages économiques : la pesanteur culturelle du système capitaliste.

4

« Que pouvons-nous y faire ? » : la pesanteur culturelle du système capitaliste

QUI peut affirmer être indemne de la pesanteur culturelle ambiante ? Impossible d'y échapper. Nous la subissons tous. L'émancipation – partielle – du déterminisme culturel – le fait d'être né, éduqué dans tel milieu social et d'y vivre – suppose un éveil intérieur, un fort désir de liberté et un courageux engagement pour vivre en cohérence avec sa conscience et ses valeurs. Tout un combat, un programme de vie qui présuppose une « décolonisation » permanente de nos terres intérieures. Explorons d'abord la force du conditionnement culturel auquel nos esprits sont soumis.

Le harcèlement publicitaire

> La publicité sert moins à lancer un produit qu'à promouvoir la consommation comme style de vie.
>
> CHRISTOPHER LARSCH

Dans l'entreprise de réduction massive de l'être humain à un simple sujet consommateur, les leviers de l'endoctrinement culturel sont pléthore et redoutablement efficaces. En toute première ligne, il y a bien évidemment la publicité[1]. Sa force de frappe quotidienne est omniprésente sur terre, mer, air, ondes, nuit et jour. Tous les relais médiatiques (ou presque) en sont envahis. Impossible de démarrer une vidéo, d'écouter une musique, de voir un documentaire, de suivre une interview sans le passage obligé d'une ou plusieurs pubs. Un vrai harcèlement. Y compris sur la plupart des sites dits « culturels », d'apprentissage d'une langue, de la recherche d'un synonyme, d'un renseignement, de la source d'une donnée… Pilonnages incessants ! Nous en sommes tous impactés, à la mesure du temps passé sur nos écrans.

1. Voir le livre de François Brune, *Le Bonheur conforme. Essai sur la normalisation publicitaire,* Gallimard, 1985, qui analyse avec grande précision et pertinence les conditionnements du discours publicitaire sur les mentalités et ses ravages sur la pensée.

Avec une indécence inqualifiable, l'idéologie consumériste dominante n'hésite pas à annexer à ses fins (et à ses insatiables faims) commerciales les problématiques écologiques : « Plus la température monte, plus les prix baissent », lançait Air France comme slogan pour proposer « 1 million de sièges à 40 euros », en précisant bien que pour l'instant « les sièges sont au frais, mais à ce prix-là, ils fondent comme neige au soleil » ! Il fallait oser. Ils l'ont fait. Sidérante récupération opportuniste et sans scrupule. Ou encore Coca-Cola, une des firmes plus polluantes au monde[1], au comportement inique (voir son appropriation des nappes phréatiques de la planète, notamment au Mexique[2]), qui n'hésite pas à user de la formule : « N'achète pas Coca-Cola si tu ne nous aides pas à recycler. » Sans commentaire[3].

L'omniprésence publicitaire vise à capter et à travestir l'attente de bonheur par les artifices d'une consommation débridée. Elle ne fait, en réalité, qu'accentuer le mal-être en creusant une insatisfaction permanente. La force de « la propagande de la marchandisation ou

---

1. « Les bouteilles de Coca-Cola, première cause de pollution plastique [dans le monde] devant Pepsi et Nestlé », *Novethic*, 27 février 2019.

2. Fred Vargas, *L'Humanité en péril. Virons de bord, toute !*, Flammarion, 2019, p. 139.

3. Gaspard d'Allens, « Sans vergogne, la publicité exploite le filon écolo », *Reporterre*, 19 juillet 2019.

de la consommation de celle-ci [...], précise Christopher Lasch, se tourne vers la désolation spirituelle du monde moderne et propose la consommation comme remède[1] ». Pure aliénation de l'esprit.

La colonisation médiatique des mentalités

L'autre créneau majeur du formatage culturel de nos esprits est, chacun l'aura deviné, le domaine des médias. J'entends par là les moyens de diffusion, de communication, sonore ou audiovisuelle : radio, télévision, cinéma, Internet, presse (quotidiens, hebdomadaires, mensuels). Les oligarques de la finance mondiale et les patrons des multinationales ne s'y sont pas trompés. Attirés par le gain de l'industrie médiatique, mais avant tout conscients de l'influence majeure des relais d'informations sur les consciences, ils n'ont pas tardé à faire main basse, en quelques décennies, sur la plupart des grands médias et organes de presse[2]. Tout en maintenant une certaine

1. Christopher Lasch, *La Culture du narcissisme*, Flammarion, 2018, p. 128.

2. Pour le seul exemple de la France, près de 90 % des quotidiens nationaux vendus chaque jour appartiennent à 10 milliardaires, PDG de grandes entreprises, dont le monopole s'étend aussi aux médias radio-télévisés. Qui sont-ils ? Bernard Arnault (*Les Échos, Le Parisien*), Serge Dassault

variable d'opinions et de pluralisme de la pensée[1], la liberté de parole et de traitement de l'information est de plus en plus placée sous le contrôle des grands décideurs de l'économie et des pouvoirs de l'exécutif politique[2].

(*Le Figaro*), François Pinault (*Le Point*), Arnaud Lagardère (*Elle, Paris Match, Télé 7 jours, Le Journal du dimanche*... et les radios Europe 1, Virgin Radio, RFM...), Patrick Drahi (*Libération, L'Express* et BFM-TV, RMC), Vincent Bolloré (Canal+), Martin Bouygues (TF1), le trio Xavier Niel, Pierre Bergé et Matthieu Pigasse (le groupe *Le Monde* qui comprend *Courrier international, L'Obs, Télérama, La Vie*...). Voir Olivier Pironet, « Trente ans de déréglementation dans les médias », *Le Monde diplomatique*, avril-mai 2016 ; Laurent Mauduit, « Main basse sur l'information ! », *Médiapart*, 2 septembre 2015 ; Marie-Anne Kraft, « Faisons le point sur la concentration de la presse et des médias », *Médiapart*, 1 février 2009.

1. Pour préserver l'image « démocratique », on s'efforce d'entretenir une pluralité du traitement de l'information dans l'éventail médiatique : l'approche des événements et des réponses sociopolitiques de *Libération* est différente de celle du journal *Le Parisien* ; la lecture du *Figaro* n'est pas la même que celle du journal *Le Monde*, etc. Mais où se situe la liberté de la presse par rapport aux grandes lignes sociétales édictées par le capitalisme financier ? Affaissement d'une indépendance que déplorait Edgar Morin dans une interview avec *Thinkerview*, le 19 septembre 2018 : « Il n'y a pratiquement plus de presse totalement indépendante [...], regrette Edgar Morin. Car la plupart des organes des quotidiens et hebdomadaires sont entre les mains de puissances financières qui parfois laissent une relative liberté aux rédacteurs, mais avec aussi un certain nombre d'impératifs, de tabous, voire d'obligations. » Et une dérive dans le « sensationnalisme ». « On sensationnalise des événements minuscules... insignifiants [...]. On fait les gros titres sur des petits riens. »

2. Parmi les géants économiques, il en est un qui s'illustre par une particulière agressivité à l'encontre des médias.

Dans la sphère économique qui concerne notre pays, il n'est qu'à regarder de plus près la loi dite du « secret des affaires » proposée par le député LREM Raphaël Gauvain, promulguée le 30 juillet 2018. Sociétés de journalistes et associations ont dénoncé unanimement la proposition de loi parce qu'elle érige le secret des affaires en principe et la révélation d'informations d'intérêt public en exception. De fait, l'ambiguïté juridique a été manifeste lors de la première application de cette loi en septembre 2018 : l'Agence nationale de sécurité du médicament et des produits de santé (ANSM) a interdit la transmission d'informations sur le Levothyrox à une association de victimes, au motif du « secret des affaires ». Une décision pour le moins étrange. « Le risque, c'est que cela entre contradiction avec d'autres nécessités démocratiques comme publier ses comptes, rendre compte des décisions importantes qui sont prises ou de ses pratiques financières.

Depuis une dizaine d'années, on ne compte pas moins d'une vingtaine de procédures en diffamation lancées par le groupe Bolloré et son partenaire commercial, la holding luxembourgeoise Socfin, contre des médias, des journalistes et des organisations indépendantes : France Inter, France Culture, France Info, France 2, *Le Monde*, *Les Inrocks*, *Libération*, *Médiapart*, *L'Obs*, *Le Point*, *Basta*, *Rue 89*, Greenpeace, React, Sherpa… Une cinquantaine de journalistes, d'avocats, de photographes, de responsables d'ONG et de directeurs de médias ont été visés par Bolloré et ses partenaires.

Autant de choses dont les entreprises pourraient être tentées de s'exempter au nom du "secret des affaires". Dans quelles conditions les scandales comme LuxLeaks, les Panama Papers ou l'affaire du Mediator pourront-ils être portés à la connaissance du grand public, dès lors que les entreprises ont les moyens de poursuivre en justice ceux qui les dénoncent[1] ? »

Quant à la relation de l'exécutif politique avec la presse, comment ne pas voir une inquiétante dérive aux relents liberticides dans la convocation au printemps 2019 de plusieurs journalistes à la Direction générale de la sécurité intérieure (DGSI) ? Ariane Chemin, reporter au quotidien *Le Monde*, convoquée au sujet d'un article sur l'affaire Benalla ; Michel Despratx, du site *Disclose*, entendu comme témoin après ses révélations dans l'affaire de la vente d'armes françaises au Yémen ; Valentine Oberti, journaliste à *Quotidien*, convoquée pour son enquête sur les ventes d'armes françaises à l'Arabie saoudite. Ces convocations n'ont pas manqué de faire réagir le Syndicat national des journalistes (SNJ) : « Il se passe quelque chose de très malsain dans ce pays. Nous y voyons la volonté d'intimider les journalistes et leurs sources, et c'est totalement scandaleux. » Quant à Benoît Collombat, journaliste à France Inter et grand

1. Catherine Petillon, « Secret des affaires, pourquoi la future loi inquiète », France Culture, 24 mars 2018.

reporter, il constate qu'avec ces « auditions à la DGSI, on franchit un cap dans l'intimidation des journalistes[1] ». Dans ce contexte délétère, il est bon de méditer la phrase de George Orwell : « Le journalisme consiste à publier ce que d'autres ne voudraient pas voir publier. Tout le reste n'est que relation publique. »

Le transfert des pouvoirs vers les oligarchies financières

Cette dérive autocrate des régimes dits « démocratiques » vers un encadrement restrictif des libertés fait le jeu de la ploutocratie aux manettes du capitalisme financier. Au regard de l'histoire, elle est relativement récente. Jusqu'alors régulé par les décisions du président Franklin Roosevelt à la suite de la crise de 1929[2], le capitalisme libéral avança, durant les décades qui suivirent la Seconde Guerre mondiale, sous les étendards de la démocratie, de la liberté d'expression et de conscience renforcée par la Déclaration universelle des droits de l'homme (1948). En pleine « guerre froide »,

1. Ouafia Kheniche, « Trois nouveaux journalistes convoqués par la DGSI », France Inter, 22 mai 2019 ; Hervé Kempf, *L'oligarchie ça suffit, vive la démocratie*, Seuil, 2011 : voir tout le chapitre 4, « L'art de la propagande », p. 83-105.
2. Karine Berger, « La régulation bancaire et financière face aux crises : Roosevelt et aujourd'hui », *Cairn.info*, 2014.

période de lutte contre l'idéologie communiste, c'était sans conteste l'intérêt du moment. Au passage dans le XXIe siècle, sa transformation en un capitalisme financier sans règle ni loi – adieu la « régulation rooseveltienne »[1] –, si ce n'est celle d'un marché mondial dopé par la concentration des multinationales et finalisé par le cumul des capitaux, rend insatiable sa propension à prospérer. Ce « néolibéralisme » se révèle aussi être de plus en plus dominateur dans la gestion et l'imposition de ses appétits socio-économiques[2]. En vue d'accroître

---

1. « Tout au long des années 2000, un choix politique américain assumé a conduit à limiter férocement la puissance des régulations mises en œuvre à partir de Roosevelt » (Karine Berger, *ibid.*).

2. Voir la multiplication des accords transatlantiques (Tafta, PTCI ou TTIP, Ceta, Mercosur) pour stimuler la sacro-sainte croissance en instaurant une jurisprudence transnationale, accompagnée d'un nivellement par le bas des normes environnementales. Le tout dans une étrange opacité entourant les négociations et les ratifications de ces accords. En dépit de la courageuse opposition du ministre-président wallon Paul Magnette à l'automne 2017, « le Ceta, l'accord de libre-échange entre l'Union européenne et le Canada, a franchi une étape décisive mardi 30 avril [2019]. Dans un jugement très attendu, la Cour de justice de l'Union européenne a donné son feu vert au chapitre le plus controversé de l'accord, qui instaure un système juridictionnel des investissements. Ce mécanisme permet à une entreprise d'attaquer un État devant un tribunal arbitral d'exception si elle estime qu'une décision politique a violé les règles du traité et lésé ses intérêts économiques ». Maxime Vaudano, « La bataille transatlantique, Tout comprendre au traité Europe/États-Unis », Blog *Le Monde*, 30 avril 2019 ; Agnès

l'influence culturelle qu'il entend instaurer au sein des populations et de produire des « consomm'acteurs » passifs, il orchestre une stratégie de mondialisation des moyens de production. C'est désormais une réalité avec l'avènement de la « financiarisation de l'économie ». Amorcée au cours des années 1980, cette monétarisation du fonctionnement de l'économie engendre un nouveau type de capitalisme qui évolue en roue libre depuis au moins deux décennies. Résultat : une masse monétaire hallucinante, évaluée à 200 ou 300 trillions (ou milliards de milliards !) de dollars, a « quitté le champ de l'économie réelle pour celui des marchés financiers spéculatifs. Tout cela n'a rien à voir avec une crise, diagnostiquait Michel Rocard, c'est un gigantesque changement de nature du capitalisme[1] ».

De fait, nombreux sont les économistes de premier plan et les ex-acteurs majeurs du monde bancaire à dénoncer le « court-termisme » de la finance mondiale. Le prix Nobel Joseph Stiglitz parle de « fanatisme du marché » et de

---

Sinaï, « La protection des consommateurs et de l'environnement au risque du libre-échange transatlantique », *Actu-Environnement*, 10 septembre 2013 ; Romaric Godin et Christophe Gueugneau, « Ceta, Mercosur : l'environnement passera toujours après le commerce », *Médiapart*, 16 juillet 2019.

1. Michel Rocard, *Suicide de l'Occident, suicide de l'humanité ?*, Flammarion, 2015, p. 40-41.

« triomphe de la cupidité »[1]. L'ancien directeur de la Fed (1987-2006), Alan Greenspan, un des grands responsables de la crise des *subprimes*, ne voit dans la conduite actuelle de la finance mondiale qu'un « bateau ivre » sans véritable gouvernail[2]. Ajoutons à cette gestion irresponsable, qui s'apparente à un jeu de Monopoly[3], l'avidité foncièrement immorale de puissants groupes industriels révélée au grand jour par divers scandales (*Dieselgate* et autres), « n'hésitant pas à faire du mensonge un système pour conserver leur marge de bénéfices[4] », et nous aurons une idée plus juste de ce néocapitalisme « devenu fou[5] », incapable d'assurer sa propre survie, la sauvegarde de l'environnement, la paix et la justice sociale.

Plus grave encore, la puissance du capitalisme financier est telle qu'elle prend le pas sur

1. Joseph Stiglitz, *Le capitalisme perd la tête*, 2003 ; *Un autre monde : contre le fanatisme du marché*, Fayard, 2006 ; *Le Triomphe de la cupidité*, Les Liens qui libèrent, 2010 ; *Peuple, pouvoir & profits*, Les Liens qui libèrent, 2019.

2. *Le Temps des Turbulences*, JC Lattès, 2007 ; Michel Rocard, *Suicide l'Occident, suicide de l'Humanité ?*, *op. cit.*, notamment le chapitre 3 : « Le monde malade de l'argent », où il dénonce combien « l'appât du gain sépare la finance de l'économie » (p. 110 *sqq.*).

3. Bauduin Dubuisson, « L'économie mondiale, une partie de Monopoly », *Les Échos*, 2 janvier 2019.

4. Laurent Testot, *Cataclysmes...*, *op. cit.*, p. 432.

5. Formule « choc » d'Emmanuel Macron, lors de son discours à l'Organisation internationale du travail du 11 juin 2019, qui n'a pas manqué de surprendre.

l'autorité des États-nations qui, elle, ne cesse de s'affaiblir au gré des nouveaux accords monétaires et commerciaux. La subordination des États-nations aux pouvoirs des grands conglomérats industriels et des banques centrales est de plus en plus patente. Dans une même logique d'assujettissement, les nouvelles réglementations commerciales réordonnent le droit commun (civil) aux impératifs juridiques du marché mondial[1], protégeant le développement des multinationales et la prospérité des oligarchies financières[2]. Forums et organisations mondiales regroupant les élites politiques, économiques et financières ne font que renforcer la stratégie de cette hégémonie planétaire[3]. Pionnier de l'écologie, le philosophe Michel Serres formulait,

---

1. Typiques de cette dérive sont les accords de « libre-échange » appelés Ceta (accords entre la Communauté européenne et le Canada), Mercosur (accords entre la Communauté européenne et l'Amérique du Sud). Ces accords comprennent un chapitre sur « la protection des investissements », avec la mise en place de « tribunaux d'arbitrage » supranationaux. Voir Lorène Lavocat, « Ceta, Mercosur : les accords de libre-échange donnent le pouvoir aux multinationales », *Reporterre*, 3 juillet 2019.
2. Voir Hervé Kempf, *L'oligarchie ça suffit, vive la démocratie*, *op. cit.*, qui démontre le glissement de nos « démocraties » occidentales vers « un régime oligarchique » ; aussi Naomi Klein, *Tout peut changer. Capitalisme & changement climatique*, *op. cit.* ; Valérie Bugault, *Les Raisons cachées du désordre mondial*, Sigest, 2019.
3. Tels le Forum économique mondial (FEM) et son rendez-vous annuel à Davos, le Groupe Bilderberg, la Commission trilatérale.

il y a peu, le même constat : « La politique est la servante de l'économie aujourd'hui. Ce sont les systèmes économiques qui détruisent la planète. Lutter contre eux est très difficile. Les lobbys sont d'une puissance extraordinaire. Aux États-Unis, où j'ai vécu quarante-deux ans, ils commandent tout. La preuve, c'est que le peuple américain vote contre son propre intérêt, tellement il est soumis à la publicité. Il a refusé cet essai timide de sécurité sociale que proposait Obama[1]. »

Pour asseoir son ascendant sur l'humanité, le credo culturel du système économique ainsi mis en place se décline en deux temps. Le premier concerne les prérogatives du dominant qui tient en main finances, pouvoirs de décision et moyens d'exploitation. Son plan d'activités se résume à extraire (à la nature ses ressources), produire, vendre, spéculer. Le second temps du même credo concerne le dominé qui a ce qu'il peut avoir pour acheter, consommer, jeter. Avec les promesses, non de la vie éternelle, mais celles du divertissement permanent, via les écrans et autres (selon les moyens du dominé) qui, en réalité, creusent en lui la frustration des besoins essentiels[2].

---

1. *Le Parisien*, 28 septembre 2018. Nous renvoyons à l'ouvrage de Michel Serres, *Le Contrat naturel*, Le Pommier, 1990, réédité en 2018.
2. Ceux du Lien – solidarité, bienveillance et bienfaisance – et du Sacré – émerveillement face au mystère de la vie et du vivant.

La gestion capitaliste de la crise écologique

Mais alors, *quid* de la crise écologique, en particulier la question du réchauffement climatique, pour les partisans du système du « tout économique » ? Incontournable, vu la pression médiatico-publique et ses premiers effets sensibles, la question environnementale est intégrée dans leur politique générale. Essentiellement de deux manières. *Primo,* grâce aux vertus internes du marché. La compétitivité et la vigueur financière « verdiront » progressivement le mode d'extraction et de production. *Secundo,* par le fait de miser avec une foi quasi religieuse sur la puissance des innovations technologiques, notamment celles de la géo-ingénierie. Celle-ci est censée contrer, du moins ralentir, le changement climatique. Or les mises en garde ne manquent pas à l'encontre de ces techniques « interventionnistes » pour le moins hasardeuses, loin d'être régulées dans tous leurs effets[1]. Elles laissent une immense marge d'incertitude quant aux conséquences sur la biosphère à moyen et long terme[2].

---

1. Même s'ils évoquent le recours à la géo-ingénierie, les experts du GIEC eux-mêmes restent très dubitatifs : « L'efficacité de ces techniques reste à prouver à grande échelle, certaines étant même susceptibles de représenter un risque considérable pour le développement durable » (rapport d'octobre 2018).

2. Voir Clive Hamilton, *Requiem pour l'espèce humaine, op. cit.*, chapitre 6 : « Y a-t-il une issue ? », p. 181-213. L'auteur passe en revue les principaux recours technologiques (capture

Dans l'état actuel de la géo-ingénierie, les solutions proposées semblent être celles de la « dernière chance » d'une civilisation aux abois. En réalité, « le mythe sur lequel repose la grande promesse de la géo-ingénierie demeure la forme la plus puissante de pensée magique de la culture occidentale[1] ». Autrement dit, on traite les problématiques écologiques sans toucher aux fondements d'une économie ultrafinanciarisée. Le cardinal Peter Turkson, préfet pour le service du développement humain intégral, n'a pas mâché ses mots lors de sa venue à Paris, fin mai 2019, pour critiquer un tel système, « sa logique de maximisation de la valeur actionnariale comme principe directeur de la gestion des entreprises », favorisant « l'augmentation d'une finance du risque et du pari sur la faillite d'autrui, la prolifération des centres financiers offshore, le développement de l'hypermondialisation et la financiarisation ». Ces caractéristiques du modèle économique actuel provoquent des « phénomènes particulièrement

---

du carbone, énergies renouvelables, énergie nucléaire) et les possibilités des dernières trouvailles de la géo-ingénierie (injection dans la stratosphère du dioxyde de souffre sous forme gazeuse de façon à former des aérosols de sulfate, des particules qui réfléchissent le rayonnement solaire… !). Voir aussi Naomi Klein, *Tout peut changer, op. cit.*, chapitre 8 : « Atténuer le rayonnement solaire », p. 293-330 ; Fred Vargas, *L'humanité en péril, op. cit.*, p. 52-54.

1. Naomi Klein, *Tout peut changer, op. cit.*, p. 292.

destructeurs », martelait-il[1], sur les plans tant environnemental que social.

L'axe mobilisateur du système capitaliste est clair : « favoriser la croissance ». Son but l'est tout autant : « accumulation illimitée du profit ». De même que les moyens mis en œuvre : « extraction, production, distribution, consommation ». Sa formulation « dogmatique » pourrait se décliner de la manière suivante :

> Je crois à la Croissance, au PIB, aux Dividendes et aux Profits qui ruissellent pour le contentement de tous les individus.
>
> Je crois à la Rentabilité que créent l'Investissement financier, la Spéculation boursière, la Mondialisation de l'économie, la Délocalisation des moyens de production et la Flexibilité de tous les acteurs.
>
> Je crois à l'Optimisation fiscale, aux Sociétés offshore et à l'Anonymat des capitaux.
>
> Je crois à un Droit commercial affranchi de toute jurisprudence nationale.
>
> Je crois à la Compétition et à la Concentration des entreprises qui diminuent les coûts de production, augmentent la valeur des actions et stimulent la croissance.
>
> Je crois à la Liberté du marché, à la Concurrence et à l'Externalisation de la production.
>
> Je crois au Capital un, illimité, transfrontalier, Cause de prospérité et Pourvoyeur de bien-être.
>
> Qu'il en soit ainsi.

---

1. Vincent de Féligonde, « Comment l'Église veut mettre la finance au service de l'homme », *La Croix*, 31 mai 2019.

L'illusion d'une « croissance verte »

Une croissance dite « verte », soutenue par les « technologies vertes », les *cleantechs*[1], tout en demeurant soumise à la logique extractiviste et productiviste du capitalisme, n'est pas crédible[2]. Si l'on se prêtait à rêver qu'il « verdisse » jusqu'en son cœur et devienne « écologique », le capitalisme s'obligerait à une telle conversion paradigmatique, à une telle révision de ses idées directrices et de sa vision matérialiste cumulative, qu'il en viendrait à se renier lui-même jusqu'à s'autodétruire. Avec sa lucidité coutumière, c'est ce qu'avait parfaitement anticipé le philosophe André Gorz dans un texte qui vaut la peine d'être lu aujourd'hui :

> La lutte écologique [...] peut créer des difficultés au capitalisme et l'obliger à changer ; mais quand, après avoir longtemps résisté par la force et la ruse, il cédera finalement parce que l'impasse écologique sera devenue inéluctable, il intégrera cette contrainte comme il a intégré toutes les autres. C'est pourquoi il faut d'emblée poser la question franchement : que voulons-nous ? Un capitalisme qui

1. Ce sont les technologies qui concernent le recyclage des déchets, le traitement des eaux usées, le développement des énergies renouvelables (éolien, panneaux solaires, force hydraulique), l'isolation thermique, les moteurs électriques...

2. Philippe Bihouix, « La "croissance verte" est une mystification absolue », *Reporterre*, 16 juin 2015.

> s'accommode des contraintes écologiques ou une révolution économique, sociale et culturelle qui abolit les contraintes du capitalisme et, par là même, instaure un nouveau rapport des hommes à la collectivité, à leur environnement et à la nature ? [...] Il vaut mieux tenter de définir, dès le départ, *pour quoi* on lutte et pas seulement *contre quoi*. Et il vaut mieux essayer de prévoir comment le capitalisme sera affecté et changé par les contraintes écologiques, que de croire que celles-ci provoqueront sa disparition, sans plus[1].

Soyons clairs. Dans l'état actuel de la planète, la résolution de la crise environnementale ne peut s'effectuer dans le cadre du système capitaliste tel que nous le connaissons et le subissons. La « décroissance » qu'il faudrait instaurer[2] pour décélérer la folie extractiviste, productiviste et consumériste est impossible

1. Extrait d'un texte paru originellement en 1974 dans le mensuel écologiste *Le Sauvage*, publié en 1975 aux éditions Galilée, sous le nom de Michel Bosquet, en introduction du recueil *Écologie et politique*. Accessible sur le site du *Monde diplomatique*, avril 2010, sous le titre « Leur écologie et la nôtre ».
2. Ce que préconise aussi, outre de nombreux économistes, le pape François : « Nous savons que le comportement de ceux qui consomment et détruisent toujours davantage n'est pas soutenable, tandis que d'autres ne peuvent pas vivre conformément à leur dignité humaine. C'est pourquoi l'heure est venue d'accepter une certaine décroissance dans quelques parties du monde, mettant à disposition des ressources pour une saine croissance en d'autres parties » (LS 93).

à concevoir dans le cadre du capitalisme[1]. La transformation de notre rapport à la nature à laquelle appelle prioritairement la crise écologique et celle de notre mode de vie collectif est à l'opposé de cette logique « économico-culturelle ». « L'économie [capitaliste] est organisée tout autour de la propriété privée et du profit, antinomiques avec la préservation de la faune, de la flore et du climat. À partir du moment où les instruments économiques utilisés – profits et dividendes, chiffre d'affaires, PIB – n'accordent pas de valeur à l'efficacité énergétique, à la réduction des émissions de gaz à effet de serre, à la préservation d'espaces naturels et de terres agricoles, les dés sont pipés[2]. » Nous sommes bel et bien face à deux logiques contraires. Deux visions culturellement antagonistes.

L'une prône modération et sobriété, l'autre démesure et excès.

L'une encourage entraide et coopération, l'autre individualisme et compétition.

L'une soutient gratuité et partage, l'autre rentabilité et capitalisation.

L'une reconnaît un lien vital à l'environnement et protège son écosystème, l'autre use de la

---

1. « La décroissance est impossible dans un cadre capitaliste », Paul Jorion, *Le dernier qui s'en va éteint la lumière. Essai sur l'extinction de l'humanité*, Fayard, 2016, p. 78-82.
2. Jade Lindgaard, *Reporterre*, 17 mai 2019.

planète à la manière d'un gisement exploitable à l'infini.

L'une s'émerveille devant la nature, l'autre fait de la Terre une marchandise.

L'une prie et médite devant le mystère du vivant, l'autre le pille et le chosifie pour le vendre et le consommer.

Vision binaire simpliste, caricaturale ? Non pas. À qui veut bien la regarder en face, la réalité confirme dramatiquement le caractère intrinsèquement destructeur du système actuel. Le temps est court. Trop court pour négocier efficacement le tournant écologique tout en essayant de composer avec la « pesanteur culturelle » du système économique régenté par une de ses pensées phares, érigée en un quasi mantra : « Consommer, consommer, consommer[1]. »

Certes, un possible nouveau krach financier mondial[2] et la détérioration des tensions

---

1. Révélateur de la primauté d'une culture « consumériste » est le temps que les journaux télévisés de grande écoute consacrent aux aspects économiques de l'actualité, aux questions financières, celles du placement de notre argent, des bons (ou mauvais) plans bancaires, des assurances, des achats-ventes, du domaine des start-up rentables ou pas, de la montée des prix de l'immobilier, de telle denrée, tel produit, des hauts et des bas des indices de consommation, etc. C'est impressionnant. Parler de ces sujets est inévitable ; mais pourquoi une telle prédominance ?

2. Cf. Georges Ugeux, *op. cit.* ; l'économiste américain Nouriel Roubini (« Les cinq ingrédients qui préparent la crise de 2020 », *Les Échos*, 5 octobre 2018) ; Gaël Giraud : « Tous les voyants sont au rouge, affirme-t-il. Ça ne veut

géopolitiques actuelles aux prolongements incertains[1] peuvent fortement bousculer, voire remettre en question l'assise hégémonique du système. Quoi qu'il en soit des événements que réserve le XXIe siècle à notre humanité, force est de constater qu'en dépit de sa dérive écocide et de sa logique déshumanisante tout aussi patente, le système économique actuel tient – avec la plus grande fermeté – la population mondiale dans une forme d'assujettissement socioculturel.

---

pas dire que qui que ce soit sache quand la crise va se déclarer. C'est un peu comme quand on vous dit que vous avez un cancer en phase terminale, ça veut dire que vous êtes sûr malheureusement d'y passer, mais ça ne veut pas dire que vous sachiez le jour et l'heure » (« La crise qui vient », *Quartier Libre*, 9 juillet 2019) ; Alain Guillemoles, « Les États-Unis redoutent une récession en 2020 », *La Croix*, 15 août 2019 ; voir les réserves de Christian Chavagneux, journaliste spécialiste des questions économiques : « Si le risque systémique n'a pas disparu de la finance mondiale, la vigilance des autorités de régulation et des taux d'intérêts durablement bas permettent d'écarter la perspective d'une crise », assure-t-il (« Une nouvelle crise financière ? », *Esprit* n° 456, juillet-août 2019).

1. La liste ne cesse de s'allonger. Mentionnons, depuis l'arrivée au pouvoir de Donald Trump, les relations américano-iraniennes au plus mal, les incertitudes du dossier nord-coréen, la guerre commerciale entre la Chine et les États-Unis. Et la poudrière du Proche-Orient (l'interminable conflit palestino-israélien, la Syrie en recomposition…), les velléités hégémoniques de la Russie de Poutine (Ukraine, guerre informatique…), les turpitudes politiques de Erdogan, le chaos au Venezuela et en Libye, la pression migratoire engendrée par les conflits locaux africains, asiatiques et les dérèglements climatiques, etc.

Dans les prochaines années, assisterons-nous à un fatalisme résigné jusqu'à la sidération face à l'emprise croissante d'un système en proie à sa propre inconscience ? Ou bien à une lutte créative déterminée jusqu'à son affranchissement, un combat générateur d'une nouvelle civilisation ? Ou encore à un mix des deux tendances, dans des proportions différentes selon les régions du globe, pour un devenir humain aussi incertain que chaotique ?

Un troisième obstacle se dresse sur le chemin de la résilience socio-écologique. Non des moindres. Il découle tout naturellement de la « pesanteur culturelle » du système dont nous avons décrit quelques traits majeurs. Plus directement, il résulte de l'univers matérialiste et hyperconsumériste dans lequel ce même système attire, conditionne et confine l'humanité : l'attachement au confort de l'abondance matérielle.

5

« Mon confort, difficile de m'en passer... » : l'enlisement dans les conditionnements de l'opulence matérielle

INTERROGEONS tout d'abord les traditions spirituelles et religieuses. Quels que soient les fondements des civilisations, la sagesse et le bon sens humain n'ont pas manqué de souligner les ambiguïtés et plus encore les dangers de la fascination qu'exercent l'argent et l'abondance matérielle. Tant pour les sages de la Grèce antique que pour les maîtres hindous et bouddhistes, argent et cumul des biens matériels rivent l'homme sur lui-même, alimentent vanité et cupidité qui font barrage sur le chemin de la pleine liberté humaine.

Aux origines du « tout économique » occidental

Sur les antiques réflexions concernant notre propension au cumul des biens matériels, je m'en tiendrai au patrimoine spirituel que je connais le mieux. Il a également été, d'une manière prépondérante, la matrice culturelle de l'Occident : le recueil des écrits bibliques. Quel éclairage nous donne-t-il sur cette question ?

Rien de fondamentalement différent des autres traditions sapientielles. La richesse est un bien, assurément. Elle est même, soulignent les textes, un signe de la générosité de Dieu et la manifestation de sa bénédiction. Elle reste toutefois un bien secondaire. En aucun cas, la richesse ne peut être une fin en soi. Sa gestion recèle une ambivalence dont le versant négatif peut corrompre le cœur de l'homme, le rendre « impie » et en faire un complice du Mal. La richesse matérielle entrave l'élan spontané de la bonté désintéressée parce qu'elle attise la cupidité – ce malin désir à posséder toujours plus au détriment d'autrui. Elle supplante l'attention bienveillante envers le prochain. Elle nourrit l'envie et la jalousie. Elle incite à l'hypocrisie et aux malversations. À terme, son culte étouffe les intentions les plus généreuses et finit par remplacer Dieu dans le cœur de l'homme : « N'allez pas compter sur la fraude et n'aspirez pas au profit. Si vous amassez des richesses, n'y mettez pas votre cœur » (Psaume 61, 11). « Qui se fie en la richesse, s'y abîmera » (Proverbes 11, 28). « Malheur à ceux qui ajoutent maison à maison et joignent champ à champ, au point de prendre toute la place, restant seuls habitants du pays (Isaïe 3, 8). Un pays « plein d'argent et d'or... de chevaux et de chars sans nombre » est vite « un pays rempli d'idoles » (Isaïe 2, 78).

Les écrits du Nouveau Testament s'inscrivent dans la même veine. Il n'est qu'à lire les sévères invectives de Jésus à l'encontre des riches[1] et « des pharisiens qui aimaient l'argent et se moquaient de lui » (Luc 16, 14), sa dénonciation de ceux qui amassent richesse sur richesse sans égard pour les pauvres[2]. « Gardez-vous bien de toute avidité, insiste-t-il, car la vie de quelqu'un, même dans l'abondance, ne dépend pas de ce qu'il possède » (Luc 12, 15). La véritable richesse n'est pas dans celle qu'on accumule dans des greniers ou une banque, ni dans celle admirée dans les palais. Elle réside dans celle donnée et partagée, à l'image de Dieu qui ne cesse de donner « la vie, le mouvement et l'être » (Actes des Apôtres 17, 28)

1. « Malheur à vous les riches, car vous avez votre consolation » (Luc 6, 24).
2. Voir la parabole du riche et du pauvre Lazare (Luc 16, 19-26), celle du riche intendant qui thésaurise (Luc 12, 15-21).

jusqu'au don de son propre Fils (Jean 3, 15). L'argent ne doit jamais être une fin en soi ni devenir un culte car « aucun homme ne peut servir deux maîtres : toujours il haïra l'un et aimera l'autre. On ne peut servir à la fois Dieu et Mammon[1] » (Matthieu 6, 24). Or « l'amour de l'argent est la racine de tous les maux » (1re lettre à Timothée 6, 10) dont souffre le monde. La tradition chrétienne a formalisé cette suspicion en condamnant le prêt à intérêt lors du concile de Nicée (325).

Alarme éthique et repère existentiel, cette défiance prévient l'homme des fièvres de la démesure dans l'avoir, l'*hubris*. Âme d'un insatiable appétit des biens, l'*hubris* érige l'argent au rang d'une divinité. À l'instar du Ploutos de la mythologie grecque, l'argent se revêt fallacieusement des attributs divins. Le faste des royaumes terrestres est en son pouvoir. Et l'homme fasciné par l'empire de richesses matérielles croit à son illusoire toute-puissance. L'imposture est totale. Sous l'emprise de la cupidité, le voilà happé et perdu dans une spirale déshumanisante. Il s'emprisonne sur lui-même et se soustrait à toute

1. Dans le Nouveau Testament, Mammon est la personnification divine de la richesse matérielle à laquelle l'homme peut vouer sa vie. Mammon s'oppose frontalement à Dieu, à son dessein de partage, de fraternité, de communion universelle entre les hommes. En ce sens, la symbolique de son action recouvre les vues homicides de Satan. Mammon n'est, en fait, qu'une de ses nombreuses appellations.

relation d'authentique amitié parce qu'excluant désintéressement et gratuité.

Ne pas mettre son cœur dans les biens que procure l'argent réclame une discipline de la volonté. Celle de la sobriété. Plus encore, elle sollicite la liberté du détachement par l'éveil du cœur aux choses essentielles que nulle fortune ne peut acheter : l'amour, la qualité de la vie relationnelle. « Si quelqu'un offrait toutes les richesses de sa maison pour acheter l'Amour, tout ce qu'il obtiendrait, c'est un profond mépris » (Cantique des Cantiques 8, 7).

De quelle manière comprendre l'éclipse de cette sagesse séculaire ? Comment expliquer la mise en forme « sociétale » d'une dérive consumériste dont, semble-t-il, « nous ne pouvons plus nous passer » ?

Max Weber (1864-1920), un des fondateurs de la sociologie contemporaine, a exposé dans son maître-ouvrage, *L'Éthique protestante et l'esprit du capitalisme*, l'hypothèse suivante : l'approche décomplexée des courants issus du protestantisme à l'égard de l'argent, de son usage commercial et de son intégration rationnelle dans l'organisation économique a créé les conditions favorables à l'essor du capitalisme. Peu à peu, « le gain est devenu la fin que l'homme se propose ». De sorte que si la révolution industrielle est la cause matérielle de la naissance officielle du capitalisme, le protestantisme en serait la cause formelle. C'est lui qui aurait créé l'univers culturel favorable à sa justification éthique et, par suite, à son expansion sociopolitique.

Si l'apport de Max Weber est incontournable, les fondements de « l'esprit du capitalisme » sont à cerner au-delà de « l'éthique protestante ». Outre les conditions historiques favorables à l'éclosion du capitalisme – la mondialisation du commerce impulsée par l'expansion de la colonisation à partir du XVIe siècle et la révolution industrielle amorcée au Royaume-Uni à la fin du XVIIIe siècle –, il y a une cause transversale à tous les temps. Les racines fondamentales de « l'esprit du capitalisme » sont avant tout débitrices d'inclinations potentielles de l'esprit humain : la cupidité et l'avidité. C'est la conjonction de différents facteurs – entre autres, l'éthique du protestantisme, la révolution industrielle, la mondialisation du commerce – qui a permis leur expression sociologique originale à travers l'émergence d'un fait sociétal nouveau : « l'esprit du capitalisme » tel qu'il est reconnu et défini depuis le XIXe siècle. Érigeant « l'économique[1] » en étendard du bonheur, il s'est

1. Comprenons « l'économique » en tant qu'expression justifiant la recherche du profit, l'abondance et le cumul des biens matériels.

progressivement immiscé dans les strates essentielles de la culture au point d'en façonner les mœurs, d'en inspirer les mentalités et de devenir le cœur battant de notre civilisation. Au final, « l'esprit du capitalisme » a supplanté les idéaux de fraternité, de liberté dans l'égalité et l'altruisme propres aux Lumières, au profit du mérite individuel et d'une liberté d'entreprendre fondée sur la propriété privée et finalisée par le profit.

Aujourd'hui, l'esprit du capitalisme est, de fait, l'esprit de la civilisation occidentale moderne. Il en est le guide et l'ordonnateur pratique. Le réductionnisme « économique » de l'idéal culturel capitaliste a annexé l'ensemble des domaines de la société humaine. Jusqu'au plus sacré : le corps humain. Lui aussi se vend de différentes manières[1]. Rien n'échappe à la

---

1. Le commerce des organes humains est sinistrement connu. Celui des embryons commence à l'être. « Depuis onze ans, il est possible d'utiliser les embryons issus de PMA, de façon encadrée, pour la recherche. Ces recherches sont "contestables sur un plan éthique" (Jocelyn Clerckx), puisqu'il s'agit d'"expérimentations destructrices de l'embryon qui aboutissent à sa réification totale". Il n'est plus utilisé que "comme un matériau de laboratoire dont la valeur se limite à ses propriétés biologiques". Cependant cette recherche fondamentale, effectuée dans un cadre public, laissait espérer qu'elle "serait à l'abri des lois du marché". Mais les liens entre les laboratoires académiques et les firmes industrielles s'étant intensifiés, la recherche s'est calquée sur les lois du marché de la société libérale » (« Vers la marchandisation de l'embryon humain », *Génétique*,

« peste de la marchandisation[1] ». Celle-ci est parvenue à tout contaminer de l'existence humaine. À « coloniser le monde vécu », dirait André Gorz à la suite de Jürgen Habernas. Par une habile gestion des « motivations des individus », il fait produire « des résultats ne correspondant à aucune intention des individus »[2]. Autrement dit, lorsque « j'ai la ferme intention de mener une vie heureuse, fondée sur la qualité de ma vie relationnelle, famille et amis, du temps libre passé avec eux, partageant leurs joies et leurs peines », le système du « tout économique » traduit ainsi mes attentes : « Assurément, je te rendrai heureux avec tout ce que met à ta disposition l'industrie du bien-être, du tourisme, du divertissement, sans oublier l'usage en illimité des biens de consommation à bas coût, proposés à foison et toujours nouveaux ! » Et c'est ce qui arrive.

---

26 février 2016). Voir aussi Sylviane Agacinski qui cible les dérives mercantiles liées directement à la PMA et à la GPA : « [...] dans de nombreuses régions du monde, des marchés du corps humain, licites ou illicites, se développent pour satisfaire une demande que, en retour, ils font flamber. Une économie extrêmement rentable s'installe... Le *Baby Business* y occupe une place considérable, aux dépens des femmes incitées à se vendre, avec la complicité du corps médical et la complaisance plus ou moins avoués des États » (*L'Homme désincarné. Du corps charnel au corps fabriqué*, Tracts Gallimard, 2019, p. 9).

1. Paul Jorion, *Le dernier qui s'en va éteint la lumière*, *op. cit.*, p. 27.
2. André Gorz, *Éloge du suffisant*, PUF, 1992, 2019, p. 25.

Nos intentions les plus essentielles pour mener notre vie sont dévoyées par la gestion mercantile de nos « motivations » à jouir et être heureux.

Fort de la logique totalitaire de la financiarisation de l'économie et, par suite, des modèles sociaux qu'elle engendre, le capitalisme est devenu expert dans la matérialisation les valeurs de l'esprit. Instrument efficace d'échange, l'argent presse de toute part le but de l'existence. Tous les échanges humains et les communications sociales en sont affectés. Devenu LE pôle d'attraction de la vie en société, son pouvoir supposé de bonification de la vie humaine n'a aucune limite. L'argent est censé proposer le meilleur en tout et de tout : accéder aux meilleures technologies, aux meilleurs soins, à la meilleure alimentation, aux meilleurs établissements scolaires et universitaires, aux meilleurs habitats et environnements citadins, aux meilleurs divertissements, spectacles, lieux touristiques, etc. Par l'argent – le pouvoir qu'il octroie –, j'ai donc accès au « meilleur » de la vie. Ce qui n'est que monnaie s'affiche en pilier structurant de l'existence. L'argent devient l'étalon de ma vie. « Quand aucune fin ne lui est prescrite, écrit le même André Gorz, l'économie choisit les fins pour lesquelles elle dispose des moyens les plus efficaces : elle prendra pour but la croissance de la sphère dans laquelle sa rationalité peut se déployer et tendra à lui soumettre toutes les autres sphères, y compris la vie et les bases naturelles de la vie[1]. » C'est là son drame. Le drame d'un humanisme abîmé dans le matérialisme le plus opaque.

Le virus de la mentalité « toujours plus riche que l'autre »

L'aspect pernicieux de ce processus est d'activer jusqu'à l'excès le ressort de l'avidité ; ce qui nous rend corvéables à merci dans le travail. Par une addiction compulsive à l'achat-possession, la quête de sens et de bonheur, consubstantielle à l'être humain, est transférée à la recherche de biens et son accumulation. Inexorablement se forgent des liens d'identification avec ce qui est possédé. On finit par « croire » à ce qui est possédé parce que recherché, désiré comme but réalisateur de sa vie. Ce que je possède, ce dont j'use et abuse, participe à ce que je suis. Je deviens – un peu, beaucoup, passionnément… – et cette voiture et cette maison et ce bel intérieur et cette collection de toiles ou autres biens précieux et ce jardin et ce voilier et cet hôtel que je fréquente régulièrement. Bref, j'entre peu à peu dans un processus d'identification à un standing, un

1. André Gorz, *Éloge du suffisant*, *op. cit.*, p. 50.

style de vie qui est mien. Ce que j'ai devient – psychologiquement et émotionnellement – ce que je suis.

Trompeuse équation, toxique croyance. L'homme ne fait que creuser une angoisse de vivre, car les biens matériels sont à eux seuls incapables d'exaucer l'attente de plénitude. Ils alimentent au contraire et accroissent le trouble existentiel de ne pas pouvoir être soi-même. Or le malaise le plus profond ne réside-t-il pas dans l'incapacité à être soi-même ?

En outre, une véritable concurrence de l'avoir se met en mouvement. Une forme de « rivalité mimétique », pour parler comme René Girard, créée par l'enrichissement et le désir d'opulence. Une telle concurrence s'opère dans un climat particulièrement narcissique. Tout est ramené à soi, aux prétentions à paraître mieux et plus élevé que quiconque. Bien évidemment, autrui n'est envisagé que dans le prisme de ce qu'il a, de la tête aux pieds : son maquillage, ses vêtements, ses chaussures... de grande marque, sa montre et ses bijoux... de luxe, sa tablette... dernier cri, tout comme sa voiture, son habitation, son niveau de vie, ses sorties et ses divertissements. Tout est évalué à l'aune de la qualité matérielle de ce qui est possédé.

Le *star system* du cinéma et du show business illustre outrageusement les canons de ce modèle économique qui attire, scandalise et conditionne les « consomm'acteurs » que nous sommes. Dans la frénésie narcissique savamment orchestrée, il persuade les internautes que leur idole doit être plus « brillante » que les autres, non sans avoir vanté-vendu sa « brillance » à grands coups de clips et clamé via les réseaux sociaux que le *winner takes all* (le « gagnant prend tout ») ! Parmi d'autres « produits » mondialisés du *star system*, Kim Kardashian en est une des figures commerciales les plus accomplies. Icône médiatique, gestionnaire experte en marketing de son propre succès, elle incarne un style de vie à elle seule qu'elle vend à prix fort[1], guide les choix de ses millions de fans[2], les incite à consommer telle ou telle chose. En quelques années, Kardashian est devenue la diva planétaire du système « tout économique ».

Très riches, moins riches, classes moyennes, gens modestes : le virus de la pléonexie, « mentalité du possédant jamais repu », touche toutes les couches sociales. Les ravages de cette maladie de l'âme[3] sont toutefois incontestablement

1. Chaque post sur Instagram lui rapporte jusqu'à 1 million de dollars.

2. Dont le nombre est estimé à 140 millions sur les réseaux sociaux. Certains n'hésitent pas à dépenser des fortunes pour lui ressembler. Grâce aux soins de la chirurgie esthétique, Jordan James Parke, jeune homme vivant à Manchester, a versé la somme de 150 000 dollars pour le seul but de ressembler à son idole.

3. Voir l'ouvrage suggestif de Jean-Guilhem Xerri, *Prenez soin de votre âme, Petit traité d'écologie intérieure*, Cerf, 2018 ;

plus manifestes dans les hautes sphères de la société, avec une note d'indécence assumée. Aux millionnaires à qui l'on demande « quel serait le niveau de fortune nécessaire pour qu'ils se sentent "vraiment à l'aise", ils répondent tous de la même manière, quel que soit le niveau déjà atteint : le double de ce qu'ils possèdent déjà[1]... » La « civilisation » capitaliste persuade les esprits d'orienter leurs options de vie sur le terrain de la possession matérielle, gage de bonheur assuré, assène-t-elle à l'aide de son armada publicitaire. « Posséder » pour jouir de choses sans cesse renouvelées dans leur contenu. Avoir – courir après – un standing de vie toujours plus confortable : une piscine... chauffée ! des voitures... SUV connectées ! des saunas et salles de cinéma... privés ! des vacances... avec des prestations et des agréments « jamais vus » !... Bref, « avoir » et vivre dans le « toujours plus » inédit, sous l'emprise du démon « pleonexia » et de son parfum enivrant « cupidité ». Et surtout aux yeux de tous.

Comble de cette folie obscène, de riches Russes, Indiens, Chinois s'exhibent en mettant en ligne des photos d'eux-mêmes. On

---

en particulier « Une société de l'hyperconsommation » (p. 94 et s) ; « L'avidité » (p. 230 et s).

1. Daniel Cohen, *« Il faut dire que les temps ont changé... »*, *Chronique (fiévreuse) d'une mutation qui inquiète*, *op. cit.*, p. 226.

les voit littéralement affalés sur le sol, devant leurs véhicules de luxe, entourés de billets et de bijoux, soigneusement disposés. Objectif : exhiber sa fortune[1]. Ou bien encore, un de ces moyens ahurissants que les ultra-riches ont trouvé pour dépenser leur fortune : organiser une course où entrent en compétition les plus grands yachts, moyennant une dépense pouvant aller jusqu'à 330 millions de dollars[2]. Sans parler des dépenses quotidiennes les plus extravagantes, de Las Vegas à Dubaï et aux Bahamas en passant par les villas-palaces de Floride et les « suites » les plus luxueuses à plusieurs dizaines de milliers d'euros la nuit[3]. La démesure bat son plein dans le monde de

---

1. Le défi « Vautré dans sa fortune » a été vu plus de 2,3 milliards de fois sur le réseau social chinois Weibo. Il consiste à faire semblant d'avoir trébuché en sortant d'une voiture de luxe et à s'étaler sur le trottoir dans un amas de billets de banques, de cartes de crédit ou de produits de luxe (la.tribune.fr, 25 octobre 2018).

2. « Le milliardaire Leslie Wexner a lancé la guerre des yachts en 1997 quand il baptisa *Limitless* le sien qui, avec 96 mètres, était plus long de 33 mètres que celui de son plus proche rival. Depuis, une compétition se déroule sur l'eau. Pour jouer, vous devez être prêt à dépenser jusqu'à 330 millions de dollars, et peut-être acheter plus d'un navire – le Russe Roman Abramovich en possède trois » (Hervé Kempf, *Comment les riches détruisent la planète*, *op. cit.*, p. 67. L'auteur donne de nombreux autres exemples de cette débauche de dépenses plus folles les unes que les autres, p. 67-73.).

3. Voir l'article « Voici les 17 suites les plus chères au monde… », *Business Insider*, 18 juillet 2017.

la ploutocratie et de ses plus de deux mille milliardaires que compte ce cercle très fermé et replié sur lui-même[1].

Avoir et consommer en illimité

À divers degrés, nous sommes tous atteints par cette onde consumériste banalisée qui culmine de manière insolente, nous venons de le voir, dans les hautes sphères des élites possédantes. Car le faste délirant des plus nantis exerce une influence attractive sur les autres classes sociales, quand bien même celles-ci s'en défendraient. Il n'est qu'à voir le succès croissant des jeux, lotos, roues de la fortune, paris, tiercés et autres miroirs aux alouettes qui attisent le rêve de posséder des « millions d'euros » pour reproduire le mode de vie des plus fortunés. « La nomenklatura capitaliste adopte les canons de la consommation somptuaire des hyper-riches et les diffuse vers les classes moyennes, écrit très justement H. Kempf, qui les reproduisent à la mesure de leurs moyens, imitées elles-mêmes par les classes populaires et pauvres[2]. »

---

1. En 2018, selon le magazine *Forbes*, on dénombrait 2 208 milliardaires dans le monde, pour une fortune cumulée de plus de 9 000 milliards de dollars.
2. Hervé Kempf, *Comment les riches détruisent la planète, op. cit.*, p. 82.

Ne perdons pas de vue que le conditionnement culturel de notre société est directement débiteur d'une pression d'extraction démente sur les ressources naturelles et dope une course à la production de biens tout aussi irresponsable. C'est un truisme de le dire : l'économie capitaliste exacerbe la crise écologique. Ce même confort, outre qu'il est un facteur aggravant de la dégradation environnementale, nous rend compulsivement *addicts* à une foule de biens et de leur renouvellement incessant. Le cercle vicieux est là : gémir d'un mal auquel nous nous adonnons tout en réclamant son remède.

Cet asservissement mental et culturel joue un étrange tour à celles et ceux qui entrent dans la résistance et la lutte écohumaniste. Les voilà accusés d'être des « djihadistes verts » ! Conspirateurs d'un projet liberticide parce que menaçant les canons de nos modes de vie. Il est certain que le changement réclame plus que de nouvelles mesures économiques, juridiques et politiques. Il suppose aussi et surtout une conversion des mentalités, une (r)évolution culturelle qui présuppose ce que Serge Latouche nomme une « décolonisation des imaginaires[1] ».

L'enjeu de ce dilemme est de nature spirituelle, parce qu'il sollicite les forces les plus

---

1. Serge Latouche, *Décoloniser l'imaginaire. La Pensée créative contre l'économie de l'absurde*, Parangon, 2003, et *Survivre au développement*, Mille et Une Nuits, 2004, p. 115-119.

fondamentales de notre esprit. Il nous pousse à puiser notre énergie dissidente dans les racines de l'être.

Comment prendre conscience d'un asservissement aux biens matériels, de leur emprise sur notre esprit ? De quelle manière déceler en nous l'adoption banalisée d'une mentalité cupide, dite « de riches », et s'en désolidariser ? Car ce n'est pas « tant à la croissance qu'il faut s'attaquer, avertit André Gorz, qu'à la mystification qu'elle entretient, à la dynamique des besoins croissants et toujours frustrés sur laquelle elle repose, à la compétition qu'elle organise en incitant les individus à vouloir, chacun, se hisser "au-dessus" des autres. La devise de cette société pourrait être : "Ce qui est bon pour tous ne vaut rien. Tu ne seras respectable que si tu as *mieux* que les autres." Or c'est l'inverse qu'il faut affirmer pour rompre avec l'idéologie de la croissance : "Seul est digne de toi ce qui est bon pour tous. Seul mérite d'être produit ce qui ne privilégie ni n'abaisse personne. Nous pouvons être plus heureux avec moins d'opulence, car dans une société sans privilège, il n'y a pas de pauvres[1]." »

1. « Leur écologie et la nôtre », *Le Monde Diplomatique*, avril 2010.

Drame de la « matérialisation » de l'esprit

La course à l'avoir réduit le champ de notre conscience au « moi » superficiel – cette partie de nous-mêmes qui gère l'immédiat de la vie courante, sans recul sur ses orientations de fond. Plus grave, elle asphyxie à terme les facultés altruistes. Elle éteint le sens de la convivialité et de la gratuité dans la relation avec autrui. Assurément, « il est très difficile à un riche, dit Jésus, d'entrer dans le Royaume de Dieu[1] ». Cet obscurcissement humaniste inspirait à Ivan Illich les mots suivants : « Le dogme de la croissance accélérée justifie la sacralisation de la productivité industrielle », et de la consommation qui en découle, « aux dépens de la convivialité[2] ». Autrement dit, aux dépens de la qualité de la relation humaine. L'économie de marché régie par l'idéologie ultralibérale du capitalisme contemporain épuise le sens de l'amour du prochain. Elle l'exclut de son cadre, fait remarquer Paul Jorion[3]. Son référentiel humain est l'amour

---

1. Pour les chrétiens, le « Royaume de Dieu (ou des Cieux) » est l'espace symbolique de la destinée humaine où chacun est pleinement solidaire de l'autre et soucieux du bien commun dans une éternelle gratitude à l'Auteur de la vie.
2. Ivan Illich, *La Convivialité*, Seuil, 1973, p. 28-29.
3. Paul Jorion, *Le dernier qui s'en va éteint la lumière, op. cit.*, 2016, p. 81.

de soi-même présidant au seul intérêt personnel : l'égoïsme érigé en fondement culturel[1]. Quant à son horizon sociétal, il est polarisé par la primauté de la réussite individuelle. Cette lecture n'est ni simpliste ni caricaturale. C'est ce que nous lisons, très clairement exprimé, chez un des fondateurs du libéralisme économique, Adam Smith (1723-1790), dans un passage de son œuvre principale, *La Richesse des nations* : « Ce n'est pas de la bienveillance du boucher, du marchand de bière et du boulanger que nous attendons notre dîner, mais bien du soin qu'ils apportent à leurs intérêts. Nous ne nous adressons pas à leur humanité, mais à leur égoïsme ; et ce n'est jamais de nos besoins que nous parlons, c'est toujours de leur avantage[2]. »

Notre engagement écohumaniste passe par la prise de conscience personnelle de l'enlisement dans les conditionnements de l'abondance matérielle. Un enfermement certes non coercitif, validé par le vote démocratique et les modes de vie imposés par la doxa dirigeante. Comme un lent « autoservage ». Un enfermement sans séquestration apparente. Mais un enfermement tout de même. Une

1. Christopher Lasch & Cornelius Castoriadis, *La Culture de l'égoïsme*, Climats-Flammarion, 2012.
2. Paul Jorion, *ibid*. Les économistes ultralibéraux du XXe siècle Friedrich von Hayek et Milton Friedman ne le contrediront pas, bien au contraire.

sorte de « dictature » innommée qu'Aldous Huxley n'hésitait pas à qualifier de « dictature parfaite » : « La dictature parfaite serait une dictature qui aurait les apparences de la démocratie, une prison sans murs dont les prisonniers ne songeraient pas à s'évader, un système d'esclavage où, grâce à la consommation et au divertissement, les esclaves auraient l'amour de leur servitude. »

L'aliénation par « la consommation et le divertissement » se conjugue avec un lien profondément meurtri, déformé, corrompu : celui de l'homme avec la nature. Lorsque la nature n'est plus perçue dans la consistance de « l'être », d'un vivant à qui l'on doit respect et égard pour ses droits, elle tend à être réduite à un fonds d'exploitation. Au mieux, la nature servira d'aire de jeu et d'émois touristiques. Le lien sacral n'est plus. À n'en pas douter, la sortie du système du « tout économique » passera par une reconnexion avec la consistance mystérique de la nature[1].

En réalité, le rapport destructeur avec la nature participe à un singulier renversement : celui du processus « spirituel ». Comme si l'humain marchait sur la tête. Au lieu d'être un esprit incarné, les pieds sur terre, élancé vers le ciel, se révélant dans la chair de sa

---

1. Voir l'entretien avec Alain Damasio, « Sans renouement avec le vivant, il n'y a pas de sortie du technocapitalisme », *Reporterre*, 2 mai 2019.

personnalité visible, solidaire avec ses semblables, l'homme contemporain évolue vers une « carnalisation » de l'âme. Une matérialisation de l'esprit qui l'enclôt sur lui-même et le réduit à un individu prétendument « libre et indépendant ». En fait, il se retrouve isolé et vulnérable dans l'apparente et illusoire « force » de son assise matérielle. Les notes les plus hautes de l'esprit qui épanouissent et élèvent notre humanité dans le don, l'entraide, le partage entrent en dissonance et chutent dans les basses fréquences de l'inhumaine bestialité qui accapare, isole et dévore. Spectacle d'une « dramatique humaine » jouée depuis plus de deux siècles, elle revêt une tournure tragique depuis quelques décennies.

Happé par les divertissements consuméristes, l'homme occidentalisé oublie ce qui, en lui, le rend plus humain : le sens spirituel de la réalité mystérieuse qu'il est, qui l'ouvre à l'autre et à l'au-delà de lui-même. À sa manière de « troubadour », Alain Souchon le chantait dans *Foule sentimentale* :

> On nous fait croire
> Que le bonheur c'est d'avoir
> De l'avoir plein nos armoires
> Dérision de nous, dérisoires
> Car, foule sentimentale,
> On a soif d'idéal
> Attirée par les étoiles, les voiles
> Que des choses pas commerciales.

L'homme « commercial » délaisse le sens éthico-moral qui découle du sens spirituel, « l'attirance des étoiles ». L'intuition empathique et solidaire de l'autre. Celui, celle sans qui il ne peut être lui-même.

L'horizon fallacieusement « illimité » du plan matériel, de l'avoir « plein nos armoires », frustre le cœur et oblitère l'esprit, parce qu'il réduit considérablement l'horizon du sens en le falsifiant. Un désert existentiel s'étend dans nos cœurs et sous nos pas. Sans repère ni voie. Jalonné d'une foule de réglementations de sécurité, de prescriptions complexes pour un « bon » fonctionnement « social » dépourvu de vertu sociale. Si elle veut garder son âme, une société humaine ne peut vivre déconnectée des valeurs génératrices de liens et de sens. Plus encore, sans puiser au fond sacré de leurs racines.

Alors, comment rester debout dans la tempête qui s'annonce et agir en accord avec le vivant ? Dans l'imprévisible scénario à venir, une seule certitude, telle une injonction : contempler et s'engager dans une épreuve qui sera tout à la fois personnelle et collective.

Troisième partie

Contempler et s'engager : éducation permanente et mobilisation solidaire

Il nous revient de sauver la Terre, d'éveiller l'étincelle au cœur de l'homme, de déployer la respiration transcendante de notre vie, en dépit de tout ce qui cherche, même le plus officiellement du monde, à nous aliéner et à nous abrutir.

FRANÇOIS CASSINGENA-TRÉVEDY

L'espoir d'une mutation profonde est là. Mais si l'être humain ne change pas, on ne changera pas grand-chose.

PIERRE RABHI

6

Le drame écologique, une faillite du comportement humain

FORMULONS ce qui devrait être une évidence. On ne pourra résoudre l'abyssale crise écologique sans concentrer notre attention et notre énergie sur sa racine humaine. Le drame écologique manifeste la faillite du comportement humain et celle du mode de vie collectif actuel[1]. « L'effondrement » de la biodiversité dont on parle aujourd'hui est précédé d'un effondrement éthique et moral qui l'a provoqué. Par-delà les slogans brandis et scandés à chaque manifestation pro-environnementale, tels que « Sauvons la planète », « Sauvons le climat », « Sauvons les océans, les glaciers, les forêts, les baleines... », il

1. Voir l'analyse de Patrick Blandin, professeur émérite du Muséum national d'histoire naturelle, président d'honneur du Comité français de l'Union internationale pour la conservation de la nature, « Crise environnementale ? Crise éthique ! », *La Croix*, 10 septembre 2018.

s'agit plus précisément de « sauver l'humain » de lui-même, de l'effondrement de son humanité provoquant son irresponsabilité suicidaire à l'égard de l'environnement. Sauver la Terre, c'est d'abord sauver l'humain : sortir l'humain de son comportement « géocide ». Par-delà l'énormité de sa mise en œuvre, l'équation est simple : sauvons l'humain de sa conduite « biocide » (tueur de la vie), et le risque de krach planétaire aura quelque chance d'enfanter un monde nouveau, durable et désirable. Planète, climat, océans et rivières, végétation et animaux continueront à survivre en dépit des ravages – quelquefois irrémédiables – de « l'anthropocène[1] » dévastateur qu'ils subissent : l'impact mortifère des activités humaines sur la planète.

Nous sommes la solution, puisque c'est nous qui avons créé le problème. Ne nous soustrayons pas à la tâche sous prétexte que nous nous sentons injustement « accusé », surresponsabilisé dans « cette sale histoire que je n'ai pas recherchée ». Et que nous pourrions rétorquer, non sans raison, que les principaux fautifs sont les

1. Littéralement, « anthropocène » signifie « homme nouveau ». La Terre, avec son écosystème, est entrée dans une ère nouvelle où prédominent à tel point le facteur humain et ses activités (industrie, agriculture, urbanisation, tourisme, extraction des ressources, etc.), que la biosphère et les équilibres environnementaux en sont irréversiblement et négativement impactés. Voir Jean-Baptiste Fressoz et Christophe Bonneuil, *L'Événement anthropocène : la Terre, l'histoire et nous*, Seuil, 2013.

détenteurs du pouvoir, les décideurs financiers, économiques, politiques. C'est juste. Très juste. Car c'est sans nul doute à eux prioritairement qu'il revient d'agir à la hauteur de leurs capacités décisionnaires. Cela étant dit, sans l'implication de chacun et une mobilisation générale débitrice de tous, il est impossible de parvenir à une issue salutaire. La condition humaine est ainsi faite : nous héritons de ce que nous lèguent nos aïeuls. Nous récoltons les fruits de semences passées. Leur qualité présente nous paraît bien médiocre, amère, souvent toxique, jusqu'à nous faire ingurgiter des « organismes existentiellement dégradés ». Pour le meilleur et pour le pire, nous héritons. Et nous ferons de la génération suivante l'héritière de ce que nous aurons fait – ou pas. Personne ne peut s'exonérer d'un devoir de responsabilité humaine sur l'état sociétal de son temps, même si il ou elle ne l'a pas choisi pour autant.

Alors retroussons les manches de nos vies personnelles et de nos engagements collectifs. Participons au sauvetage de la qualité de la vie sur Terre. De ce salut, nous pouvons être les artisans heureux, ce qui suppose de sortir courageusement et résolument de notre petit « monde ». C'est en agissant au jour le jour, inlassablement, pour ces deux fondamentaux indissociables : cultiver notre intériorité et réajuster notre comportement écohumaniste par un engagement citoyen. Nous le pouvons. Face à l'ampleur de la crise, savoir que nous le pouvons est sacrément captivant. Dissertant sur les convulsions de notre époque bouleversée et analysant leur gravité, le sociologue Bruno Latour use d'une formule choc : « L'apocalypse, c'est enthousiasmant ! » Rappelons que le sens biblique, étymologique du mot « apocalypse » signifie « dévoilement », « révélation » – bien loin de l'acception commune, synonyme de « fin du monde » sous un mode effroyablement catastrophiste. De fait, l'ère de la « révélation » des racines du désordre mondial a sans nul doute quelque chose d'enthousiasmant. Elle ne se réduit pas à un vent de désolation sans solution qui nous emporterait dans la dépression et le désespoir. Bien au contraire, mettant en lumière ce qui est obscur, elle nous provoque à réagir en gravant dans la chair de notre esprit la passionnante interrogation : « Comment va-t-on s'y prendre pour que le monde continue[1] ? » Nous pouvons mettre en œuvre les voies de la continuation d'un monde viable et avenant parce qu'autrement plus humain et attentif à l'environnement naturel, à sa consistance propre. Nous en avons l'énergie et les compétences. Ouvrir les yeux de notre conscience et de notre cœur, c'est travailler à la nécessaire (r) évolution de nos mentalités. Agir sans tarder,

1. Entretien avec Bruno Latour, « L'apocalypse, c'est enthousiasmant », *Le Monde*, 31 mai 2019.

collectivement, dans l'aujourd'hui de nos vies présentes. Il n'est et ne sera jamais trop tard. L'horizon d'une civilisation nouvelle n'est pas au-delà. Il est entre nos mains lorsqu'elles tendent à se rejoindre dans une même lutte. Il est dans nos cœurs lorsqu'ils s'évertuent à s'aimer vraiment.

Avons-nous commencé ?

7
Utopie et réalisme

« Ce ne sont là que des propos d'utopistes », entendra-t-on ici et là. « Utopistes », celles, ceux qui œuvrent et espèrent un monde autre que celui que nous connaissons ? Si on considère l'« utopiste » comme celui qui « ne tient pas compte de la réalité », qui « nourrit des projets imaginaires, impossibles à réaliser[1] », alors sans nul doute, « l'utopiste » est celui qui continue à vivre, à penser, à agir sans s'inscrire dans la possibilité d'un monde autre que celui édifié sur la « religion » du « tout économique ». Ce monde va à sa perte. Mais si « l'utopie » est la force intérieure et la clairvoyance quant à « l'irréalisé[2] » à mettre en

---

1. Définition courante de « l'utopique » (voir le *Larousse*, *Le Petit Robert*).

2. Théodore Monod, « L'utopie, ce n'est pas forcément l'irréalisable, c'est tout simplement l'irréalisé. L'utopie d'hier peut devenir la réalité de demain », *Les Réalités de l'écologie*, n° 25, octobre 1991 ; voir aussi Théodore Monod, *Dictionnaire humaniste et pacifiste*, Le Cherche Midi, 2004, p. 180.

œuvre, alors, oui, la transition vers une Terre nouvelle, vers une société viable s'inscrit dans cette belle et captivante utopie. « Le contraire de l'utopie n'est pas le réalisme, c'est le conservatisme, écrit Sandrine Roudaut. Être utopiste, c'est [...] être clairvoyant : lucide sur ce qui est insoutenable et visionnaire sur ce qui doit être inventé. Être utopiste, c'est prendre son avenir en main. C'est décider d'exercer son pouvoir personnel[1]. » Soyons réaliste, vivons l'utopie qu'inspirent les profondeurs de notre humanité dans la lucidité sur l'état réel de notre monde en péril.

Dans ce titanesque combat pour la vie, quelles voies emprunter pour sortir du système consumériste imposé par le credo capitaliste, neutraliser le virus de « l'avoir plus » et réaliser le changement de mode de vie auquel la crise environnementale nous oblige ?

Comment renouer avec le vivant et en respecter l'écosystème ?

Pour déjouer les pièges des enfermements dans sa seule pensée, de quelle manière mutualiser avec liberté d'esprit, sans préjugé partisan ni *a priori* idéologique, tant les contributions humanistes, agnostiques, athées

---

1. Sandrine Roudaut, « Être utopiste, c'est être clairvoyant, ou comment rester optimiste en plein effondrement », *Mr. Mondialisation*, 15 août 2019 ; et son essai, *L'Utopie, mode d'emploi*, La Mer salée, 2014.

que celles des traditions religieuses et spirituelles, quelles que soient leur obédience[1] ? Comment surmonter les brouilles persistantes, querelles d'ego, luttes intestines récurrentes au sein la sphère du militantisme écologique ? Dans quelle mesure entendre les vues radicales des néomouvements écologiques radicaux tels Deep Green Resistance[2], Extinction Rebellion[3], celles des « collapsologues » et autres « effondristes »[4] qui envisagent avec

1. Juive, chrétienne, musulmane, hindoue, bouddhiste, taoïste, amérindienne, africaine, aborigène et autres.
2. Deep Green Resistance (DGR) est un mouvement d'écologie radicale fondé aux États-Unis en 2011 par Derrick Jensen, Lierre Keith et Aric McBay. Il propose des analyses et des stratégies de sabotage de sites industriels fondées sur un double constat : celui de l'échec des mouvements écologistes actuels et celui de l'aggravation exponentielle des problèmes environnementaux et sociaux.
3. Extinction Rebellion (abrégé XR) est un mouvement social international né au Royaume-Uni en 2016-2018 qui vise à susciter, par le biais d'actions directes et d'une résistance non violente, un changement radical afin de limiter le réchauffement climatique et de minimiser le risque d'extinction de l'humanité et d'effondrement écologique.
4. Voir Pablo Servigne et Raphaël Stevens, *Comment tout peut s'effondrer. Petit manuel de collapsologie à l'usage des générations présentes*, Seuil, 2015 ; Yves Cochet et son *Institut Momentum* (2011) ; Vincent Mignerot et Arthur Keller, Christophe Bonneuil, Corinne Morel-Darleux, Jean-Marc Gancille, Paul Jorion, Julien Wosnitza, Dmitry Orlov, Guy McPherson ; le magazine *Yggdrasi*l et son équipe ; l'association *Adastria*, etc. ; également Aurélien Barreau, Fred Vargas. Voir les critiques du courant « collapsologue » : Jean-Baptiste Fressoz, chercheur au CNRS, historien des sciences, des techniques et de l'environnement, « La

sérieux et solides argumentations les possibilités d'un proche effondrement de notre civilisation thermo-industrielle ?

---

collapsologie : un discours réactionnaire ? », *Libération*, 7 novembre 2018 ; Jacques Lecomte, psychologue, « La collapsologie n'est pas une science, l'effondrisme est une croyance. Comment communiquer sur l'environnement ? Par la peur ou par l'espoir ? », *Libération*, 24 juin 2019.

8

Au carrefour des fins dernières de l'humanité

Le discernement attentif des causes de la crise mondialisée devrait conduire l'humanité – chacun d'entre nous – à un réveil des consciences. Un sursaut tel qu'il impulse un agir à la mesure des enjeux. Provoquer un électrochoc « éthique » analogue à celui consécutif au désastre de la Seconde Guerre mondiale[1].

L'impératif d'un renouvellement éthique

L'éthique dont le monde a urgemment besoin aujourd'hui est une éthique de la responsabilité

1. Pensons à la Déclaration universelle des droits de l'homme, à la création de l'ONU, au tribunal de Nuremberg créé par les accords de Londres (8 août 1945), qui définissent les notions de crimes contre la paix, de crimes de guerre et de crimes contre l'humanité. Ce processus aboutira à la création en 2002 de la Cour pénale internationale. En France, mentionnons le Conseil national de la Résistance auquel nous devons le système social français (la Sécurité sociale).

et de la réciprocité. Une éthique capable de répondre aux exigences humanistes les plus irréductibles, précisées dans la Déclaration universelle des droits de l'homme (1948) et dans la Convention européenne des droits de l'homme (1950)[1]. Une éthique en empathie avec le vivant non humain. Une éthique antique, toujours nouvelle, que des philosophes, prophètes, religieux, sages, laïcs, si différents sur les plans culturel et historique[2], ont pensée, vécue, formulée, enseignée sous divers aspects. Une éthique à renouveler dans le contexte de la crise actuelle. Une telle éthique accorde à tout être humain ainsi qu'à la nature, dont l'être humain dépend radicalement, une valeur irréductible. Une

---

1. Voir aussi la Charte de l'Europe des consciences (2000).
2. Tels Socrate, Platon, Aristote, Sénèque, Épictète, Épicure... Lao-tseu, Mencius, Confucius, Tchouang-tseu... Shākyamuni Bouddha, Asoka, Nagarjuna, Milarépa... Jésus de Nazareth, Irénée de Lyon, Justin de Naplouse, Augustin d'Hippone, Isaac le Syrien... Rûmi, Al-Hallaj, Averroès, Avicenne... Thomas d'Aquin, Bonaventure, Thomas Moore... Pascal, Montaigne, Spinoza, Montesquieu, Kant, Buber, Lévinas, Jonas, Ricœur, Habermas et bien d'autres. Une remarque à l'adresse de mes frères et sœurs chrétiens : le fait de mentionner « Jésus de Nazareth » dans cette liste ne ternit pas ni ne diminue la singularité exceptionnelle que lui reconnaît la foi chrétienne et que je partage pleinement. Selon cette foi, Jésus est l'incarnation divine dans la condition humaine et le cours de l'histoire des hommes. Citer Jésus dans la cohorte d'illustres sages lui confère tout au contraire la plénitude de l'humanité qu'il a assumée jusqu'au drame de sa crucifixion et de sa mort ; sans aucunement porter ombrage à la vérité de sa divinité que je lui reconnais aussi.

telle éthique reconnaît le rôle irremplaçable d'autrui sans lequel personne ne peux réaliser ce qu'il est. Intrinsèque à cette reconnaissance humaine, elle englobe l'environnement naturel qui concourt aussi à cette réalisation de soi. Cette éthique procède des forces directrices et inspiratrices de l'esprit : le fond même de ce que je suis. Elle ne peut se concevoir et se concrétiser sans cheminement intérieur et sans amour de ce qui est sage et bon pour l'humain, quels que soient son intégrité physique et son handicap, sa condition sociale, ethnique, culturelle – l'être humain intégralement compris dans le triple lien qu'il entretient avec autrui, avec la communauté humaine dans laquelle il vit et avec le milieu naturel qui lui est vital. Car « tout est lié[1] ». À vrai dire, la crise de civilisation actuelle nous mène non pas à un abîme, mais à un carrefour « eschatologique ». Ce mot est un concept commun à la théologie biblique : celui des fins dernières de l'homme, sa vocation ultime. C'est une chance d'une gravité extrême de vivre l'heure de ce carrefour de l'histoire. Il importe d'y être pleinement présent, en – pleine – conscience, parce qu'un changement se profile en des termes on ne peut plus nets, véritablement cruciaux. Un changement qui met l'homme face à sa vocation, à

1. Ainsi que le pape François le répète dans son encyclique *Laudato si'*.

la responsabilité de sa liberté. Qui le pousse à se positionner, à prendre parti, à s'engager. Bref, à prendre en main la signification de sa vie personnelle, tout comme la portée de son implication collective, sociale et citoyenne.

Terriens constructeurs ou destructeurs

Une alternative somme toute assez simple, aussi grave soit-elle, se fait jour en ce début de XXIe siècle : être des « Terriens » constructeurs, porteurs d'une éco-civilisation nouvelle, ou être des Terriens « destructeurs », perpétuant une « culture » prédatrice de l'environnement et réductrice de l'humain. Voilà le dilemme auquel notre conscience et nos engagements seront de plus en plus confrontés, pour reprendre la terminologie guerrière de Delphine Batho[1].

Soit l'homme – chacun d'entre nous – maintient le cap sur l'horizon du matérialisme ambiant, participant au saccage du grand crime organisé de la planète, tout en pariant sur le rêve de ses ressources « augmentées », avec le recours – qui s'apparente à un pari insensé – au génie technologique « autorisant » la transgression des limites biologiques, cognitives,

1. Voir son manifeste *Écologie intégrale*, Le Rocher, 2019, chapitre 2, « Terriens contre destructeurs » : « Nous affirmons qu'il n'y a pas d'échappatoire pour l'humanité à ce choix binaire : l'écologie ou la barbarie » (p. 28).

environnementales. À terme, c'est la production d'un univers entièrement sous contrôle qui est ambitionnée. Et pourquoi pas, dérober le « feu » de l'amortalité[1] devenue accessible. Qui en bénéficierait ? À quel prix ? Comment cet allongement chronologique de la vie humaine serait-il géré économiquement, socialement, psychologiquement ? Abyssales questions. Prométhée est l'antique figure de ce fantasme de civilisation.

Soit l'homme mise sur le potentiel qui lui est propre pour en respecter les limites et l'indéfinissable mystère. Limites reconnues non en termes d'entraves mais de repères. Balises d'un chemin de pleine humanisation vers cet au-delà du saisissable présent au fond de soi. Ce fond sans fond. « Capacité divine » qui caractérise notre humanité essentielle et la rend apte à fraterniser avec tous et tout vivant. François d'Assise est un des témoins les plus éloquents de cet humanisme universel.

Où retrouver le fondement des valeurs humaines ?

Il y a une vingtaine d'années, l'écrivain Jean-Claude Guillebaud reconnaissait « finir

1. Non pas l'immortalité, mais un accroissement quasi illimité de la longévité chronologique ; le corps demeurant toujours susceptible de mourir par accident violent.

ce siècle [le XXe] avec la gueule de bois. Nous sortons d'une époque qui a été un gigantesque naufrage à tout point de vue, écrivait-il, et nous abordons l'avenir avec l'étrange impression d'être emportés par des mécanismes qui nous dépassent complètement. On s'habitue à l'idée, terrible au fond, que la politique et la démocratie ne peuvent plus grand-chose contre les lois du marché et les logiques financières. De la même façon, on a l'impression, tout aussi désastreuse, que les progrès technologiques obéissent eux-mêmes à leur propre logique... Il me paraît [...] urgent non pas d'inventer de nouvelles valeurs, parce que ces valeurs existent, mais de retrouver clairement ce qui les fonde[1] ». Saluons la lucidité prémonitoire de ces propos. Les « valeurs » dont il est question sont celles qui rendent l'être humain plus « humain », c'est-à-dire plus juste, solidaire, altruiste. Ces valeurs sont au-dedans de soi. Inhérentes à tout être humain. Le péril actuel aura-t-il l'heureuse fortune de se transformer en sourcier inattendu de ces valeurs fondamentales ?

À l'image emblématique de l'enfant prodigue de l'Évangile effondré dans la conscience de sa misère, l'humanité de ce début du XXIe siècle est, de fait, confrontée à un dilemme existentiel sans précédent, pressée à retrouver les

1. *Sud-Ouest*, 23 septembre 1999.

qualités qui font être et vivre ce qu'elle est foncièrement.

Informée de l'épuisement des ressources planétaires, voilà l'humanité affamée des biens essentiels : liens, dignité, sacré, émerveillement. Désorientée, l'humanité « éprouve le manque », le besoin du lien vital avec ce qui fait battre son cœur. Ce qui peut l'émerveiller et l'ouvrir au grand mystère du vivant, de la vie qui l'anime et la dépasse. Lien suressentiel avec Celui que l'enfant du conte évangélique appelle « Père ». Dans la mémoire de ce lien sacré et vital, « il entre alors en lui-même… », dit Jésus dans le texte[1].

De toute évidence, nous commençons à en être là.

Face à la tragédie écologique, l'humanité amorce une « entrée » nouvelle « en elle-même ». En réinvestissant son intériorité, elle se dispose à ré-habiter tant la matière de son propre corps que celle de son environnement naturel. Et à gérer autrement la qualité de sa vie relationnelle, sel de son existence. Remuée jusqu'en ses profondeurs par le drame environnemental, l'humanité s'orienterait-elle vers un « sursaut spirituel » durable ?

1. Voir Luc 15, 17. Littéralement : « Étant donc rentré en lui-même… »

9

Vers une « révolution spirituelle[1] » ?

> Sans un puissant sursaut spirituel, nous n'y arriverons pas.
>
> THÉODORE MONOD

DEVANT la gravité des symptômes, la tentation est grande de se risquer à prédire l'avenir. Vaine dépense d'énergie. L'histoire est un tissu de possibles, dotée d'une extraordinaire plasticité. Elle n'est pas tributaire d'un inévitable destin. L'histoire se déploie, en grande partie, selon la manière dont nous gérons le présent. L'avenir est souvent tout autre que celui pressenti ou pronostiqué par tel ou tel oracle, qu'il soit scientifique, religieux, philosophique, sociologique, économique ou politique. Les surprises

1. L'expression est de Yann Arthus-Bertrand, employée à plusieurs reprises depuis 2018 lors de diverses interviews et participations à des émissions télévisées (*La Croix*, 5 octobre 2018 ; LCI, 7 novembre 2018 ; RTBF, 12 novembre 2018).

de l'histoire, heureuses ou malheureuses, sont nombreuses[1]. Certes les données physiques, psychologiques, sociales, lorsqu'elles sont gravement meurtries, ne peuvent guère évoluer sans séquelles quelquefois irrémédiables. On ne peut pas demander à une personne amputée des deux jambes de marcher et de courir à la manière d'un champion de décathlon. Moins encore aux survivants de l'attaque du Bataclan de vivre sans crainte ni angoisse. Ni au peuple syrien du XXIe siècle d'évoluer dans la confiance d'une paisible concorde civile. Les ressources humaines de la résilience n'en demeurent pas moins insoupçonnables.

Quelles peuvent être les voies capables d'inspirer et de guider l'humanité vers une résolution de l'actuelle crise de civilisation ?

Diagnostic, causes et remèdes pour un mal essentiel

De l'état sociétal et environnemental de notre monde, quelle évaluation pouvons-nous faire ? De la réponse à cette interrogation dépendent notre action, la qualité de notre « ré-action ». Par-delà les désaccords sur des mesures de transition écologique, une des principales raisons de

1. Voir quelques exemples donnés par Laurent Testot, *Cataclysmes, Une histoire environnementale de l'humanité*, *op. cit.*, 2017, p. 19.

la démission de Nicolas Hulot, le 28 août 2018, a été une divergence de diagnostic sur la crise environnementale. Or le diagnostic détermine le remède. On n'applique pas la même médecine au patient malade de la grippe qu'à celui atteint d'un cancer, disait en substance Nicolas Hulot.

Pour peu que nous ayons pris le temps de l'information et celui de la réflexion, le diagnostic saute aux yeux : notre environnement naturel connaît un déséquilibre tel qu'il dérive vers une désagrégation systémique. Tout comme notre civilisation est en proie à un risque réel de naufrage[1]. Ne nous voilons pas la face dans une forme plus ou moins larvée de déni – sous prétexte que le monde ne va pas si mal, qu'il ne sert à rien d'alimenter le problème environnemental par des discours « alarmistes », que les « prophètes en culottes courtes » et autres « gourous apocalyptiques » ne sont pas crédibles, etc. Ayons le courage des mots pour dire sans équivoque ni détour la vérité de l'état calamiteux de la planète. En dépit de soutiens encore vivaces et tenaces dans certains milieux politiques et autres *think tanks* de la droite américaine, les discours des climatosceptiques ou climatonégationnistes ne sont plus audibles.

1. Voir les vues sans concession d'Amin Maalouf, *Le Naufrage des civilisations*, Grasset, 2019 ; et le cri du cœur, très étayé scientifiquement, de Fred Vargas, *L'Humanité en péril. Virons de bord, toute !*, *op. cit*.

Après leur virulente campagne de dénigrement financée par les lobbies industriels et autres instituts autour des années 2000 et 2008[1], leurs thèses sont démenties par le contradicteur le plus implacable : les faits. La réalité d'un dérèglement climatique est là, aggravée par les interactions de la pollution, de l'épuisement des

1. Voir les stratégies des climatosceptiques impulsées par plusieurs *think tanks*, conservateurs très actifs dans le déni climatique, dont le tristement célèbre *Heartland Institute*, fondé en 1984 en vue de promouvoir un néolibéralisme dur et décomplexé. Il n'hésite pas à s'opposer aux politiques antitabac aux États-Unis et combat ce qu'il appelle « l'écologisme ». En 1994, *Heartland* publie un « guide » traitant les environnementalistes d'« alarmistes », affirmant que le risque climatique est « fortement exagéré » ou « nul » ; tout en développant l'idée qu'un réchauffement modéré pourrait être bénéfique à la planète ou à l'économie. En 2008, *Heartland* récidive en diffusant un document intitulé *C'est la nature qui détermine le climat, pas l'activité humaine*. Depuis cette date, *Heartland Institute* ne cesse d'organiser des conférences niant résolument la réalité du large consensus scientifique sur le réchauffement climatique. En France, nous nous souvenons des thèses de Claude Allègre rassemblées dans son livre *L'Imposture climatique*, Plon 2010 ; celles de son collègue Vincent Courtillot ; également François Gervais, *L'Urgence climatique est un leurre*, L'Artilleur, 2018. Et encore la géographe et économiste Sylvie Brunel, « Le changement climatique n'est pas forcément une mauvaise nouvelle », *Le Monde*, 25 juillet 2019. Sur cette question controversée, voir les clarifications de Naomi Klein, *Tout peut changer*, *op. cit.*, p. 48-84 ; Clive Hamilton, *Requiem pour l'espèce humaine*, *op. cit.*, p. 208-209 ; et « François Gervais : l'imposture climatosceptique à la mode », *Mr. Mondialisation*, 27 juin 2019 ; « En France, les climatosceptiques bougent encore », *Médiapart*, 28 novembre 2019.

ressources et de l'effondrement de la biosphère. Il est désormais urgent de croire ce que nous constatons et savons de manière irréfutable[1].

Quelles sont les causes de cette dynamique d'effondrement ?

« Parmi les causes les plus importantes de la crise du monde moderne se trouve une conscience humaine anesthésiée[2] » par le système socio-économique prédominant depuis la fin du XVIIIe siècle. Ce système érige en valeurs dominantes la propriété privée, le libre-échange commercial, la concurrence et la recherche du profit personnel : le capitalisme[3]. Pour soutenir ses visées commerciales expansionnistes, son appétence a instauré une culture de la primauté du facteur technoéconomique sur le facteur humain. Les conséquences existentielles en sont on ne peut plus funestes sur le plan sociétal. La rentabilité a pris les commandes des finalités de

---

1. En référence à la formule devenue proverbiale du philosophe Jean-Pierre Dupuy : « Nous ne croyons pas ce que nous savons », *Pour un catastrophisme éclairé,* Seuil, 2002, p. 142.
2. *Document commun sur la fraternité,* cosigné par le pape François et l'imam Al-Azhar, 4 février 2019.
3. Même s'il ne cesse de prendre des formes diverses selon les pays et les régimes politiques (capitalisme colonial, nord-américain, chinois, russe, européen, des pays arabes, indiens...) depuis son émergence à la fin du XVIIIe siècle et surtout au cours du XIXe siècle, les lignes de force de l'ADN du capitalisme sont les mêmes et s'accentuent depuis sa dérégulation au début des années 1980.

la société et relègue au second plan le tissu de la collectivité humaine. L'individualisme-roi édicte ses lois. Celles de Mammon, le Dieu-Argent. Assis sur le trône du matérialisme, il récite son credo : un consumérisme alimenté par la quête d'un hédonisme aveugle où l'autre tend à être assimilé à une « chose ». Dans ce système, souligne le pape François, l'être humain est « réduit à un simple engrenage d'un mécanisme qui le traite à la manière d'un bien de consommation à utiliser, de sorte que – nous le remarquons malheureusement souvent –, lorsque la vie n'est pas utile au fonctionnement de ce mécanisme, elle est éliminée sans trop de scrupule[1] ». L'hégémonie de ce système et sa transformation en un néolibéralisme dérégulé et sans rival aboutissent à ce double désastre humanitaire et écologique.

Toutefois le système capitaliste n'est pas seul responsable de la situation actuelle. Le capitalisme est même une cause seconde. Les dévastations environnementales et les injustices sociales n'ont pas attendu la naissance du capitalisme pour s'inscrire dans le cours de l'histoire humaine. Le productivisme du système communiste était tout aussi dévastateur. Au-delà du capitalisme que nous connaissons, des causes historiques de son émergence, son fondement

1. Allocution devant le Parlement européen, Strasbourg, 25 novembre 2014.

moral, transhistorique, est à discerner à l'intérieur de l'humain. Il relève, nous l'avons vu, de deux tendances humaines potentielles : l'avidité, cet appétit insatiable de biens et de puissance ; et la cupidité, qui est l'amour immodéré de l'argent, pour lequel tout serait sacrifié. Cette double inclination inhérente à l'être humain est lovée dans le nid de l'égoïsme. Quelle que soit la forme culturelle de la société, elle tend à se propager sur le terrain de la démesure et de l'accaparement du pouvoir. Là plongent les racines, peut-on dire, d'un « capitalisme intérieur ». Le chaos écologique planétaire est révélateur des dysfonctionnements du comportement de l'homme. Ses causes sont spirituelles en tant qu'elles concernent le lieu où se forgent les pensées, les idéaux et les mentalités. C'est à ce niveau de l'humain qu'il faut se situer pour y remédier.

Le diagnostic et les principales causes des maux dont nous souffrons étant précisés, quels peuvent en être les remèdes appropriés ? Quelles sont les possibilités de guérison de notre civilisation pour le rétablissement de ses forces vitales ?

Les remèdes vivent dans le creux de notre liberté. Là où se conçoivent nos options de vie : notre conscience. Les remèdes résident dans notre capacité à penser et à agir. Les exemples sont nombreux. Nous pouvons les déceler dans le cours de notre vie personnelle. L'étincelle qui éclaire et suscite l'action-réaction humaine jaillit de la conscience. Pas de liberté d'action sans conscience. L'issue d'une épreuve commence par une action intérieure éclairée par la conscience, à partir des forces spirituelles présentes en soi, que la foi peut ranimer, réveiller, rassembler, dynamiser. Quelle « foi » ? La confiance en la puissance de l'esprit, des forces spirituelles. Elle seule peut mener à bien l'œuvre sociétale, immense, à accomplir. La crise actuelle requiert un vigoureux changement de mentalité. Pas de changement de mode de vie sans conversion des mentalités qui président à notre style de vie. N'oublions jamais les témoins dont nous avons besoin pour inspirer notre foi et motiver nos actes, nos engagements[1]. Sans

1. Outre les incontournables Gandhi, Mandela, Martin Luther King, pensons à Dorothy Day (1897-1980), militante anarchiste et communiste, convertie à la foi catholique, engagée dans la défense des plus pauvres, la lutte pacifique et le combat contre le racisme ; Oscar Romero, archevêque de San Salvador (Salvador), assassiné en pleine messe pour avoir défendu les droits de l'homme et particulièrement des paysans de son diocèse ; Vandana Shiva, écologiste, écrivaine et militante féministe indienne, engagée dans la lutte pour le développement et la conservation de la biodiversité naturelle et culturelle de son pays ; Malala Yousafzai, militante pakistanaise des droits des femmes, prix Nobel de la paix (2014) ; Arundhati Roy, écrivaine, militante indienne féministe, engagée dans la lutte contre les discriminations dans son pays ; Alejandro Solalinde, activiste mexicain, prêtre catholique, qui défend les droits humains des migrants, engagé dans la lutte contre les narcotrafiquants (sa tête est mise à prix) ; Cédric Herrou,

révolution intérieure, les initiatives les plus ambitieuses sont vouées à l'échec. Souvenons-nous du célèbre discours de Victor Hugo à l'Assemblée nationale, lors de la séance du 11 novembre 1848 :

> La grande erreur de notre temps a été de pencher, je dis plus : de courber l'esprit des hommes vers la recherche du bien-être matériel, et de les détourner par conséquent du bien-être religieux et du bien-être intellectuel. [...] Il importe, messieurs, de remédier au mal, il faut redresser, pour ainsi dire, l'esprit de l'homme ; [...] il faut relever l'esprit de l'homme, le tourner vers Dieu, vers la conscience, vers le beau, vers le juste et le vrai, vers le désintéressé et le grand. C'est là, et seulement là, que vous trouverez la paix de l'homme avec lui-même, et par conséquent la paix de l'homme avec la société.

Les mots du grand humaniste éclairent le niveau auquel nos actions doivent être menées. Penser que la crise actuelle se résoudra aux seuls niveaux politique, économique, technologique, c'est se bercer d'illusions et verser dans la paresse. « La révolution ne sera pas scientifique, reconnaît Yann Arthus-Bertrand. On ne va pas remplacer les 95 millions de barils de pétrole que le monde consomme chaque année. Elle ne sera pas non plus économique, car l'économie

---

agriculteur, militant anarchiste, engagé dans l'aide aux migrants, créateur de la première communauté Emmaüs paysanne ; etc.

ne veut que la croissance, qui demeure le Graal absolu de tous les chefs d'État. Je ne vois qu'une seule voie possible : la révolution spirituelle[1]. » Aussi hardie que soit la formule de Yann Arthus-Bertrand, celle-ci est juste. Effectivement, c'est d'une « révolution spirituelle » que nous avons besoin. Une révolution dont l'épicentre est le cœur de chacun. Les remèdes dont souffrent notre planète et notre humanité doivent s'appliquer aux racines de notre civilisation dont nous sommes les acteurs. Ils supposent une remise en question fondamentale – spirituelle – de chacun d'entre nous pour être de crédibles acteurs de cette médecine radicale.

Une lutte aux racines de l'esprit

> Il y a des milliers d'hommes qui taillent dans les branches du mal pour un qui s'attaque à la racine.
>
> HENRY DAVID THOREAU

Nous vivons la plus grande tragédie que le monde ait connue. Seule la radicalité peut frayer une issue. « Être radical parce que la situation est radicale[2] » n'est pas une formule

---

1. *La Croix*, 5 octobre 2018.
2. Hervé Kempf, *Tout est prêt pour que tout empire, 12 leçons pour éviter la catastrophe*, Seuil, 2017, p. 89.

parmi d'autres. L'état de notre monde en voie de chaos généralisé appelle à un retournement aux racines mêmes de l'être et de la vie afin que nous menions les actions adéquates. Les médias rapportent des exemples forts de changement de vie, de courageuse prise de position à l'égard du système « tout économique[1] ». À chacun d'inventer la radicalité dont il est capable dans le cours de sa vie présente. Et de susciter l'inflexion dont elle a besoin pour être en cohérence « révolutionnaire », en symbiose avec les appels du vivant dévasté. Aussi étrange et décevant que cela puisse paraître, le changement effectif et durable ne viendra pas d'abord de l'extérieur, responsables politiques et autres décideurs économiques. Il viendra de

---

1. Voir le discours de Clément Choisne, jeune ingénieur de Centrale Nantes, le 30 novembre 2018, jour de la remise de son diplôme : « Comme bon nombre de mes camarades, alors que la situation climatique et les inégalités ne cessent de s'aggraver, que le GIEC pleure et que les êtres se meurent : je suis perdu, incapable de me reconnaître dans la promesse d'une vie de cadre supérieur, en rouage essentiel d'un système capitaliste de surconsommation. […] Quand sobriété et décroissance sont des termes qui peinent à s'immiscer dans les programmes centraliens, mais que de grands groupes industriels à fort impact carbone sont partenaires de mon école, je m'interroge sur le système que nous soutenons. Je doute, et je m'écarte. » Ses paroles sont symptomatiques « du désarroi éprouvé par de jeunes diplômés face à un monde économique qu'ils jugent en total décalage avec l'urgence climatique » (« Une perte de sens totale : le malaise grandissant des jeunes ingénieurs face au climat », *Le Monde*, 16 avril 2019).

l'intérieur. Krisnamurti, l'inclassable philosophe indien, l'a magistralement formulé dans un texte mémorable :

> Pour instaurer la paix dans le monde, pour mettre fin à toutes les guerres, il faut une révolution dans l'individu, en vous et moi. Une révolution économique sans cette révolution intérieure n'aurait pas de sens, car la faim est la conséquence d'une perturbation économique causée par nos états psychologiques, l'avidité, l'envie, la volonté de nuire, le sens possessif. Pour mettre un terme aux tourments de la faim et des guerres, il faut une révolution psychologique, et peu d'entre nous acceptent de voir ce fait en face. Nous discuterons de paix, de plans, nous créerons de nouvelles ligues, des Nations unies indéfiniment, mais nous n'instaurerons pas la paix, parce que nous ne renoncerons pas à nos situations, à notre autorité, à notre argent, à nos possessions, à nos vies stupides. [...] Aucun chef politique ne nous donnera la paix, aucun gouvernement, aucune armée, aucun pays. Ce qui nous apportera la paix, ce sera une transformation intérieure qui nous conduira à une action extérieure. Cette transformation intérieure n'est pas un isolement, un recul devant l'action. Au contraire, il ne peut y avoir d'action effective que lorsque la pensée est claire, et il n'y a pas de pensée claire sans connaissance de soi. Sans connaissance de soi, il n'y a pas de paix.

Par « révolution psychologique », Krisnamurti entend une transformation intérieure de l'être humain jusqu'en son fond spirituel. C'est à une telle transformation que la crise actuelle nous attelle. Accueillons la pression des événements redoutablement grandioses de notre temps comme une opportunité providentielle pour être et agir en conséquence. Une alerte propice au réveil intérieur. L'événement, lorsqu'il a la force d'un bouleversement tellurique, revêt la stature d'un maître intérieur[1]. Mettons-nous à son écoute. Soyons réceptifs au message que ne cesse de crier à notre conscience et à notre sensibilité une planète en péril.

1. « L'événement sera notre maître intérieur », Emmanuel Mounier.

10

Action primordiale I : contempler

« Nous avons bâti un système économique qui correspond à des idées. La vraie question est de savoir comment nous allons changer d'idées. » Ainsi s'exprimait Dennis Meadows[1] en 2013. Il ajoutait : « Pour des pans entiers de notre vie sociale, on s'en remet au système économique. Vous voulez être heureux ? Achetez quelque chose ! [...] Vos parents sont trop vieux pour s'occuper d'eux-mêmes ? Achetez-leur les services de quelqu'un qui s'en chargera ! Nous devons comprendre que

---

1. Rappelons que Dennis Meadows, membre du Club de Rome, est coauteur, avec trois autres scientifiques, du *Rapport Meadows* (1972). Le célèbre rapport exposait les dangers pour l'environnement de l'accélération de l'industrialisation et de la croissance démographique et économique de l'humanité. Voir l'édition mise à jour, *Les Limites à la croissance (dans un monde fini). Le Rapport Meadows, trente ans après,* L'Écopoche, 2012, 2017 (édition originale 2004).

beaucoup de choses importantes de la vie ne s'achètent pas. De même, l'environnement a de la valeur en tant que tel, pas seulement pour ce qu'il a à nous offrir[1]. » Le propos de Dennis Meadows cible parfaitement l'épicentre du bouleversement planétaire auquel nous sommes confrontés. Il renvoie d'abord à « la vraie question : comment allons-nous changer d'idées ? ». Il attire notre attention sur le « lieu » où sont générées « les idées » – pour en changer – c'est-à-dire le domaine de l'esprit, notre conscience. Puis, en dénonçant l'insuffisance des solutions économiques par rapport aux attentes essentielles de la vie sociale, en rappelant que « l'environnement a de la valeur en tant que tel », il signale la dimension éthique et spirituelle du chaos écologique. De la sorte, Dennis Meadows nous explique pourquoi nous avons à repenser entièrement notre lien existentiel avec la nature. Du ressaisissement de ce lien spirituel avec le vivant dépend la qualité de notre conduite et de notre engagement écohumaniste. Il ne peut y avoir d'écologie extérieure cohérente sans écologie intérieure[2].

---

1. Interview avec Laure Noualhat, *Libération*, 22 mai 2013.
2. Annick de Souzenelle, « L'écologie extérieure est inséparable de l'écologie intérieure », *Reporterre*, 26 juillet 2019.

Retour en grâce de la dimension spirituelle

> Il n'y a qu'un problème, un seul de par le monde.
> Rendre aux hommes une signification spirituelle..., faire pleuvoir sur eux quelque chose qui ressemble à un chant grégorien[1].
>
> ANTOINE DE SAINT-EXUPÉRY

Alors que je commençais à écrire ce livre, à collecter informations et documentations, une donnée m'a interpellé : un grand nombre de leaders écologiques parlent de « spiritualité »[2].

---

1. Extrait de la dernière lettre d'Antoine de Saint-Exupéry, écrite la veille de sa disparition en vol au large de Marseille (*Lettre au général*, 30 juillet 1944).

2. Yann Arthus-Bertrand (texte déjà cité) ; Dominique Bourg (*Une nouvelle Terre*, DDB, 2018, p. 15-16 ; p. 138 et s.) ; Aurélien Barreau (*Le plus grand défi de l'histoire de l'humanité. Face à la catastrophe écologique et sociale*, Michel Lafon, 2019, « Épilogue presque philosophique », p. 135 *sqq.*) ; Delphine Batho (*Écologie intégrale, op. cit.*, p. 93-94) ; Cyril Dion (« La question qui nous occupe est infiniment spirituelle. Quel sens donnons-nous à notre présence sur cette terre ? », *Petit manuel de résistance contemporaine*, Actes Sud, 2018, p. 132 *sqq.*) ; Nicolas Hulot (« La spiritualité à l'heure des choix », dans Dominique Bourg et Philippe Roch (sous la dir. de), *Crise écologique, crise des valeurs ? Défis pour l'anthropologie et la spiritualité*, Labor et Fides, 2010, p. 247 *sqq.*) ; Hervé Kempf, *Tout est prêt pour que tout empire, 12 leçons pour éviter la catastrophe, op. cit.*, « Avancer dans la quête de sens », p. 97-99) ; Corinne Morel-Darleux, « Maintenant, il faut tout donner, tout tenter pour inverser

Le mot ne semble plus tabou. Fait d'autant plus remarquable, ce néolangage a cours en France, pays encore culturellement et médiatiquement suspicieux dès lors que sont prononcés les mots « spiritualité » et « spirituel », trop connotés d'acceptions négatives[1] en collusion avec d'autres vocables potentiellement explosifs, tels que « religion », « religieux ». Sans parler du mot imprononçable : « Dieu. » « Spiritualité » et « religion » ont pourtant des significations distinctes ; la première désigne « une réalité plus fondamentale et universelle » que la seconde[2]. Constatons simplement que le choc du « plus grand défi de l'histoire de l'humanité[3] » éveille les consciences jusqu'en leur densité spirituelle. Il n'est donc pas

---

le cours des choses », *Reporterre*, 5 janvier 2019, en finale de l'entretien avec la notion de « dignité du présent ») ; Pablo Servigne, Raphaël Stevens et Gauthier Chapelle, *Une autre fin du monde est possible*, Seuil, 2018, « Avec ce qui nous dépasse », p. 222-228) ; Clive Hamilton, *Requiem pour l'espèce humaine, op. cit.*, « Retrouver du sens », p. 242 *sqq.*) ; et Pierre Rabhi, Hubert Reeves, les regrettés Jean-Marie Pelt et Théodore Monod, etc.

1. Être « spirituel » est encore trop souvent synonyme d'être « coupé de la réalité », « perché », ou bien « rétrograde », voire « adepte d'obscurantisme », « crypto-religieux », donc « prosélyte », etc.
2. Dominique Bourg, *Une nouvelle Terre, op. cit.*, p. 104 ; voir notre étude précédente sur cette question très sensible : *Quelle spiritualité pour le XXI*e *siècle ? Au fil d'une vie, op. cit.*, p. 17.
3. En référence au titre du livre d'Aurélien Barrau, *Le plus grand défi de l'histoire de l'humanité, op. cit.*

surprenant que les mots « spirituel » et « spiritualité » soient de nouveau employés. Je salue ce retour en grâce, qui n'est pas un « retour du religieux » comme tel. Il signale la reconnaissance nouvelle, décomplexée, de l'assise gravitationnelle de l'homme : son esprit, son âme, son cœur, le centre de ses décisions et de l'orientation existentielle donnée à sa vie. De fait, au principe du combat qu'elle induit, l'urgence écologique appelle l'humanité à réoccuper son intériorité en (re)découvrant le lien vital qui la relie à l'ensemble du vivant. Ce recouvrement implique une libération : l'affranchissement de l'approche marchande et utilitariste de la nature inculquée dans nos esprits depuis notre plus jeune âge par la culture du « tout économique ».

Comment opérer ce déconditionnement des esprits et réapprendre à poser sur le monde un regard libre, respectueux, empathique ?

Pour renouer avec le vivant et sortir du technocapitalisme, il nous faut réapprendre à observer la nature plutôt qu'à la regarder. Le regard comporte une tendance sélective. Il jette une prise sur les choses re-gardées.

Il s'agit ici du simple regard qui accueille ce qui est là, sans cogitation. Il est une façon ouverte d'envisager la réalité, non limitée à ses seules connaissances. C'est un regard qui se laisse « regarder » par l'être des choses dans leur diversité naturelle : la fleur qui est là, l'arbre, l'oiseau, le lac, la forêt, le ciel, les nuages, les étoiles. Apprendre à ré-écouter la nature qui ne cesse de nous parler[1]. Cette attitude éminemment spirituelle est un acte auquel l'être humain « occidentalisé » s'est peu à peu désaccoutumé, enclos dans les espaces urbanisés de son milieu ambiant, prisonnier d'un rythme de vie trépidant. Cette attitude est le cœur de l'acte le plus révolutionnaire qui soit. Parce qu'elle puise à la source de notre humanité, de nos capacités à ré-enchanter le monde en le partageant autour de soi. Et parce qu'elle se tient au principe de notre compétence humaine fondamentale : aimer tout simplement.

Prendre le temps d'écouter la « nature » dans sa complexité incommensurable et sa saisissante beauté est bel et bien une action essentielle à la démarche du militantisme écologique et à la prise de conscience du drame écologique. Elle est l'action primordiale. Elle est, certes, exigeante pour notre empressement à discourir immédiatement sur ce qui est vu, à rentabiliser notre temps et notre rapport aux choses. Les pesanteurs de la culture occidentalisée nous en ont fait oublier la pratique et perdre les vertus régénératrices. Le verbe de cette action primordiale : contempler.

---

1. « C'est une triste chose de songer que la nature parle et que le genre humain n'écoute pas » (Victor Hugo).

À la recherche du lien perdu

> La terre est notre mère, l'aigle notre cousin.
>
> POÈME ABORIGÈNE

Pour desserrer l'étau d'une société bruyante, dénaturée, bétonnée, polluée, beaucoup se tournent vers des activités physiques intenses, novatrices, pourvoyeuses de sensations fortes. La dimension corporelle de leur être est de nouveau éprouvée, quelque peu ré-habitée. Fût-ce au prix de mettre en danger son propre corps. Que ce soit en parapente, deltaplane, kitesurf, snowkite, VTT de descente, escalade, plongée, il s'agit de se livrer à une évasion exaltante, de goûter à une forme d'unité retrouvée, capable de dissiper un stress inhibant, déprimant, de faire sauter des blocages psychologiques. « J'ai soigné ma dépression grâce à la voltige équestre », « L'apnée me recharge en énergie positive », « Grâce au sport, j'ai renoué avec mon corps »[1]. Le succès des diverses pratiques de relaxation et de méditation explique aussi en grande partie ce besoin de reconnexion avec son corps que l'écosystème social malmène durement. Au cours de mes derniers séjours en clinique de

1. « Témoignages Sports » dans la revue *Psychologie*.

rééducation, il était proposé aux patients de faire précéder les exercices par une séance de relaxation ; ce qui était impensable il y a encore une dizaine d'années. Enfin, l'aggravation de la crise environnementale persuade une part croissante de la population à réapprécier la qualité de leurs rapports avec la nature, à prendre conscience que nous sommes vitalement dépendants d'elle. Et il est grand temps de le réaliser ! Ce qui fait dire à Timothy Morton que « nous perdons le sol sous nos pieds au moment précis où nous comprenons à quel point nous sommes dépendants de lui[1] ».

La reconnexion avec la nature s'opère lorsqu'il y a un contact attentif et respectueux avec elle. Ce qui est une forme de rencontre aimante et de coopération. Cultiver un jardin, un potager, quelques plantes, plonger ses mains dans la terre, caresser fleurs et feuilles, palper et soupeser des fruits, admirer leurs formes et leurs couleurs… Élever des animaux, vivre en leur compagnie, leur parler, les écouter, les nourrir, les observer, jouer avec eux… Marcher pieds nus sur l'herbe et le sable, randonner sur des chemins à ciel découvert, en pleine forêt, humer la senteur des pins, des tilleuls en fleur, des jasmins et des violettes… S'arrêter, demeurer immobile, prendre le temps de jeter

1. Timothy Morton, *La Pensée écologique*, Zulma Essais, 2019 (1re éd. 2010), p. 60.

au loin son regard[1] sur le sommet des montagnes, l'horizon de la mer, la voûte du ciel étoilé, écouter le bruissement du vent, admirer la majesté d'un vol de flamants roses, s'émerveiller devant le ballet magique des étourneaux, épier le hululement d'un hibou, être charmé par les mélodies d'un merle, le chant des mésanges charbonnières, s'enthousiasmer du jeu de leurs amours, se laisser enseigner par la sagesse de leur insouciance[2]… La beauté d'une féerie incessante nous est offerte, de jour comme de nuit. Il suffit d'aller vers elle pour en bénéficier. De faire le pas d'une attention continue et discrète.

Au fil du temps et du rythme des saisons, le spectacle de la création laisse échapper ses notes et ses nuances à la fois renouvelées et inédites. À la manière d'un théâtre dont l'intrigue initie le contemplatif-écoutant au secret que recèle la nature. L'émerveillement en est la clé. L'amour des êtres en véhicule le don. Quel est ce secret qui émeut notre âme et fait de nous des amoureux du vivant ?

---

1. Que le regard soit libre ou équipé d'un appareil photo, d'une caméra. Ajoutons que les documentaires animaliers et certains films peuvent être aussi une étape de mise en relation avec la nature, un encouragement à aller sur le terrain.
2. Voir Philippe Dubois et Elise Rousseau, *Petite philosophie des oiseaux*, La Martinière, 2018 ; Grégory Loïs, *Ce que les oiseaux ont à nous dire*, Fayard, 2019.

Comprendre que tout est lié, relié, interdépendant dans une stupéfiante synergie. Découvrir que l'existence des êtres est avant tout une « coexistence ». Rien n'est véritablement séparé. Tout vit en symbiose. « La pensée écologique constate que tous les êtres sont interconnectés. Tel est le maillage[1] » du vivant. Nouveau pour l'esprit anémié de la civilisation occidentale happée par le « tout économique », ce constat est vieux comme le monde. Il est partie intégrante des grandes traditions religieuses et spirituelles d'Orient et d'Occident. « Quand nous prendrons conscience de notre nature interdépendante, écrit le maître bouddhiste Thich Nhat Hanh, nous cesserons de blâmer, d'exploiter, de tuer, parce que nous aurons compris que nous inter-sommes avec tous les êtres. C'est le grand Éveil que nous devons réaliser pour le salut de notre planète[2]. » « Tout est lié, insiste le pape François, et comme les êtres humains, nous sommes tous unis comme des frères et des sœurs dans un merveilleux pèlerinage, entrelacés par l'amour que Dieu porte à chacune de ses créatures et qui nous unit aussi avec une tendre affection à frère soleil, à sœur lune, à sœur rivière et à mère terre[3]. »

---

1. Timothy Morton, *La Pensée écologique, op. cit.*, p. 158.
2. *Ce monde est tout ce que nous avons*, Le Courrier du Livre, 2010, p. 60.
3. LS 92.

Qu'avons-nous oublié pour perdre ce sens de l'interdépendance avec la nature ?

Nous connaissons le procès fait à la pensée judéo-chrétienne accusée d'être un des principaux responsables spirituels de la crise écologique. D'une part, à cause d'une interprétation disputée d'un passage du livre de la Genèse (1, 28) : « Soyez féconds et multipliez-vous, remplissez la terre et soumettez-la [ou dominez-la]. Soyez les maîtres des poissons de la mer, des oiseaux du ciel, et de tous les animaux qui vont et viennent sur la terre. » D'autre part, à cause de la désacralisation de la nature opérée par les stratégies évangélisatrices de l'Église en opposition aux religions animistes et aux cultes voués aux entités naturelles.

C'est la thèse de la célèbre conférence de l'historien médiéviste américain Lynn Townsend White (1966) sur les racines historiques de la crise écologique[1]. Son discours eut un grand retentissement. Il a mis en lumière l'encouragement tacite d'une « domination » asservissante de l'homme sur la nature sous-jacente

---

1. Le texte de Lynn T. White, initialement paru en 1967, vient d'être réédité en français : *Les Racines historiques de notre crise écologique*, présentation de Dominique Bourg, PUF, 2019. On peut également lire l'article de Lynn T. White en français dans Dominique Bourg et Philippe Roch (sous la dir. de), *Crise écologique, crise des valeurs ? Défis pour l'anthropologie et la spiritualité*, *op. cit.*, p. 13-24.

au verset biblique précité. Lecture qui aurait été le moteur de la révolution anthropocentrique orchestrée par la chrétienté et qui, au final, aurait jeté les bases culturelles de la crise écologique actuelle.

De fait, l'ambivalence est indubitable à toute première lecture inavertie et de bonne foi, si j'ose dire, de ce fameux verset. Force est de reconnaître que ce passage du livre de la Genèse a fort malencontreusement donné prise à une appréhension de la nature assimilée à un stock de ressources disponibles, bonne à être « dominée », exploitée et à faire fructifier pour les besoins de la communauté humaine. On ne peut que déplorer cette compréhension[1]. Pour autant, est-il justifié de la présenter comme la principale cause des malheurs écologiques de notre siècle ? Une telle lecture scripturaire n'est en aucun cas celle validée par les traditions juive et chrétienne (catholique, orthodoxe, protestante). L'interprétation proécologique du verset du livre de la Genèse est originelle. Pour l'entendre, il nous faut faire un petit détour par la science de l'interprétation

1. Voir l'article de Dominique Bourg, « Technologie, environnement et spiritualité », dans *Crise écologique, crise des valeurs ?*, *ibid.*, p. 25-38, et celui de Jacques Grinevald, « La thèse de Lynn White, JR (1966) sur les racines historiques, culturelles et religieuses de la crise écologique de la civilisation industrielle moderne », également dans *Crise écologique, crise des valeurs ?*, *ibid.*, p. 39-67.

des textes, l'herméneutique. On ne peut faire une lecture appropriée de la Bible en isolant tel ou tel verset. Ce qui est précisément le sens de « l'hérésie[1] ». L'erreur herméneutique réside ici dans une lecture qui sépare ou détache le(s) verset(s) de leur contexte biblique. Ce décryptage omet la nécessaire approche « synoptique » des Écritures, envisagées dans « un seul et même regard ». Elle ne tient pas compte d'une compréhension englobant la totalité du corpus biblique, de l'unité de sa cohésion théologique. Appelé à « remplir et à dominer la Terre », à « nommer » et à être « maître » des animaux, l'homme était convié à être le gérant avisé de la Création, le jardinier compétent à l'image de son Créateur, en communion avec lui. Par conséquent, la mission existentielle de l'homme est de régir et de servir le vivant dans le respect de son harmonie et de sa paix originelle. Rappelons qu'avant le péché ancestral, l'humain avait pour seule « nourriture toute plante qui porte sa semence » et « tout arbre dont le fruit porte sa semence » (Gn 1, 29). Végan, l'homme originel n'élevait ni ne tuait sans l'égard dû aux animaux, contrairement à ce que nous constatons à grande échelle aujourd'hui. Par ailleurs, les

1. Du grec *hairesis,* qui signifie « action de prendre à part, faire un choix », c'est-à-dire extraire sans tenir compte du tout.

lectures de notre verset de la Genèse, concordantes avec l'actuelle conscience écologique, ne sont pas nouvelles. Elles ne sont donc pas anachroniques et moins encore opportunistes. On ne peut que regretter qu'elles soient moins connues que l'interprétation erronée[1].

Il n'est pas juste non plus d'isoler François d'Assise, comme le suggère l'analyse de L. White, au point de le rendre étranger au flux de la tradition chrétienne. Quand bien même tous s'accordent à reconnaître son rayonnement exceptionnel, le *poverello* n'était ni un extra-terrestre ni un objet volant non identifié dans le ciel de la chrétienté médiévale[2]. Outre

---

1. Lire le pape François, au numéro 67 de son encyclique *Laudato si'*, où il rejette l'interprétation « dominatrice et destructrice » à l'encontre de la nature, et développe l'approche infiniment respectueuse du vivant, responsable de son intégrité. Voir aussi l'entretien avec le rabbin Marc-Raphaël Guedj, « Aujourd'hui il faut inviter à un autre rapport au spirituel », *Reporterre*, 24 novembre 2018 ; Jürgen Moltmann, *Dieu dans la création. Traité écologique de la création*, Cerf, 1988 ; René Coste, *Dieu et l'écologie, Environnement, théologie, spiritualité*, Éditions de l'Atelier, 1994, p. 66-72 ; Cyrille de Smolensk, « L'écologie de l'esprit », dans *Paix et justice pour la création entière*, Cerf, 1989, p. 261-287 ; Jean Bastaire, *Pour une écologie chrétienne*, Cerf, 2004 ; Jean-Claude Larchet, *Les Fondements spirituels de la crise écologique*, Éditions des Syrtes, 2018, p. 12-52. Voir également l'approche symbolique d'Annick de Souzenelle et ses travaux sur la Bible, *De l'arbre de vie au schéma corporel. Le symbolisme du corps humain*, Dangles, 1977 ; *L'Alliance oubliée*, Albin Michel, 2005.
2. D'autres figures chrétiennes témoignent d'une remarquable et semblable sensibilité cosmique avant et après le

sa courageuse audace évangélique, c'est aussi grâce à son enracinement culturel et religieux dans la terre de son temps qu'il est devenu le témoin universel que le monde connaît et souvent admire[1].

À l'aide de justes relais de lecture biblique, le chrétien discerne la place singulière de l'homme dans l'univers en raison de son potentiel spirituel hors du commun et de ses compétences spécifiques[2]. Comme chacune des créatures, l'homme assume un rôle unique dans le fonctionnement biologique et énergétique de la planète. Sur le plan physique et

---

XIIIe siècle : Maxime le Confesseur (580-662) ; Isaac le Syrien (vers 640-vers 700) ; Hildegarde de Bingen (1098-1179) ; Isaac de l'Étoile (1105/1120-1178) ; Bonaventure (1217/1221-1274) ; Ruysbroeck l'Admirable (1293-1381) ; Jean de la Croix (1542-1591) ; Séraphin de Sarov (1754-1833) ; Alexandre Men (1935-1990), etc.

1. Voir, dans des registres différents, les ouvrages biographiques suivants, parfaitement documentés : Raoul Manselli, *Saint François d'Assise*, Éditions Franciscaines, 1981 ; Éloi Leclerc, *François d'Assise. Le retour à l'Évangile*, Desclée de Brouwer, 1981 ; Julien Green, *Frère François*, Seuil, Paris, 1991.

2. Songeons au domaine des arts, à sa prodigieuse et incessante expression dans l'histoire de l'humanité (musique, chant, danse, peinture, sculpture, littérature, théâtre, cuisine, photographie, cinéma...), aux sciences mathématiques, fondamentales et appliquées. La singularité du génie humain, n'en déplaise aux adeptes des courants « animalistes », le distinguera toujours des autres créatures, avec l'aura d'un sceau divin qui peut, sans nul doute, s'obscurcir aussi d'une noirceur diabolique.

à d'autres niveaux inaccessibles aux seules sciences. Par exemple, celui de l'harmonie esthétique, de la contribution à la poésie et à la symphonie une et infiniment diverse de la vie. Sans omettre le plan suressentiel, transcendantal, en relation avec le mystère même de la complexité du vivant, son perfectionnement et son déploiement continu. Sa source divine que le croyant lui reconnaît. Il s'agit – ce point est capital – d'une prééminence de service au bénéfice de la nature, en humble jardinier, coopérateur ou collaborateur que l'homme est appelé à être pour « rendre gloire à son Seigneur », le remercier du don de la vie, tout en bonifiant l'écosystème et la biodiversité de la Terre[1].

Face à la crise écologique qui menace leur santé et leur avenir, s'il est hautement salutaire de voir les populations s'inquiéter enfin, mieux encore est le ressenti contemplatif de la beauté de la nature, de sa force et de sa fragilité, de l'unité du vivant dans l'extraordinaire diversité

1. En matière de coopération de l'homme avec la nature, pour le bénéfice de l'un et de l'autre, pensons, par exemple, à la pratique de la « trogne ». Cette taille périodique de l'arbre stimule sa vitalité et augmente sa longévité, tout en procurant du bois pour l'homme et de la fertilité pour les sols. Pensons à la vigne, à sa culture par l'homme sans laquelle la vigne ne peut donner le meilleur d'elle-même. Ainsi que pour tant d'autres plantes et arbres fruitiers.

qui est la sienne. C'est dans cette perception spirituelle de la création, scandée par nombre de psaumes bibliques[1], que s'origine l'amour prévenant de son intégrité, de ses équilibres,

1. Citons, entre autres, le psaume 103 : « Bénis le Seigneur, ô mon âme ; Seigneur mon Dieu, tu es si grand ! Revêtu de magnificence, tu as pour manteau la lumière ! Comme une tenture, tu déploies les cieux, tu élèves dans leurs eaux tes demeures ; des nuées, tu te fais un char, tu t'avances sur les ailes du vent ; tu prends les vents pour messagers, pour serviteurs les flammes des éclairs. Tu as donné son assise à la terre : qu'elle reste inébranlable au cours des temps. Tu l'as vêtue de l'abîme des mers : les eaux couvraient même les montagnes ; à ta menace, elles prennent la fuite, effrayées par le tonnerre de ta voix. Elles passent les montagnes, se ruent dans les vallées vers le lieu que tu leur as préparé. Tu leur imposes la limite à ne pas franchir : qu'elles ne reviennent jamais couvrir la terre. Dans les ravins tu fais jaillir des sources et l'eau chemine aux creux des montagnes ; elle abreuve les bêtes des champs : l'âne sauvage y calme sa soif ; les oiseaux séjournent près d'elle : dans le feuillage on entend leurs cris. De tes demeures tu abreuves les montagnes, et la terre se rassasie du fruit de tes œuvres ; tu fais pousser les prairies pour les troupeaux, et les champs pour l'homme qui travaille. De la terre il tire son pain : le vin qui réjouit le cœur de l'homme, l'huile qui adoucit son visage, et le pain qui fortifie le cœur de l'homme. Les arbres du Seigneur se rassasient, les cèdres qu'il a plantés au Liban ; c'est là que vient nicher le passereau, et la cigogne a sa maison dans les cyprès ; aux chamois, les hautes montagnes, aux marmottes, l'abri des rochers. Tu fis la lune qui marque les temps et le soleil qui connaît l'heure de son coucher. Tu fais descendre les ténèbres, la nuit vient : les animaux dans la forêt s'éveillent ; le lionceau rugit vers sa proie, il réclame à Dieu sa nourriture. Quand paraît le soleil, ils se retirent : chacun gagne son repaire. L'homme sort pour son ouvrage, pour son travail, jusqu'au soir. Quelle profusion dans tes œuvres, Seigneur ! Tout cela, ta sagesse l'a fait ; la terre s'emplit de tes biens », etc.

de ses limites, de ses capacités à se renouveler. Là également s'enracine une juste indignation face au saccage de la planète. « On ne défend bien que ce qu'on a appris à aimer et qu'on a éprouvé par les sens », écrit Corinne Morel-Darleux[1]. Dans un regard de foi, auquel tous peuvent être sensibles, le pape François écrit : « Dieu nous a unis si étroitement au monde qui nous entoure, que la désertification du sol est comme une maladie pour chacun et nous pouvons nous lamenter sur l'extinction d'une espèce comme si elle était une mutilation » (LS 89). Lorsque les liens qui nous unissent physiquement et spirituellement à la nature ont été (re)trouvés, comment rester insensible à son dépérissement ? Comment ne pas lutter pour la préservation de son équilibre systémique et ne pas adopter un mode de vie préoccupé de son intégrité ?

Il est bon, profondément régénérateur de vibrer à la magie du mystère des êtres, à la partition de vie qu'ils jouent sous nos yeux. Tout être humain peut y trouver un ressourcement intérieur et l'élan d'un engagement, d'une existence en cohérence avec les valeurs écologiques. Il y puise aussi une inspiration poétique qui célèbre et révère le lien vital avec la nature jusqu'en son fondement « divin ». Pensons à

1. « Maintenant, il faut tout donner, tout tenter pour inverser le cours des choses », *op. cit.*

l'empathie spirituelle et religieuse d'un François d'Assise pour toutes créatures au point de fraterniser avec elles. C'est ce qu'il chante dans son célèbre *Cantique des créatures*. Un poème si vibrant et prégnant d'une expérience universelle qu'il ne cesse d'être lu, médité, chanté, mis en scène depuis des siècles. Apprécions sa qualité contemplative et sa résonance cosmique :

> Loué sois-tu, mon Seigneur, avec toutes tes créatures, spécialement messire frère Soleil, par qui tu nous donnes le jour, la lumière ; il est beau, rayonnant d'une grande splendeur, et de toi, le Très-Haut, il nous offre le symbole.
>
> Loué sois-tu, mon Seigneur, pour sœur Lune et les étoiles : dans le ciel tu les as formées, claires, précieuses et belles.
>
> Loué sois-tu, mon Seigneur, pour frère Vent, et pour l'air et pour les nuages, pour l'azur calme et tous les temps : grâce à eux tu maintiens en vie toutes les créatures.
>
> Loué sois-tu, Seigneur, pour notre sœur Eau, qui est très utile et très humble, précieuse et chaste.
>
> Loué sois-tu, mon Seigneur, pour frère Feu, par qui tu éclaires la nuit : il est beau et joyeux, indomptable et fort.
>
> Loué sois-tu, mon Seigneur, pour sœur notre mère la Terre, qui nous porte et nous nourrit, qui produit la diversité des fruits, avec les fleurs diaprées et les herbes.

Que l'on soit agnostique, athée, croyant, le regard et l'écoute qui se laissent captiver par la densité du vivant est contemplation des êtres tels qu'ils sont dans leur mystérieuse consistance, « fraternisant » avec eux. Ce regard-écoute initie celui, celle qui s'y adonne à l'expérience de l'indéfectible lien qui le rattache au Tout universel. Et peut-être savourer furtivement le bonheur du saisissement de son mystère ?

Sensibles à ce qui est vu et entendu, perçu et ressenti, ce regard et cette écoute contemplative font œuvre poétique, essentielle à l'équilibre d'une vie humaine. Capteurs de l'indicible, ils régénèrent l'âme et vivifient le corps. Le fait de recouvrer une attention contemplative à la nature – simple regard sur elle et silencieuse écoute de ce qu'elle manifeste – est concomitant avec la redécouverte du lien d'interdépendance qui nous rattache à l'ensemble du vivant. Cette posture sollicite la part féminine de notre être. De fait, les femmes sont souvent plus spontanément réceptives à ce mystère. D'où leur rôle décisif dans la lutte et la transformation écohumaniste de notre civilisation.

Le combat de l'écologie n'a toutefois rien à voir avec un romantisme naturaliste. Car, bien évidemment, l'homme doit se protéger des aléas de la nature, de ses extrêmes, ses rudesses, ses violences épisodiques, ses cataclysmes. Comme telle, la nature n'est certainement pas à « déifier », car « la nature n'est pas paisible », remarquait André Gorz. Elle n'est pas une « bonne mère » toujours bienveillante à notre égard[1]. Elle a son propre système régulateur qu'il est bon de connaître pour se prémunir de ses aspects nocifs à l'encontre de notre intégrité physique. Il ne s'agit donc pas de se bercer des rêveries d'une immersion idéalisée dans une « nature sauvage » livrée à elle-même[2]. Et de dériver dans ce que Murray Bookchin appelle un « primitivisme en version écologique » diffusé par certains courants « philosophiques » radicaux ou « spirituels » irrationnels, orchestrés par des « écolos mystiques », écrit-il, adeptes d'un retour strict à la nature[3]. Vitalement relié à elle, l'homme est appelé à être un allié de la nature, un ami

---

1. André Gorz, *Le Fil rouge de l'écologie*, éditions EHESS, 2015, p. 41-42.
2. Aussi sobres et proches des éléments naturels que soient leurs modes de vie, les Amérindiens d'Amérique du Nord et de la forêt amazonienne, les autochtones d'Afrique équatoriale et d'Australie ont eu, eux aussi, à se protéger des aléas de la nature, des dangers d'un environnement sauvage, et à forger un « écosystème humain » viable pour assurer leur descendance.
3. Murray Bookchin, *Qu'est-ce que l'écologie sociale ?*, Atelier de création libertaire, 2012 (texte original 1982), p. 11. Fondateur de l'écologie sociale et du municipalisme libertaire, Murray Bookchin (1921-2006) fut un des militants et essayistes écologistes américains les plus marquants. Son œuvre inspire de nombreux courants écologistes et politiques. Voir l'article d'Ernest London, « Murray Bookchin, l'utopie anarchiste au prisme de l'écologie », *Reporterre*, 27 octobre 2018.

émerveillé de son mystère, dans une gestion lucide de ce qu'elle est.

Comment cultiver, préserver et promouvoir la qualité du lien avec le vivant que favorise la posture contemplative ? Existe-t-il des outils, des lieux, des instances pour mener à bien cette grande œuvre ?

Les enjeux d'une éducation permanente

> Vous avez deux professeurs. Moi, je représente l'espèce humaine ; l'arbre sous lequel nous sommes assis représente la nature.
>
> Vous avez bien plus à apprendre de cet arbre que de moi.
>
> RABINDRANATH TAGORE

Tout comme le corps et bien que différemment, ce qui relève de l'esprit est sujet au changement, aux fluctuations, oscillant entre élévation et altération. Pour cette raison, l'esprit suppose une éducation initiale et permanente. « L'homme ne peut devenir homme que par l'éducation », écrivait Emmanuel Kant. En premier lieu, au sein du milieu familial, par la médiation des parents et de l'entourage immédiat. Ensuite et parallèlement, dans le milieu scolaire, par la médiation des enseignants. Enfin, nous ne l'oublions que trop, selon le soin que l'adulte porte à son intériorité, son âme, pour l'éclosion et la maturation de sa personnalité. Être humain, le devenir aussi pleinement que possible, suppose bel et bien une éducation permanente. Ce que je veux souligner ici est l'importance décisive d'un double apprentissage : l'initiation à l'attitude contemplative décrite précédemment et l'étude de l'écologie, intégrant les données de la crise actuelle et ses diverses « solutions ». Cette double initiation devrait être proposée aux différentes étapes du parcours scolaire. Sans oublier la nécessité de cultiver cette dynamique éducative de l'esprit tout au long de la vie.

Étape parentale-scolaire : en matière d'écoute et d'écologie

Concernant la formation à l'écoute par l'attention silencieuse en milieu scolaire, j'ai eu l'opportunité, en tant que cadre éducatif, de proposer à des collégiens de différents niveaux, de la 6e à la 3e, des temps d'initiation pratique. Avec une pédagogie adaptée à leur âge, les élèves, filles et garçons, sont curieux, voire désireux, de faire l'expérience des pressentiments de leur intériorité à laquelle ils sont, pour la plupart, étrangers ou peu familiers. Après un bref exposé sur les principaux composants – corporel, psychique et spirituel – de l'être humain, j'animais des plages d'une dizaine de minutes de « respiration consciente », d'« attention aux sensations du corps », d'« écoute de l'environnement sonore », soutenues par quelques mouvements corporels lents. Ces temps de recueillement m'étaient régulièrement demandés par les élèves. À la question que je leur posais au terme de ces exercices – « Que pouvez-vous dire sur ce temps de silence, cet exercice d'attention silencieuse ? », « Comment l'avez-vous vécu ? » –, j'obtenais d'étonnantes réponses : « J'avais l'impression de rentrer chez moi. » Ou bien : « C'est comme si je respirais avec tout mon cœur. » Plus simplement : « Qu'est-ce ça fait du bien ! » Et aussi, inévitable : « Ça donne envie de dormir. » Un des gains immédiats était un réel apaisement et une attention beaucoup plus soutenue pour le reste de l'heure consacrée à leurs « projets personnels » et à d'autres sujets éducatifs.

Apprendre à faire silence, à écouter, c'est d'abord apprendre à poser son esprit de telle sorte qu'il puisse ensuite peser et soupeser les choses qui s'offrent à lui et les comprendre. Avant de penser à la chose comme telle, il importe de travailler à la qualité avec laquelle je pense la chose. Autrement dit, travailler à « la compréhension de soi » qui est la voie de la « connaissance de soi ». Là est le « vrai enseignement », disait Krishnamurti[1]. Ce présupposé est encore plus nécessaire aujourd'hui, à l'heure où les jeunes générations souffrent pour la plupart d'une inaptitude à écouter, à poser leur attention de manière prolongée et plus encore à se comprendre eux-mêmes. Certains observateurs parlent d'un véritable « hold-up attentionnel[2] ».

De plus, l'environnement d'un monde virtualisé, saturé par une foule de stimuli technologiques – smartphones et autres écrans –, ne les prédispose guère à prendre conscience de leur lien naturel avec le vivant, de leur interdépendance avec la nature. Sans parler des difficultés croissantes à écouter attentivement un cours de quarante-cinq minutes, quels que soient les talents pédagogiques de l'enseignant. L'apprentissage de l'attention silencieuse et le recours à la pratique de la relaxation ne sont certes en aucune façon une panacée – nous pointerons les ambiguïtés liées aux récupérations en tout genre des techniques de « respiration consciente » et de méditation. Il serait toutefois

1. « L'entendement [la faculté de comprendre] ne vient qu'à celui qui se connaît lui-même, c'est-à-dire qui a la perception de la totalité de son propre processus psychologique. Ainsi l'instruction, dans le vrai sens du mot, est la compréhension de soi, car c'est en chacun de nous que l'existence entière est ramassée » (Jiddu Krishnamurti, *De l'éducation*, Presses du Châtelet, 2011, p. 17).

2. Voir « Le hold-up attentionnel », dans Jean-Guilhem Xerri, *Prenez soin de votre âme*, *op. cit.*, p. 352 *sqq.*

opportun, pour le bien des futurs adultes que sont enfants et adolescents, tout comme celui des enseignants, que ces démarches pédagogiques soient généralisées en milieu scolaire. Ce qui semble être le cas, du moins en voie de l'être – car les résistances en France sont encore tenaces[1].

Compte tenu de l'urgence du drame environnemental, la thématique de l'écologie devrait être transversale à toutes les matières du programme scolaire, du moins périodiquement[2]. Il serait fort regrettable que l'écologie ne soit abordée que dans le cadre du cours de sciences de la vie et de la terre (SVT). Une consultation attentive de la page sur l'« Éducation au

1. Voir l'article « Faut-il pratiquer la méditation à l'école pour calmer les enfants ? », entretien avec Fabrice Midal, philosophe, fondateur de l'École occidentale de méditation, *La Croix*, 28 novembre 2018 ; « La méditation comme outil pédagogique », *Le Monde*, 16 mars 2015 (expérience de la méditation en milieu scolaire au Canada) ; voir les propositions de l'association AME (Association Méditation dans l'enseignement) et ses expérimentations dans les établissements scolaires depuis novembre 2014.

2. Comme le permettent les semaines consacrées au thème de l'écologie (ou du développement durable) organisées dans certains établissements, durant lesquelles toutes les matières, selon leur approche formelle, abordent l'écologie (en français, en anglais et autres langues, autour d'un texte sur l'écologie ; en maths, en traitant des questions de l'environnement selon ses aspects quantifiés ; en technologie, sur le mode de fonctionnement des énergies renouvelables ; etc.).

développement durable en milieu scolaire » du site du ministère de l'Éducation nationale[1] laisse plutôt une bonne impression. On ne peut qu'en saluer le contenu, se dit-on intérieurement, en particulier la mise en évidence de la « Charte de l'environnement ». De valeur constitutionnelle – puisque intégré en 2005 dans le « bloc de constitutionnalité du droit français » –, ce texte reconnaît les droits et les devoirs fondamentaux relatifs à la protection de l'environnement. La mention des « dix-sept objectifs de développement durable » à atteindre d'ici 2030[2] ne manque pas de laisser le lecteur rêveur. Et il est certes plutôt

1. Un programme « De la maternelle au baccalauréat » est présenté en six volets : 1. Comprendre les enjeux en objectifs de développement durable ; 2. Agenda 2030 ; 3. Une mise en œuvre progressive ; 4. Une éducation ancrée dans toutes les disciplines, tout au long de la scolarité ; 5. Le label « E3D (École/Établissement en démarche de développement durable) » ; 6. Changements climatiques : paroles d'experts. Voir « Quand l'écologie s'invite dans les programmes scolaires », *Le Journal du Dimanche*, 19 juin 2019.

2. « Objectifs » adoptés à l'ONU le 25 septembre 2015 par 193 pays. Citons : l'éradication de la pauvreté ; la lutte contre la faim ; l'accès à la santé ; l'accès à une éducation de qualité ; l'égalité entre les sexes ; l'accès à l'eau salubre et à l'assainissement ; le recours aux énergies renouvelables ; l'accès à des emplois décents ; bâtir une infrastructure résiliente, promouvoir une industrialisation durable qui profite à tous et encourager l'innovation ; la réduction des inégalités ; des villes et communautés durables ; une consommation et une production responsables ; la lutte contre le changement climatique, etc.

rassurant de découvrir une matière aussi ambitieuse dans les principes. Cependant, à entendre l'avis d'adolescents de différents milieux et surtout celui des professeurs, on peut s'interroger sur la présence de ces grands objectifs dans les programmes scolaires et sur le fait qu'ils soient réellement enseignés. Ce qui ne semble guère être le cas, en dépit des déclarations officielles[1]. « Les nouveaux programmes du lycée pour les cinq prochaines années ne laissent pas assez de place à la transmission des bases scientifiques essentielles à la compréhension des problèmes majeurs que sont le dérèglement climatique et l'effondrement de la biodiversité, leurs causes et les solutions permettant d'agir pour les enrayer », dénonçaient, dans une tribune publiée par *Mediapart* le 15 décembre 2018, les climatologues Valérie Masson-Delmotte, Jean Jouzel, Hervé Le Treut et de nombreux autres scientifiques[2]. De l'avis des professeurs, les ajustements programmatiques mis en place pour la rentrée 2019 semblent être très en deçà des enjeux environnementaux[3]. Combien de temps

1. Marie Astier, « Programmes scolaires : l'écologie reste à la marge », *Reporterre*, 2 septembre 2019.
2. « Assurons à nos lycéens une solide éducation scientifique au climat et à la biodiversité ! », *Médiapart*, 15 décembre 2018.
3. « Les profs de l'Association des professeurs de sciences économiques et sociales (Apses) demandaient en juin dernier "une meilleure intégration des enjeux environnementaux

faudra-t-il encore attendre, combien d'événements climatiques graves faudra-t-il subir pour que l'Éducation nationale assume enfin la réalité écologique à la hauteur de ses enjeux cruciaux et offre ainsi aux jeunes générations la possibilité de l'intégrer concrètement dans leur vie personnelle et citoyenne ?

L'approche intellectuelle de l'écologie n'est pas suffisante. Elle doit être conjuguée avec une réelle immersion dans la nature, telles que les sorties « classe verte » à la montagne, à la mer, les visites de fermes, la création de potagers en milieu scolaire, etc. N'oublions jamais que le contact vivant avec l'environnement demeure l'enseignant le plus qualifié pour aider les humains à comprendre et à aimer la

---

dans les programmes de SES", déplorant notamment la suppression, sur décision du ministère, de la référence à la taxe carbone dans les nouveaux programmes. En seconde, dans le programme de tronc commun, seules les "limites écologiques de la croissance" sont évoquées. "Mais il n'y a rien sur l'économie plus durable, on n'interroge pas la quête de croissance en soi, on n'interroge pas les conséquences de l'internationalisation du commerce sur l'environnement, et l'innovation est présentée comme la seule solution à la crise écologique", constate Benoît Guyon, prof à Belfort et coprésident de l'Apses. Bref, autant de points des programmes qui montrent que l'institution a quelques trains de retard, estime Valérie Sipahimalani, du Snes [Syndicat national des enseignants du second degré]. "J'ai l'impression, en lisant la littérature scientifique, qu'il y a eu de grandes avancées ces dernières années, et que, à l'Éducation nationale, on reste sur une vision d'il y a vingt ans", dit-elle ». (« Programmes scolaires : l'écologie reste à la marge », *op. cit.*)

nature. Commencer cet apprentissage pratique dès le plus jeune âge devrait être une priorité éducative[1].

L'initiation à l'écoute silencieuse et la formation à la question écologique constituent sans aucun doute de précieux ingrédients pour l'orientation des jeunes vers la prise en main écohumaniste de leur vie. Toutefois, ces « ingrédients » ne sont que des semences. Ils requièrent une vigilance constante pour la préservation de leur intégrité et leur assimilation personnelle. Ils renvoient à la responsabilité (et aux incertitudes) de l'âge adulte. Ils requièrent une culture intérieure continuée pour soutenir leur croissance et les protéger des vents contraires en provenance des tendances égotiques de fond[2], exacerbées par les sirènes des injonctions consuméristes ambiantes. Cette vigilance spirituelle revêtira souvent les allures d'un combat à contre-courant des modes et des goûts du moment.

---

1. « Les écoles en forêt et l'éducation par le retour à la nature », *Mr. Mondialisation*, 6 juin 2017, entretien avec Émilie Lagoeyte qui milite pour la réintégration de la nature dans le système éducatif.
2. Ce sont les appétits que Sébastien Bohler appelle les « grands renforceurs primaires » de notre psyché : nourriture, sexe, statut social, moindre effort, s'informer. Le drame survient lorsque ces appétits fondamentaux sont débridés et ne cessent de réclamer « toujours plus ! ». Voir *Le Bug humain*, *op. cit.*

Tout au long d'une vie adulte : décoloniser l'esprit pour rester libre

Lorsque, durant l'enfance et l'adolescence, l'écoute intérieure et l'éveil au milieu naturel ont été quelque peu expérimentés, voire transmis par les milieux familial et scolaire, ils ont pu être mis en veille, sinon oubliés. Ils nécessitent alors d'être revisités. S'ils ont été peu vécus, voire ignorés, ils seront appris comme une matière inédite. Apprendre ou réapprendre à écouter et à observer. Voilà la matière éminente à la base de toute pédagogie et de tout enseignement. Les voies de ce (ré)apprentissage fondamental sont multiples : le vaste domaine des arts, l'immersion dans la nature, l'artisanat, les voies de la méditation – statique, en mouvement, active[1] – et de la prière, des rites liturgiques, les arts martiaux, etc. Bref, toute démarche réclamant ce joyau de l'esprit qu'est l'attention de l'écoute silencieuse, germe de la foi. Par-delà l'appréhension du mystère de la vie et la conception que nous pouvons en avoir, l'axe majeur de l'initiation

1. La méditation statique, la plus classique, se pratique en posture assise, sur un coussin ou une chaise ; la méditation en mouvement et ses différentes formes : yoga, tai-chi, qi gong… ; et la méditation dite active, beaucoup moins connue, centrée sur des mouvements corporels lents et répétitifs. « À la découverte de la méditation… active ! », *La Croix*, 16 août 2019.

à l'attention-observation est de cultiver le sens de l'écoute silencieuse et du simple regard. Ce sens permet à la conscience de s'éveiller aux choses qui concourent à l'élaboration de sa propre vie[1]. Et d'avoir le recul adéquat sur elles pour en évaluer la portée et la qualité. Là est le fondement du sens « critique » sur ce qui est appris, reçu, vécu ; sens critique qui garantit à chacun une libre et juste autoconduite.

L'omniprésence de l'endoctrinement du système dominant que nous avons analysée rend aujourd'hui urgente une culture de l'intériorité. Le sens de l'écoute silencieuse et la méditation au sens large du terme permettent de la mettre en œuvre. Cette culture de l'esprit est quelquefois appelée une « écologie intérieure », « mentale », attentive à notre écosystème spirituel, à son mode de fonctionnement, à ses attentes. Lucide dans l'analyse des signes des temps, Gustave Thibon pressentait la nécessité d'une salubrité intérieure que procure la méditation : « C'est en elle [la méditation], écrivait-il il y a une cinquantaine d'années, que l'homme de demain trouvera son unique chance d'échapper aux pressions sociales plus contraignantes que jamais à cause de la puissance toujours accrue

---

1. Des vertus essentielles comme l'amour, l'amitié, le sens et le respect de l'autre… à la réalité de la famille, au projet éventuel d'en fonder une, au parcours d'une formation, à l'apprentissage d'une profession, d'un sport, d'un art, à l'implication dans une association, un mouvement, etc.

des moyens de diffusion. » Il ajoutait : « La méditation vaccine l'individu contre les maladies du troupeau, contre les épidémies de l'opinion[1]. » Autrement dit, la méditation préserve l'esprit de l'abêtissement ou de l'endormissement. Elle conforte et affine le discernement, gérant du système immunitaire de l'esprit, de la préservation de sa santé pour résister aux pressions de la massification de la pensée et autres virus débilitant sa capacité critique.

Aujourd'hui plus que jamais, nous avons besoin d'un tel « vaccin » pour prémunir notre liberté de l'emprise des conditionnements ambiants et permettre à cette même liberté d'affirmer la primauté de l'humain et du vivant sur toute considération matérielle, économique, financière ; et s'il le faut, d'aller jusqu'à la contestation individuelle et collective contre les atteintes à l'intégrité des droits humains et du vivant. Je renvoie à notre étude sur les voies de l'intériorité telles qu'elles peuvent se décliner aujourd'hui[2]. Au gré de nuits intérieures et de purifications de nos filtres psychologiques, ces voies nous acheminent vers une libération de l'emprise de nos représentations, vers un dépassement de nos goûts et sentiments, en vue de nous faire entrer dans une relation

---

1. Gustave Thibon, *Les Hommes de l'éternel*, Mame, 2012, p. 47.
2. *Quelle spiritualité pour le* XXI*e* *siècle ?*, *op. cit.*

profonde, d'adhésion aimante plus authentique avec ce qu'est le mouvement de la vie jusqu'en sa mystérieuse origine. Elles opèrent un processus de « décolonisation » de notre imaginaire et de nos croyances. Tout le contraire d'un enfermement dans des murailles dogmatiques qu'érigent trop de « chapelles » religieuses, politiques, philosophiques, psychologiques, scientifiques.

La vie spirituelle, celle qui oriente vers les sources de l'esprit, par-delà les temporaires « canalisations » éducatives des institutions humaines, est une aventure d'émancipation de toute idolâtrie et emprise idéologique. Non pour sombrer dans un nihilisme sans repère ni loi, mais pour adhérer à un mystère qui excède nos capacités intellectuelles. Ne pas comprendre ni savoir par la raison et la logique ne signifie pas ne pas pressentir et connaître par l'intuition et la foi.

Quelles que soient nos convictions quant au terme du chemin, nos engagements extérieurs – collectifs, sociaux, citoyens, politiques – réclament l'action intérieure qu'est l'écoute silencieuse. Les ouvriers de l'esprit, méditant-priant, peuvent alors respirer un autre air que celui des « climatiseurs » culturels de la société néolibérale et celui de l'endurcissement des convictions partisanes. Le silence intérieur opère un double déconditionnement : à l'égard des normes culturelles du conformisme ambiant et à l'égard des bornes de nos propres croyances. Par la constance d'une humble écoute, il introduit dans les espaces inaliénables du royaume de notre conscience. Comme en ont fait l'expérience de grands témoins, méditants-priants-militants tels qu'Etty Hillesum durant ses deux années passées (1941-1943) dans le camp de transit de Westerbork (Pay-bas), rayonnante de sérénité et de compassion au milieu de ses compagnons d'infortune avant d'être déportée à Auschwitz pour y mourir gazée ; Nelson Mandela durant sa longue incarcération dans la prison de Robben Island ; Alexandre Soljenitsyne durant ses huit ans de détention au goulag. Et tant d'autres.

La connexion avec le royaume de notre intériorité protège notre conscience des toxines de la culture ambiante et du parasitage de nos préjugés. Il n'est pas trop de dire qu'elle crée un bouclier spirituel. Le « bouclier de la foi ». Un bouclier antisystème par excellence. Le « Dispositif[1] » savamment mis en place par les tenants du « tout économique » ne peut le désactiver. Ignorant sa réalité, il est incapable de déjouer sa cohérence interne et sa logique « étrangère à ce monde ». Celle du sens du mystère décrypté dans l'amour et la foi. Telle est

---

1. J'emprunte l'expression à Yannick Haenel, François Meyronnis, Valentin Retz, coauteurs de l'ouvrage *Tout est accompli*, Grasset, 2019 ; un essai suggestif, où se conjuguent les lectures historique, philosophique, spirituelle sur l'état de notre société et ses possibles développements.

l'arme invincible conçue par les plus hautes instances de l'esprit quand celui-ci est établi « au centre de son humilité[1] ». Cette zone, « plus intime que l'intime de soi-même », est inaccessible aux investigations du génie neuroscientifique le plus performant. Ainsi peuvent être sauvegardée l'intégrité de l'identité humaine et réaffirmée sa vocation. Un verbe la résume : aimer. Ne nous y trompons pas : le nerf de la lutte est spirituel. Dans le combat qui vient – il est déjà engagé –, la première urgence est dans l'essentiel : cultiver la terre de notre cœur. Prendre le temps de faire halte dans le cours de nos activités courantes, méditer, écouter, prier silencieusement, humer ce qui est par-delà ce qui paraît. Et au sein même de cette discipline bienfaisante, garder libre notre esprit. Ce qui est contemplé à partir de notre royaume intérieur demeure au-delà de toute discipline. Tout comme l'art : l'artiste devient véritablement artiste lorsqu'il est libre de sa technique. Il n'exécute plus. Il interprète. Il ne répète plus. Il crée. La dimension spirituelle de la vie nous achemine vers cet au-delà de toute technicité. Tout comme dans l'apprentissage d'un art, la discipline de l'écoute est la voie paradoxalement nécessaire pour écouter par-delà toute oreille sélective.

---

1. Jean de la Croix, « La Montée du mont Carmel », livre 1, chapitre 13, dans *Œuvres complètes*, Cerf, 1990, p. 628.

C'est ainsi que nous devrons être particulièrement lucides concernant les dérives d'une gestion « utilitariste » de nos pratiques dites « spirituelles ». Une vigilance accrue si nous usons de méthodes ou de techniques enseignées au sein d'une école, d'un dojo, d'un centre spirituel, d'un monastère, d'un groupe ; voire sur notre lieu de travail. Nous n'ignorons pas les récupérations des marchands de méditation et de bien-être intérieur. La sphère du « spirituel » n'échappe pas à la vampirisation commerciale. Avec la popularisation des techniques de méditation importées d'Orient, leur dénaturation et leur « revente » dégradée, il n'a pas fallu attendre longtemps pour constater leur exploitation lucrative par les tenants de l'idéologie néolibérale[1], notamment avec le développement de la « méditation de pleine conscience » (*mindfulness*) initiée par Jon Kabat-Zinn. De nombreux enseignants et pratiquants de cette méditation d'inspiration bouddhiste sont les premiers à déplorer et à dénoncer cette « commercialisation de la pleine conscience » : « L'empressement à laïciser et à marchandiser la pleine conscience sous la forme d'une technique commercialisable, écrivent Ron Purser et David Loy, tous deux

---

1. La pleine conscience est au cœur d'un marché lucratif, « avec 1 million de nouveaux méditants chaque année aux États-Unis et un marché évalué à 1 milliard de dollars en 2015 » (« Les médecins face aux sirènes de la méditation », *Le Monde*, 8 janvier 2018).

enseignants en méditation, risque d'aboutir à une dénaturation malheureuse de cette pratique ancienne, qui visait bien plus qu'à soulager un mal de tête, réduire la pression artérielle, ou aider des gestionnaires à être plus concentrés et plus productifs[1]. »

Lorsque la méditation se mue en une simple « technique thérapeutique de développement personnel », elle se fourvoie la plupart du temps en une pratique qui ne fait que renforcer les tendances égotiques ; ce qui est totalement contraire à la visée originelle de la méditation. La pratique de la « pleine conscience » non subordonnée à une « pleine éthique » est une ineptie dangereuse. L'attention juste qu'elle vise dépend radicalement d'une intention juste pour le bien de tous, pas seulement celui du pratiquant. L'altruisme est l'alpha et l'oméga de toute pratique méditative[2]. Celle-ci ne peut en aucun cas se limiter à une démarche de bien-être personnel. Ni à l'obtention d'une réduction du stress et d'un accroissement de ses capacités de concentration à des fins de performances sociorelationnelles en entreprise,

1. « La commercialisation de la pleine conscience », article publié sous le titre « *Beyond McMindfulness* » dans *HuffingtonPost*, 2 juillet 2013, accessible sur le site BASE (Bouddhisme, action sociale & engagement).

2. Voir les réflexions de Matthieu Ricard, *Plaidoyer pour l'altruisme. La Force de la bienveillance*, Nil, 2013, chapitre 4 : « Cultiver l'altruisme », p. 299 *sqq*.

comme nous le voyons chez Google et autres holdings. « Sans une critique sociale forte, rappelle le moine américain Bhikkhu Bodhi, les pratiques bouddhistes pourraient être facilement utilisées pour justifier et maintenir le *statu quo*, et devenir un renfort pour le capitalisme consumériste[1]. » La mise en garde est on ne peut plus claire.

De même qu'il le fait de la crise écologique, le capitalisme gère la crise du mal-être social pour satisfaire ses exigences managériales de rentabilité commerciale[2]. Faisant appel aux techniques de « pleine conscience » ravalées à leurs seules vertus d'apaisement psychologique et d'amélioration de la concentration,

1. Cité dans l'article « *Beyond McMindfulness* », art. cit.
2. Voir l'entretien avec Antonio Pele, professeur de droit et de libertés publiques à l'Université pontificale catholique de Rio de Janeiro, « L'engouement pour la méditation est une réponse aux exigences toujours plus aiguës du capitalisme », *Le Monde*, 2 août 2019. « On constate une synchronie entre l'engouement pour des techniques comme le yoga ou la méditation et le développement d'un capitalisme de plus en plus exigeant. On assiste à une sorte de captation de ces techniques pour les recycler au service de l'efficacité et de modes de productivité toujours plus contraignants. Des entreprises comme Google créent des centres de méditation pour que leurs employés puissent être plus concentrés dans leurs activités. À notre insu, l'engouement pour la méditation conduit à mieux répondre aux vicissitudes de notre société et aux exigences les plus aiguës du capitalisme contemporain. » Voir, du même auteur, « Le succès de la méditation, une émanation comme une autre du capitalisme », Slate.fr, 12 février 2019.

les responsables des ressources humaines et autres agents de grandes entreprises[1] encouragent leurs cadres et employés à « méditer » et à renforcer ainsi leurs capacités personnelles. La direction en management de l'entreprise a alors beau jeu de les convaincre que leur performance en milieu professionnel est avant tout affaire d'effort personnel et de résilience individuelle. Ainsi sont évacuées ou fortement relativisées les sources de mal-être internes au fonctionnement de l'entreprise. Si cela ne va pas, la cause du malaise réside dans l'individu, scande « le mantra de la responsabilisation personnelle », typique de la « culture d'entreprise positive[2] ».

Ces critiques liées aux dérives de la « marchandisation de la méditation » ne doivent pas cependant discréditer les lieux nombreux où la méditation est pratiquée à bon escient. Ni occulter les réels bienfaits de cette pratique[3].

1. Outre Google, Ford et Carlsberg, pionnières en la matière, les entreprises françaises commencent à leur emboîter le pas : L'Oréal, Siemens, EDF. Voir « La méditation envahit l'entreprise », Capital.fr, 21 juillet 2017 ; « Les mille vertus de la méditation en entreprise », mondedesgrandesécoles.fr, 16 octobre 2017.

2. Voir Edgar Cabanas et Eva Illouz, *Happycratie. Comment l'industrie du bonheur a pris le contrôle de nos vies*, Premier Parallèle, 2018.

3. La littérature sur le sujet est pléthorique. Je renvoie simplement à une interview de Fabrice Midal, « La méditation ouvre un espace pour réhumaniser le monde », *La Croix*, 5 juin 2014.

Une fois encore, nous constatons qu'en matière de pratiques ou de moyens visant un but, tout peut être détourné de sa fin.

La spiritualité, comprise dans l'intégralité de sa démarche, tend à nous mener au fond de l'être, au « fond sans fond », aime écrire Alexandre Jollien[1]. Elle n'a rien à voir avec la recherche d'une paix intimiste, superficielle et narcissique. Parce qu'elle cible ce fond de l'être humain, elle est révélatrice des valeurs les plus essentielles à notre humanité. Sans les garantir pour autant – la spiritualité est un chemin de vie, non la résultante d'une technique éprouvée –, elle favorise l'éclosion et le développement de ces valeurs qui concourent à notre pleine humanisation.

La spiritualité est en définitive une autre appellation de l'éducation permanente, ce souci de l'âme auquel l'adulte aura tout intérêt à consacrer un temps… bien intentionné. Le noble labeur qu'elle met en œuvre peut faire de chacun de nous un sourcier des vertus fondamentales de l'humanité. Celles que nous appelons les vertus cardinales de l'éco-humanisme.

---

1. À la suite d'une longue tradition, allant de saint Augustin et Grégoire de Nysse à Maître Eckhart, où le fond de l'âme est décrit à l'aide de l'image de « l'abîme » qui, littéralement, veut dire « sans-fond ».

Les vertus écohumanistes

Tout au long de son histoire, sous différentes formes, l'humanité n'a cessé de tendre vers un idéal éthique balisé par des vertus à pratiquer. Comme si ce désir d'ajustement du comportement lui était inhérent, consubstantiel à l'esprit qui caractérise l'humain. On ne désire que ce qui déjà coexiste en soi, avec soi. À l'état de manque, disent le psychologue et le psychanalyste ; potentiellement, disent le philosophe et le théologien.

Les idéaux sont indispensables à l'humanité pour impulser en elle une direction existentiellement vertueuse. Ce sont eux qui indiquent le nord de l'éducation et l'horizon des civilisations. Notre époque tourmentée réclame leur réactivation sous une forme renouvelée. Sans eux, l'élan vertueux s'éteint et toute civilisation se délite.

Comment pouvons-nous énoncer un idéal éthique accordé à notre temps ?

Quelles sont les vertus écohumanistes dont notre Terre, meurtrie, et notre civilisation occidentale, désorientée, ont tant besoin ?

En cette matière, on ne peut guère faire l'impasse sur l'héritage légué par les différentes traditions philosophiques et religieuses. Surmontons la tentation amnésique de notre temps, fasciné par une absolutisation du temps présent sans passé ni avenir, fébrilement happé par les divertissements du consumérisme et les nouveautés de l'univers technologique. Un proverbe africain dit : « Lorsque tu ne sais plus où tu vas, regarde d'où tu viens. » Au vu des sources consultées d'une part et du constat des attentes de notre monde d'autre part, j'ai été saisi par leur correspondance antinomique. Les propositions éthico-spirituelles anciennes répondent en grande partie aux aspirations morales actuelles.

Quels sont les grands legs éthiques de l'humanité ? Parmi d'autres, j'en citerai quatre, d'horizons culturels très divers : la « règle d'or », l'impératif kantien, l'Ubuntu africain et les « Quatre Incommensurables » de l'Orient.

En tant que telle, « la règle d'or » est une éthique de la réciprocité. Sa forme la plus simple est : « Traite les autres comme tu voudrais être traité. » Ou, dans sa version négative : « Ne fais pas aux autres ce que tu ne voudrais pas qu'on te fasse. » Ce qui est remarquable, c'est qu'elle est énoncée dans la plupart des religions et des cultures anciennes : hindouisme, bouddhisme, taoïsme, confucianisme, judaïsme, christianisme, islam ; y compris dans les traditions de l'Égypte ancienne et de l'Antiquité grecque. L'humanisme athée la valide également. Outre son universalité, les historiens n'ont pas manqué de relever une étonnante concomitance quant à son émergence historique. C'est en deux siècles seulement, autour des

VIIe et VIe siècles avant Jésus-Christ, que cette règle éthique a été exprimée en des formules similaires et dans des aires culturelles fort différentes[1]. Dans l'Évangile, Jésus la reformule en des termes activement positifs : « Toutes les choses que vous voulez que les hommes fassent pour vous, faites-les vous-même pour eux ; voilà la loi et les prophètes[2]. » La dernière affirmation souligne la force synthétique de la « règle d'or » : celle-ci résume tout ce qui a été consigné dans les Écritures. Sa mise en pratique, sous-entend Jésus, suffit pour accomplir la loi divine et ouvrir à la vie éternelle, au Royaume des Cieux[3].

---

1. Dans le zoroastrisme : « La nature est bonne seulement quand elle ne fait pas aux autres quoi que ce soit qui n'est pas bon pour soi-même » (env. 700 ans av. J.-C.). Le taoïsme : « Regarde le gain de ton voisin comme ton propre gain, et la perte de ton voisin comme ta propre perte » (env. 600 ans av. J.-C.). La Grèce antique : « Ne fais pas à ton voisin ce que tu prendrais mal de lui » (Pittacos de Mytilène, 640-568 av. J.-C.) ; « Évite de faire ce que tu blâmerais les autres de faire » (Thalès, 624-546 av. J.-C.). L'hindouisme : « Ceci est la somme du devoir : ne fais pas aux autres ce que tu ne voudrais pas qu'ils te fassent » (*Mahabharata*, env. 500 av. J.-C.). Le bouddhisme : « Ne blesse pas les autres de manière que tu trouverais toi-même blessante » (*Udânavarga*, env. 500 av. J.-C.). Le confucianisme : « Ce que tu ne souhaites pas pour toi, ne l'étends pas aux autres » (Confucius, env. 551-479 av. J.-C.).
2. Matthieu 7, 12 ; voir aussi Matthieu 22, 39 ; Luc 6, 31 et 10, 27.
3. La lettre de saint Jacques l'appelle la « loi du Royaume » (Jacques 2, 8).

L'incontestable valeur éthique de la « règle d'or » condense la justesse idéale – intentionnelle – du comportement humain. Elle vise à une bienveillance universelle. Son universalité n'est pas sans proximité avec l'exigence de la généralisation de « l'impératif catégorique » d'Emmanuel Kant : « Agis de telle sorte que la maxime [la règle] de ton action puisse être érigée en loi universelle. » Autrement dit, si tous les hommes choisissaient de se conduire en ce moment comme toi, serait-ce bon pour l'humanité ? En dépit des critiques sur la difficulté de son application, l'impératif kantien est un indicateur moral de l'agir humain, une clé de discernement sûre et efficace pour évaluer la valeur de nos actions. Si le kantisme « n'a pas de mains[1] », son impératif n'en demeure pas moins une précieuse boussole dans le brouillard éthique de notre temps[2].

Les traditions de l'Afrique du Sud véhiculent une notion profondément humaniste appelée l'Ubuntu. L'Ubuntu évoque la fraternité, l'humanité accomplie, la disponibilité pour autrui, le dévouement, une indissoluble solidarité. Littéralement, on pourrait le formuler ainsi : « Je suis parce que tu es », « Mon humanité est

1. Charles Péguy.

2. Il anticipe le principe de responsabilité de Hans Jonas : « Agis de façon que les effets de ton action soient compatibles avec la permanence d'une vie authentiquement humaine sur terre. »

inextricablement liée à la tienne. Nos destins sont liés », commente Desmond Tutu, archevêque de Cape Town. Popularisé par l'expérience de Nelson Mandela[1], le principe Ubuntu exprime l'unité du genre humain dans ce qu'il a de meilleur. Il est vécu, pratiqué lorsque sont manifestés la bienveillance, le service, la sollicitude, la gentillesse.

Quant aux spiritualités orientales, elles ont élaboré un abrégé d'aspirations morales censées aboutir à la sagesse. Ce sont les « Quatre Demeures de Brahma » (hindouisme) ou les « Quatre Incommensurables » (bouddhisme) : la bienveillance, la compassion, la joie, l'équanimité. Il s'agit plus précisément de quatre souhaits émis à l'attention de tous les êtres[2]. Un

---

1. Lors du discours d'hommage à Nelson Mandela, le 10 décembre 2013, jour de ses obsèques, Barack Obama déclara : « Mandela a compris les liens qui unissent les esprits des hommes. Il y a un mot en Afrique du Sud – *Ubuntu* – qui décrit sa plus grande contribution : il a reconnu le fait que nous sommes tous liés les uns aux autres d'une façon que l'œil ne peut pas voir ; il y a une unité pour l'humanité ; c'est en partageant avec les autres et en nous occupant de ceux qui nous entourent que nous nous réalisons. »

2. La bienveillance est le « souhait que tous les êtres trouvent le bonheur et les causes du bonheur » ; la compassion est le « souhait que tous les êtres soient libérés de la souffrance et des causes de la souffrance » ; la joie est le « souhait que tous les êtres trouvent la joie exempte de souffrance » ; l'équanimité est le « souhait que tous les êtres demeurent d'humeur égale et en paix, quels que soient les événements ».

élan foncièrement altruiste anime ces pratiques de la pensée et de l'agir humain, situées à la charnière de l'éthique et de l'absorption méditative vers l'infini, car celles-ci dépassent les limites du « moi égocentré ».

La « règle d'or », l'impératif catégorique kantien, la notion africaine de l'Ubuntu, les « Quatre Incommensurables » des sagesses orientales, aussi variés soient-ils dans leur formulation et leur origine culturelle, tous transmettent un fonds éthique que nous ne pouvons ignorer par mépris de ce qui est passé ou par préjugé antireligieux.

De quelle manière leur contenu nous interpelle-t-il aujourd'hui ?

Compte tenu de cette base de données du comportement humain, comment décliner concrètement l'idéal éthique capable de répondre aux attentes de notre monde en crise ? Je propose de les regrouper en quatre formules qui cristallisent l'essentiel de ce patrimoine antique et traduisent ainsi les principales vertus écohumanistes. Loin d'être inexistantes, puisque universellement reconnues, ces vertus souffrent d'une dévitalisation. L'air culturel de nos sociétés ne les plébiscite guère, minées qu'elles sont par un individualisme omniprésent et un matérialisme dévastateur.

À ces quatre vertus écohumanistes, j'ai donné pour nom *l'amour-compassion*, *l'entraide-solidaire*, *la justice-partage* et *la mesure-sobriété*.

Quatre couples de vertus indissociables. Interdépendants, ils concernent chacun une zone particulière du vivre-ensemble des communautés humaines.

L'amour-compassion est la première des vertus écohumanistes. Elle est la vertu source. Celle qui éclaire et dynamise les autres. Sans elle, aucun essor vertueux n'est possible. Elle-même procède du besoin humain le plus essentiel : aimer et être aimé tel que l'on est, avec ses qualités et ses talents, ses faiblesses et ses limites.

Aimer et compatir, c'est être sensible, réceptif et réactif à l'état de son semblable, proche ou lointain. Ce point de vue de l'amour-compassion, tel que nous le comprenons et le présentons, englobe aussi l'état du vivant non humain : l'environnement naturel dans lequel nous vivons et grâce auquel nous sommes en vie.

Dans son acception commune, la compassion est l'expression empathique de l'amour face à la détresse d'autrui, à sa souffrance, qu'elle soit physique, psychique, morale, sociale. Elle recouvre le sens de la « miséricorde ». Une notion centrale de l'éthique et de la spiritualité chrétienne. On définit la miséricorde comme « une forme de compassion pour la misère d'autrui ». Le miséricordieux, littéralement, est celui, celle dont le « cœur a pitié » des souffrances d'autrui. L'amour en acte prend alors le visage de la compassion ou de la miséricorde. Il prend part, affectivement et spirituellement, à la condition réelle de telle ou telle personne, groupe de personnes, y compris celle de nations opprimées, de peuples exploités. Sans oublier la condition du vivant, de l'environnement naturel, animaux, monde végétal, terrestre et marin, victimes eux aussi de grandes violences et dévastations. À l'heure où j'écris, j'apprends avec douleur et tristesse, colère et indignation, la dévastation de larges pans de la forêt amazonienne par d'innombrables incendies causés par la main de l'homme…[1]

Selon ce qui est vu, perçu, ressenti du prochain et du vivant, en sa face heureuse ou malheureuse, l'aptitude empathique de l'amour s'éprouvera de différentes manières. Cette qualité d'âme ou de cœur revêt sans aucun doute une note féminine. Les femmes, par leur vocation primordiale à donner la vie, sont certainement dotées d'un surcroît de sensibilité empathique à l'égard du vivant.

Jubiler face à la profusion d'une nature en fleurs, où sauterelles et papillons sautent et

1. « Amazonie : le poumon vert de la planète est en feu », France.Info, 22 août 2019 ; Jade Lindgaard, « Les mégafeux, une catastrophe mondiale et totale », *Médiapart*, 28 août 2019 ; Philippe Léna, « La forêt amazonienne pourrait rapidement devenir une savane », *Reporterre*, 30 août 2019.

volettent à chacun de ses pas. Souffrir, être saisi d'une peine jusqu'à en pleurer lorsqu'on marche dans une forêt en péril, au feuillage littéralement grillé par la canicule et le manque d'eau, ou à la vue de centaines de poissons échoués sur le rivage d'un cours d'eau, décimés par la pollution... Être envahi d'un bonheur contagieux face au témoignage d'une famille réunie dans la fête, à la vue de la naissance d'un enfant, aux retrouvailles d'amis séparés, d'exilés de longue date, de migrants accueillis sur une terre désirée... Mais aussi être affecté d'un mélange douleur et de compassion devant un être humain diminué dans son intégrité physique et/ou psychique, les tétraplégiques et les pauci-relationnels que je croisais durant mon séjour à la clinique Fontfroide de Montpellier. Je pense ici au fort témoignage de compassion-miséricorde de Jean Vanier, aux communautés de l'Arche qu'il a fondées, où des personnes atteintes d'un handicap sont accueillies avec humanité[1] – celle de l'amour-compassion en acte. Nous pourrions évidemment citer d'autres lieux de vie, communautés, associations, mouvements qui font aussi la part belle à cette vertu, gardienne d'humanité, y compris dans certains espaces publics d'aide à la personne.

---

1. Voir le documentaire de Frédérique Bedos, *Jean Vanier, le sacrement de la tendresse*, 2018 (sorti en janvier 2019).

Mettre en œuvre l'amour-compassion, c'est être artisan de cohésion sociale et d'une gérance aimante de l'environnement. En écho à l'héritage éthique que nous avons examiné, cette vertu révèle l'unité du genre humain par-delà tout particularisme social, ethnique, culturel, parce qu'elle en manifeste le fond, « bon et généreux ». Je n'ignore pas les vues sombres sur l'homme et sur l'humanité de certains courants philosophiques, surtout à partir du XVIe siècle[1]. Le comportement de l'homme boite, certes, et lourdement. Ce boitement est le symptôme d'une blessure essentielle. Aujourd'hui, par la gestion insensée de sa puissance techno-économique, il semble mettre sa vie en péril et entraîner dans sa chute d'immenses pans de vie terrestre. Cependant, aussi béante et funeste soit-elle, cette blessure n'est pas réductible au fond de l'homme blessé. Nous n'aspirerions pas à la bonté comme c'est généralement le cas si le fond de notre être ne l'était pas. Cette perception est validée par la plupart des philosophies

1. Si l'Antiquité grecque n'ignorait pas les malheurs et les misères de l'aventure humaine (Œdipe, Pline l'Ancien...), elle ne décréta jamais que l'homme est mauvais. Il faut attendre Hobbes, Locke, puis Hume. Et plus tard, Byron, Schopenhauer, Hartmann, Leopardi ; et les poètes Schiller, Goethe, Heine ; ou encore, plus près de nous, Emil Cioran. Sans parler du pessimisme de Freud, convaincu de l'incapacité d'Éros, pulsion de vie, à triompher de Thanatos, pulsion de destruction ou de mort.

antiques[1] et des religions[2]. Outre les philosophes Leibniz et Rousseau, elle est partagée par nombre de psychologues contemporains[3]. Les faits les plus abjects dont l'homme peut être capable – l'histoire, petite ou grande, en regorge – ne doivent pas occulter la veine lumineuse qui le caractérise également, et dont l'histoire témoigne tout aussi abondamment[4].

La vie et l'actualité mettent quotidiennement au défi notre aptitude à aimer et à compatir. Ayons le courage de la laisser s'exprimer dans les situations les plus inattendues. Bien plus que la peur, elle sera le moteur efficient de notre résilience, de notre engagement citoyen pour un monde autre que celui que nous subissons et dont nous avons le devoir de nous désolidariser. Le témoignage fort d'initiatives humanitaires[5] peut être ici communicatif. Pourvoyeur de notre bonheur, l'amour-compassion nous

---

1. Socrate, Platon, Aristote.
2. Bouddhisme, confucianisme, judaïsme, christianisme, islam.
3. Jacques Lecomte, *La Bonté humaine. Altruisme, empathie, générosité*, Odile Jacob, 2014.
4. Lire l'étude très fouillée de Matthieu Ricard, *Plaidoyer pour l'altruisme, op. cit.* ; en particulier le chapitre 2, « L'altruisme véritable existe-t-il ? », p. 111-188.
5. Voir le courage altruiste de Carola Rackete et des ONG au secours des migrants, les activités de l'Aide à l'Église en détresse (AED), les communautés d'aide aux lépreux du père Pierre Ceyrac, celles du père Matthieu Dauchez auprès des enfants des bidonvilles de Manille, de sœur Emmanuel au Caire…

entraîne loin, bien loin des étroitesses de nos égoïsmes, parce qu'il restaure ce qui a été brisé et (re)crée des liens anémiés ou inexistants, à l'image et à l'exemple de la nature et de ses leçons de solidarité[1]. L'amour-compassion est au service de la relation, de la vie qui est relation.

Par suite, une des premières conséquences concrètes de l'amour-compassion est de conforter une autre vertu essentielle au renouveau éthique de notre temps. La vertu ouvrière du lien : *l'entraide-solidaire*. Aider, secourir son prochain, c'est se rendre solidaire de lui, établir un lien, une relation de réciprocité.

Pablo Servigne et Gauthier Chapelle contribuent au renouveau populaire de ces mots chargés d'humanité[2]. S'inspirant, entre autres auteurs, du géographe et théoricien anarchiste Pierre Kropotkine[3], ils démontrent, d'une part, que bien loin d'être l'arène d'une impitoyable compétition où règne « la loi du plus fort », la nature nous offre une foule d'exemples de

---

1. Voir Jean-Marie Pelt, *La Solidarité chez les plantes, les animaux, les humains*, Fayard, 2004 ; Peter Wohlleben, *La Vie secrète des arbres. Ce qu'ils ressentent, comment ils communiquent*, Les Arènes, 2017.
2. Voir Pablo Servigne & Gauthier Chapelle, *L'Entraide, l'autre loi de la jungle*, Les Liens qui libèrent, 2017.
3. Voir son maître ouvrage, *L'Entraide, un facteur de l'évolution*, Écosociété, 2001.

complexification solidaire et de coopération admirable. D'autre part, que « l'organisation des peuples autochtones (dépourvus d'un pouvoir centralisé) reposent sur des rapports d'échanges coopératifs »[1]. Ce sont là des indicateurs éloquents de la voie à suivre. À bien y réfléchir, ils nous aident à reconsidérer le fait suivant : aucune société humaine ne peut fonctionner paisiblement sans être préoccupée du bien commun, sans entraide et solidarité active.

À l'heure d'une mondialisation accélérée des moyens de production et des biens de consommation, où les activités humaines renforcent de manière criante les inégalités sociales tout en mettant en péril l'écosystème planétaire, un constat saute aux yeux. Celui d'une double et paradoxale solidarité : une solidarité négative, révélatrice de la responsabilité collective de l'humanité dans la crise écologique[2]. Et une solidarité positive – à mettre en œuvre – condensant une réponse également collective pour y remédier. En conséquence de quoi, l'ampleur du désastre environnemental actuel nécessite un service d'urgence. De quel

---

1. Pablo Servigne & Gauthier Chapelle, *L'Entraide, l'autre loi de la jungle*, *op. cit.*, p. 57-58.

2. Même si les implications personnelles sont considérablement diverses et inégales, il n'en demeure pas moins qu'à chacun revient de discerner sa part dans ce processus. Pas (ou peu) de mobilisation et d'engagement personnel sans cette reconnaissance individuelle.

type ? Un service d'entraide et de solidarité au bénéfice du vivant, humain et non humain. En vue de quelles réalisations ? Celles dont nous pouvons voir l'amorce dans certains lieux dits « en transition écologique », de « villes en transition », d'écovillages, écohameaux, « zones à défendre[1] »... Ce service s'apparente aux mobilisations en temps de guerre, avec la création de zones de résistance aux logiques de compétition et d'individualisme. Aimer le vivant, compatir à son état engage dans une démarche d'entraide-solidaire urgente au service de la vie, du salut de la vie sur Terre par la création de lieux de vie alternatifs.

Vivre l'entraide-solidaire est le corollaire d'une autre vertu écohumaniste. La vertu de la mise en commun, de la redistribution équitable des biens et des richesses : la vertu de la *justice-partage*.

Tout comme les biens naturels fondamentaux – l'air et l'eau –, la Terre est un bien commun à toute l'humanité. Territorialement répartie entre nations, la Terre ne peut être réduite par les gouvernements à un espace d'appropriation régi par une conception absolutiste de la

1. Outre le site de Notre-Dame-des-Landes, il y aurait entre 14 et 50 sites « zadistes » en France. Nous préciserons plus loin le développement des écovillages et autres villes en transition.

propriété privée, dont les plus puissants et les plus riches useront et abuseront. L'argument maintes fois avancé de la défense de la sacro-sainte propriété privée ne tient plus face à la concentration exponentielle des biens, notamment des terres et de l'immobilier. En réalité, la propriété privée devient l'apanage des nantis. Dans le régime ultralibéral, la logique socio-économique dominante est celle d'une désappropriation des plus démunis au profit des plus privilégiés. De sorte que « la propriété privée et la propriété étatique ne sont que les deux faces d'un même processus de dépossession[1] ». La crise systémique actuelle – économique et écologique – met en lumière ce que Thomas Piketty dénomme la « société des propriétaires » qui n'est autre que l'univers très fermé des ultra-riches[2].

---

1. Ernest London, « Le capitalisme est "l'ennemi à abattre" », recension du livre de Pierre Madelin, *Après le capitalisme, op. cit.*, *Reporterre*, 8 novembre 2018. La citation est de Pierre Madelin.
2. Thomas Piketty, *Capital et idéologie*, Seuil, 2019. Pour contrecarrer ce processus inégalitaire, l'économiste prône l'instauration d'un droit de « propriété sociale et provisoire ». S'inspirant de l'exemple allemand ou suédois, il souhaite le renforcement de la cogestion dans les entreprises, y compris de petite taille. Les salariés, sans avoir de part au capital, obtiendraient 50 % des voix. Voilà pour la propriété sociale. Et pour limiter l'accaparement de la propriété dans le temps, il propose de taxer lourdement les successions, et surtout de créer un « impôt progressif annuel sur la propriété » pour assurer une « circulation du capital ». Il

L'entraide-solidaire est l'alliée naturelle d'une volonté de justice-partage des biens fondamentaux et de redistribution des richesses. Par conséquent, elle milite pour un encadrement ferme, de nature juridique, des appétits économiques et financiers qui l'outrepasseraient. En l'absence de régulation, on ne peut malheureusement que déplorer la voracité aveugle et dévastatrice d'entreprises dépourvues de toute éthique, avec le silence complice des États. La Terre est alors réduite à un stock de ressources bonnes à extraire sans tenir compte de ses limites. Les exemples d'exploitations iniques sont innombrables[1]. Bien évidemment, l'entreprise comme

---

s'appliquerait dès 100 000 € de patrimoine, avec un taux de 0,1 %. Mais il monterait rapidement pour atteindre 90 % sur les gros patrimoines (10 000 fois le patrimoine moyen). Cela reviendrait à éliminer ces derniers, alors que la concentration de richesses n'a eu, dans l'histoire, « aucune utilité du point de vue de l'intérêt général », juge l'économiste. En revanche, allant au bout de son idée de propriété temporaire, il propose de doter, grâce à l'argent prélevé, tout Français d'une somme de 120 000 € lorsqu'il arriverait à l'âge de 25 ans : une forme d'« héritage pour tous » permettant d'organiser la redistribution permanente du capital (Alain Guillemoles, « Thomas Piketty, l'économiste qui tranche », *Libération,* 12 septembre 2019).

1. Au Mexique, avec Coca-Cola qui a fait main basse sur les si précieuses ressources hydrauliques du pays pour la fabrication de sa boisson (« L'emprise du Coca-Cola au Mexique », site infoguerre.fr, 9 février 2018) ; à Madagascar, dont les ressources sont pillées par des entreprises australiennes, chinoises, américaines (« Madagascar : nouvel eldorado des compagnies minières et pétrolières », site amisde

telle n'est pas l'adversaire de l'écologie ni de l'humain. Elle peut être vertueuse dans la mesure où elle est véritablement au service du bien commun. Et nous souscrivons au propos de Delphine Batho lorsqu'elle écrit : « Ne pas confondre Monsanto et La Ruche qui dit oui, MacDo et Yuka, Amazon et Le Bon Coin, Ikea et la Camif, Unilever et Body Nature, Total et Enercoop[1]... » Face aux constantes dérives écocides et sociocides, de fraude fiscale organisée et de recherche du profit « à tout prix », il devient banal de répéter que le monde de la grande entreprise nécessite, en son propre sein, une vigoureuse traduction structurelle et juridique de la justice-partage. On ose encore nous berner avec les fallacieuses théories du « gâteau » à partager, qu'il importe de voir grossir – sous-entendu : soutenons d'abord les dirigeants et autres décideurs économiques pour l'accroissement de leur chiffre d'affaires ; et tous les autres « partenaires sociaux » en bénéficieront.

---

laterre.org, novembre 2010) ; en République démocratique du Congo, pays richissime en ressources minières, exploitées par les multinationales chinoises, américaines, japonaises, finlandaises, coréennes... entretenant les conflits locaux pour avoir les « mains libres » dans leur commerce sans loi (« En République démocratique du Congo, les multinationales emploient des milices armées », site jambomag.mondoblog.org, 7 septembre 2017 ; « Pillage organisé des ressources naturelles de la RDC », site portail-humanitaire.org) ; etc.

1. Delphine Batho, *Écologie intégrale. Le Manifeste*, *op. cit.*, p. 76.

Comme si grands patrons et financiers étaient des généreux philanthropes plutôt que d'habiles marchands... On ne peut rester impassible devant le cumul de sommes d'argent faramineuses – dividendes des actionnaires et bonus des dirigeants –, alors que ne cessent de croître les inégalités que nous avons vues et que la planète se meurt. Ce *statu quo* inégalitaire est tout simplement insupportable.

Comment entendre que cet état de choses ne peut être changé, qu'il est régi par des « lois internes » inattaquables, etc. ? Les fortunes des ultra-riches sont un crime contre l'humanité parce qu'elles sont une grave atteinte à la justice et au partage le plus élémentaire. Hormis quelques rares exemples[1], oserons-nous affirmer que la majorité des multimillionnaires et milliardaires de la planète affichent un comportement éthiquement pathologique, c'est-à-dire affecté d'un profond mal moral : celui d'être indifférent aux appels des plus démunis et aux

1. Tel Jeremy Grantham, légende de Wall Street, dont la fortune personnelle est estimée à plus de 1 milliard de dollars. Persuadé que la prochaine crise sera climatique, il a décidé de consacrer 98 % de sa fortune à l'environnement. Son témoignage, par ailleurs, confirme le cynisme dominant du monde financier, au sein duquel il apparaît bien isolé : « C'est impressionnant de voir à quel point les gens ne sont pas effrayés par les choses effrayantes qui risquent de leur arriver », dit-il à l'adresse de ses compères financiers qui lui rient au nez devant ses démarches de collecte de fonds pour les nouvelles énergies (*Les Échos*, 23 août 2019).

innombrables misères de notre monde ? Un certain Jésus-Christ n'hésita pas à dénoncer un tel comportement[1] : « Il y avait un homme riche, qui était vêtu de pourpre et de lin fin, et qui chaque jour menait joyeuse et brillante vie. Un pauvre, nommé Lazare, était couché à sa porte, couvert d'ulcères, et désireux de se rassasier des miettes qui tombaient de la table du riche ; et même les chiens venaient encore lécher ses ulcères. » Le pauvre Lazare mourut et « fut porté par les anges » jusqu'au Ciel. « Le riche mourut aussi » et se retrouva dans un lieu « en proie aux pires tourments ». La parabole cible on ne peut plus clairement la tragédie humaine provoquée par l'obscénité du non-partage et l'insolence inique d'une humanité nantie, littéralement « gavée » de biens, atteinte d'une totale indifférence à la misère tapie autour d'elle. Il n'est pas difficile de transposer cette parabole à l'actualité de notre XXIe siècle.

L'enfermement homicide et écocide dans les fastes de l'avoir est patent dans les sphères – opaques – de la finance, dont nous savons à quel point elles se sont moralement altérées avec le développement des marchés *offshore*, espaces financiers d'échanges, affranchis de toute réglementation[2]. On estime aujourd'hui

1. Évangile de Luc, chapitre 16, versets 19-31.
2. Si l'on repère des pratiques d'exonération de taxes semblables aux paradis fiscaux dans la Grèce antique (îles de la

que « plus de la moitié du commerce mondial » profite de ces espaces *offshore*, qui sont aussi des lieux habituels de blanchiment de l'argent "sale", fruit de produits illicites (vols, fraudes, corruptions, associations criminelles, mafias, butins de guerre...)[1] ». Le constat est là, scandaleusement connu (et entretenu) sans que la tendance ne soit inversée, bien au contraire, par la volonté des États. Le sens de la justice et du partage oblige à une régulation des marchés et des échanges financiers pour restaurer une entraide solidaire réelle, efficace. Une régulation que la crise écologique planétaire rend d'autant plus pressante. À brève échéance, la réévaluation de la gestion partagée des biens fondamentaux, ces « communs » que sont l'eau, l'air et la terre, deviendra un impératif humain

---

baie d'Athènes), c'est surtout à partir du XVIIe siècle que ce phénomène se développe avec l'intensification des échanges commerciaux. Il prend un essor particulier au XXe siècle, avec la loi du secret bancaire en Suisse (1934) qui fait école, l'activité de la City londonienne et le boom économique des Trente Glorieuses. La pratique de l'évasion fiscale ne fera ensuite que s'accentuer, favorisée par les dérégulations du marché des années 1980-1990. En juillet 2012, la fondation indépendante Réseau pour la justice fiscale publie une étude sur les paradis fiscaux et sur l'évasion fiscale, chiffrée autour de 25 500 milliards d'euros ! En 2013, le rapport intitulé « Aux paradis des impôts perdus », publié par le Comité catholique contre la faim et pour le développement (CCFD-Terre solidaire), révèle la présence des cinquante plus grands groupes européens dans les paradis fiscaux.

1. *Sur les questions économiques et financières*, document publié par la Congrégation pour la doctrine de la foi, Vatican, 2018.

incontournable. « Notre avenir passera par une réflexion collective autour des "communs", souligne Gaël Giraud. Ces biens qui, parce qu'ils appartiennent à l'humanité, ne sont propriété de personne[1]. »

Se pose alors une question aussi vaste que cruciale : dans un espace planétaire sur-occupé par l'expansionnisme humain et la civilisation techno-économique, comment rendre manifeste la vertu d'un juste partage des biens fondamentaux ? Dans un monde de près de 8 milliards d'habitants, comment vivre dans l'équité universelle ?

Une solution : la *mesure-sobriété*. C'est notre quatrième vertu écohumaniste. La vertu qui scelle la conversion civilisationnelle dont notre monde a urgemment besoin. La plupart des commentateurs attentifs de la crise écologique, engagés dans des voies alternatives, s'accordent sur un point : l'impératif d'une révision de nos modes de vie instaurant une « diminution de notre consommation[2] ».

Une première remarque. Entrer et s'établir dans une démarche de vie sobre, de frugalité

---

1. « Certaines ressources doivent devenir des biens communs », *L'Express*, 27 juillet 2019.
2. « Le premier axe d'action, le plus essentiel, le plus simple, le plus impératif et le plus utile : diminuer notre consommation » (Aurélien Barreau, *Le plus grand défi de l'histoire de l'humanité, op. cit.*, p. 54).

choisie, de modération dans l'usage des biens et leur consommation est d'abord une affaire de conversion personnelle. Or le système « tout économique » actuel, c'est le moins que l'on puisse dire, ne nous y encourage pas. En réalité, il ne peut le faire. La sobriété et le sens de la mesure sont à l'inverse de son credo, radicalement opposés à sa logique productiviste-commerciale. Les conseillers en marketing et leurs stratégies marchandes mimeront certains gestes en faveur du recyclage et de la gestion des déchets. Ils en assumeront même une certaine mise en œuvre, à la suite de la promulgation de lois antigaspillage. Au fond, ce *greenwashing* n'est autre qu'un mensonge écologique. Les géants de la distribution commerciale que sont Auchan, Carrefour, Casino, Leclerc et autres sites de vente en ligne tels Amazon, eBay, Vente-privée, Cdiscount, etc., sont structurellement inaptes à intégrer un mode de vente qui serait sobre et mesuré. C'est totalement antinomique. Du reste, rapprocher les mots « géants de la distribution » avec ceux de « sobriété, mesure et modération » ne manque de faire sourire, tant cet alliage saugrenu confine au ridicule. Le plus simple et écologiquement cohérent serait de boycotter ces lieux commerciaux ; ce qui est malheureusement difficile à réaliser pour les populations des zones périurbaines et rurales où les petits commerces de proximité ont disparu, laminés par l'attractivité écrasante des « grandes surfaces » transformées en « supérettes ».

La mesure-sobriété vertueuse n'est pas l'alignement sur un effet de mode ou la résultante d'un effort ponctuel, bien que celui-ci puisse aider à orienter vers elle. Elle est un paramètre essentiel à une vie simple et heureuse[1], ardemment recherché, patiemment cultivé par l'entraide et le partage, l'amour et la compassion. L'opulence matérielle et la multiplication de divertissements consuméristes l'anéantissent. La quête du bien-vivre-ensemble – fondé sur la relation et la réciprocité, la convivialité – passe par le dépouillement du superflu, un réel détachement des biens matériels. Elle suppose une authentique austérité, dans le sens que lui donne Ivan Illich en faisant référence à Aristote et Thomas d'Aquin. L'homme austère « celui qui exclut non pas tous les plaisirs, écrit-il, mais seulement ceux qui dégradent la relation personnelle[2] ». Les perspectives d'effondrement consécutif à un mode de consommation branché en illimité nous obligent à reconsidérer ce qu'est une vie heureuse.

---

1. Voir le témoignage et la réflexion de Pierre Rabhi, *Vers la sobriété heureuse*, Actes Sud, 2010, qui est devenu un classique sur le sujet.
2. Ivan Illich, *La Convivialité*, *op. cit.*, p. 13-14.

La mesure et la sobriété, bien plus et autrement que l'auxiliaire d'un renoncement triste et mortifère, induisent une libre et joyeuse autolimitation. Dans la débauche actuelle de consommation et de gaspillage, les mots d'Épicure sont à méditer : « Avec un peu de pain d'orge et de l'eau, on peut être heureux comme Zeus. » Si ce « peu » nous fait accéder à la félicité des dieux, c'est qu'il participe à une quête de sens, ouverte à la bonté de la vie, solidaire de tous et de tout vivant. La mesure et la sobriété sont les clés du contentement d'une vie simple, consciente des gestes du quotidien. Un programme de vie économiquement soutenable, socialement durable et surtout humainement désirable ne peut se dispenser de leur intégration. La gravité de la crise socio-environnementale leur confère un statut incontournable pour la conversion civilisationnelle que l'humanité doit accomplir[1].

Mesure et sobriété sont les ouvrières de l'incontournable dé-consommation ou décroissance matérielle, en vue de libérer la croissance intérieure de notre humanité. Alors que pointent les ambitions numériques autour du

---

1. Il y aurait d'autres mesures à mentionner, expressions de la justice-partage et de la mesure-sobriété ; par exemple, l'instauration d'un revenu maximum acceptable (RMA). Voir Hervé Kempf, *Pour sauver la planète, sortez du capitalisme*, *op. cit.*, p. 109-111 ; « Le revenu maximum est nécessaire pour enrayer la crise écologique », *Reporterre*, 27 décembre 2011.

transhumanisme, que sont autorisées les premières expérimentations d'embryons hybrides humains-animaux[1], que sont très sérieusement conçus des projets de missions habitées sur Mars[2], parallèlement aux gémissements de la Terre pressurée par les activités humaines, il est un autre gain, inappréciable entre tous, auquel nous ouvre la vertu de la mesure-sobriété : l'acceptation heureuse de nos limites et de notre finitude.

Heureuses limites et apaisante finitude

Nous avons vu combien l'*hubris*, la démesure, caractérise le mode de vie collectif de nos sociétés. La fièvre de l'illimité est telle aujourd'hui qu'il semble impossible de la juguler. Il n'est

---

1. « Pour la première fois, le Japon autorise la création d'embryons humains-animaux », *Marianne*, 31 juillet 2019.
2. Selon un rapport du centre de recherche du gouvernement fédéral américain *Science and Technology Policy Institute*, après examen du programme d'exploration habitée vers Mars de la Nasa, outre les nombreux risques et incertitudes techniques, le coût d'une telle expédition, envisagée pour 2037, est estimé à… 120,6 milliards de dollars ! Pour Francis Rocard, responsable du programme « Système solaire » au Centre national d'études spatiales, « envoyer des hommes sur Mars, ce n'est pas de la science, c'est du spectacle. Les Américains sont les seuls au monde à consacrer la moitié de leur budget spatial civil aux missions habitées. Les autres pays, comme la France, considèrent que les vols habités, c'est cher et ce n'est pas très intéressant sur le plan scientifique » (LCI, 23 novembre 2018).

guère de domaine où ses symptômes ne soient manifestes[1]. Un des dénominateurs communs aux différentes facettes de la crise écologique est bien « notre incapacité chronique à nous fixer des limites, déplorait Nicolas Hulot. [...] On est dans une société incapable de se fixer des limites[2] ». Avant que nous soyons sommés, par des circonstances tragiques, de stopper notre course suicidaire à l'illimité dans un monde limité, il est encore temps d'écouter ce que le drame écologique crie à notre civilisation : « Éveillez-vous au marqueur du vivant : les limites. »

Né il y a près de 14 milliards d'années – 4 milliards et demi pour la Terre –, notre univers évolue sous un mode fini, aussi vaste soit-il à l'aune humaine, aussi fascinantes soient son impermanence et son expansion continuelle.

---

1. Songeons à l'extraction démentielle des ressources naturelles ; à la démesure de la consommation des biens matériels ; à la dérégulation croissante sur le plan éthique des expérimentations scientifiques en génétique, biologie, neurologie ; à la spirale du perfectionnement de l'univers de la communication (4G, 5G...) sans égard pour les risques sanitaires ; à la célérité des moyens de transports, quels que soient les dommages environnementaux et sociaux du tracé ; à la dématérialisation accélérée des services publics, administratifs, de la santé, sans un accompagnement suffisant d'une population « disruptée » ; à la tentation d'outrepasser les limites de la mortalité (transhumanisme).
2. « La spiritualité à l'heure des choix », dans Dominique Bourg et Philippe Roch (sous la dir. de), *Crise écologique, crise des valeurs ?*, *op. cit.*, p. 250.

Limité et fini, chacun d'entre nous l'est aussi. De même que les progrès de notre savoir et les applications de notre génie technologique. Les limites sont inhérentes au phénomène de la vie en ses différentes et singulières formes : physique, psychique, énergétique, spirituelle. Le paradoxe est le suivant : le développement et l'épanouissement de la vie résident dans l'acceptation de ses limites, non dans son déni. Nous le constatons dès la prime éducation : l'apprentissage des limites en est un des plus décisifs[1]. Tout éducateur, comme tout parent responsable, sait que l'enfant a un besoin vital et structurel de limites. Le jeune à qui l'on n'aurait jamais posé ni appris aucune limite engagerait sa vie avec un grave déficit d'humanité, exposé aux pires dérives. Nul ne s'étonnera qu'il en aille de même pour les adultes. Que voulons-nous dire ? Qu'il faille toujours en rester au stade de l'apprentissage des bases éducatives ? Évidemment non, sur le plan des modalités de la première instruction. Cependant, l'intégration initiale des limites et leur compréhension existentielle nécessitent des mises à jour périodiques. Ce qui revient à une éducation permanente jusqu'à notre dernier jour. Ignorer ce point de bon sens n'est que présomption ou futilité. À chaque âge de la vie

1. Entre autres, je recommande l'ouvrage de la psychanalyste Claude Halmos, *L'Autorité expliquée aux parents. Entretiens avec Hélène Mathieu*, Nil, 2008.

correspond un cursus de « leçons » à étudier pour continuer l'apprentissage jamais achevé de notre humanité – et celui des limites fait partie des essentiels de notre humanité. Celui qui croit n'avoir plus rien à apprendre est un ignorant qui ne cesse de redoubler.

L'idéologie du « tout économique » semble totalement oublieuse de cette pièce maîtresse du vivant : le respect des limites. C'est pourtant dans ce respect que réside la clé de voûte de la vie et du juste équilibre de son développement. *No limit !* Voilà le slogan préféré des adeptes du système dominant. Les exemples ne manquent pas dans l'univers commercial : « Un seul mot pour accéder à tout. Open ! » (Orange) ; « Mini prix pour un max de photos ! » (Photo Station) ; « On agit comme un grand. On paye comme un petit » (IBM) ; « Un jour ou l'autre, on a tous envie de changer de maison » (La Poste) ; « On n'a jamais trop d'amis » (Wanadoo) ; « Commençons par changer les voitures, ça changera peut-être le reste » (Fiat) ; etc.

Dans les conditions d'existence qui sont les nôtres, l'humain n'est pas conçu pour vivre en illimité. Nier la limite humaine, c'est nier l'humanité réelle, nourrir les rêves d'une l'humanité fantasmée. Accepter et valider ses limites, c'est honorer notre humanité véritable et lui donner les conditions de son plein essor. La reconnaissance et le respect des limites ne consistent pas à se brider ni à se réprimer. Il s'agit d'observer les lois du vivant, de tenir compte de leur logique interne, et d'ainsi favoriser le déploiement de son organisation. Certes, l'acceptation de ses propres limites peut quelquefois traverser des seuils d'aggravation déstabilisants que j'ai personnellement connus, comme celui du handicap, de la perte partielle de son intégrité physique. Avec la prise en compte de nouvelles données, l'équation demeure la même : accepter et intégrer ses limites, dans un monde lui aussi limité.

Outre qu'il sape, atténue en nous les tendances à l'avidité et à la cupidité, l'acquiescement apaisant à ses propres limites nous ouvre à autre que soi, au constat de nos différences respectives. À la joie simple de découvrir que nos personnalités sont circonscrites dans l'extraordinaire plasticité d'une corporéité, elle-même expression iconique d'un psychisme aux multiples facettes et d'une spiritualité énigmatique. Les limites balisent un chemin vers la plénitude de la vie. Les nier, c'est se condamner à se perdre. Loin d'être déprimantes, l'avancée dans l'épaisseur du temps et l'acceptation de l'âge[1] peuvent

1. « La crainte du grand âge ne provient pas d'un "culte de la jeunesse", mais d'un culte du moi. Par son indifférence narcissique à l'avenir des générations futures, et tout autant par sa vision grandiose d'une utopie technologique sans vieillesse, le mouvement pour la prolongation de la vie est un bon exemple du fantasme de "pouvoir absolu et sadique" qui, [...], imprègne si profondément la vision du monde de Narcisse. [...] Il exprime les angoisses d'un

revêtir les allures d'un apprentissage gratifiant de limites aux lignes fluctuantes. Le corps perd sa vitalité juvénile, l'intégrité se délite peu à peu, les cheveux grisonnent et se raréfient, la morphologie s'arrondit, rides au visage et sur le corps… Parallèlement à l'inéluctable amenuisement des capacités physiques, l'esprit a pu gagner en maturité, en connaissance de soi, en perception du sens de la vie, en intuition de son mystère. Les épreuves, les traversées du doute et des découragements, des deuils et des détachements ont communiqué leur lot de leçons et de sagesse. Celles-ci nous ont établis dans une posture intérieure plus humble, plus consciente du bien-fondé des délimitations du vivant qui, loin d'en oblitérer la force, en révèlent la capacité d'adaptation et de résilience, la beauté de sa stupéfiante complexité au sein même de sa déplétion.

Jusqu'à l'heure d'aborder la grande finitude de l'existence, la fin de la vie qui nous anime : notre propre mort. Une approche nimbée d'un abyssal questionnement, celui de l'au-delà des limites de cette vie périssable : qu'est-ce qui demeure par-delà ce qui passe ? Y aurait-il le néant ou bien ce que d'aucuns appellent « Dieu », du moins une dimension autre que les seules limites de l'existence terrestre ? Sur

---

monde qui croit n'avoir plus d'avenir » (Christopher Lasch, *La Culture du narcissisme*, *op. cit.*, p. 342).

le seuil-limite de l'existence humaine surgit, incontournable, l'interrogation de l'illimité. Sur ce propos sans limite, je laisse le lecteur méditer sur l'excellence du « pari de Pascal » qui encourage « à miser » sur l'existence de Dieu sans risque de perte[1].

À bien y réfléchir, l'attrait pour l'illimité qui hante notre société ivre de la puissance de ses pouvoirs techno-économiques, ne serait-il pas l'expression dévoyée du désir d'infini et d'éternité commun à la grande majorité des humains, quelle que soit leur culture ? Ce désir dont nous pressentons l'indéracinable force en tout amour fidèle, en toute vraie amitié, en tout moment heureux et harmonieux, en toute contemplation de la beauté naturelle du vivant ? Je le crois. Baudelaire avait bien ciblé l'incoercible désir d'une félicité ininterrompue lorsqu'il répète qu'une vie ne peut être vécue sans ivresse : « Il faut être toujours ivre, tout est là ; c'est l'unique question. Pour ne pas sentir l'horrible

---

1. « Examinons donc ce point, et disons : "Dieu est, ou il n'est pas." Mais de quel côté pencherons-nous ? La raison n'y peut rien déterminer : il y a un chaos infini qui nous sépare. Il se joue un jeu, à l'extrémité de cette distance infinie, où il arrivera croix ou pile. Que gagerez-vous ? Par raison, vous ne pouvez faire ni l'un ni l'autre ; par raison, vous ne pouvez défaire nul des deux. [...] Pesons le gain et la perte, en prenant croix que Dieu est. Estimons ces deux cas : si vous gagnez, vous gagnez tout ; si vous perdez, vous ne perdez rien. Gagez donc qu'il est, sans hésiter » (*Pensées*, fragments 397).

fardeau du temps qui brise vos épaules et vous penche vers la terre, il faut vous enivrer sans trêve[1]. » Vivre l'euphorie d'une ébriété sans fin, l'enchantement d'une fête de l'esprit en illimité, n'est-ce pas le vœu secret de l'homme ?

Pascal, encore lui, a ciselé le paradoxe de notre désir d'infini, étrangement serti dans notre finitude, en une formule lapidaire : « L'homme passe l'homme. » À la croisée du fini (sa corporéité) et de l'infini (son esprit qui conçoit l'infini), l'homme est convié à un dépassement ; non à une transgression. Sans déserter les limites de son humaine condition, « ce dépassement signe et signale un accomplissement par les voies de son intériorité plus vaste que l'univers. Autrement dit, l'homme est et sera d'autant plus humain qu'il réalise et réalisera le potentiel "divin" lové au cœur de son humanité[2] » ; dans le cadre des limites de son habitat terrestre, en accord avec le vivant dont il dépend, dans le

---

1. « Mais de quoi ? poursuit Baudelaire. De vin, de poésie, ou de vertu, à votre guise, mais enivrez-vous ! Et si quelquefois, sur les marches d'un palais, sur l'herbe verte d'un fossé, vous vous réveillez, l'ivresse déjà diminuée ou disparue, demandez au vent, à la vague, à l'étoile, à l'oiseau, à l'horloge ; à tout ce qui fuit, à tout ce qui gémit, à tout ce qui roule, à tout ce qui chante, à tout ce qui parle, demandez quelle heure il est. Et le vent, la vague, l'étoile, l'oiseau, l'horloge vous répondront, il est l'heure de s'enivrer ; pour ne pas être les esclaves martyrisés du temps, enivrez-vous, enivrez-vous sans cesse de vin, de poésie, de vertu, à votre guise » (*Petits poèmes en prose*).

2. *Quelle spiritualité pour le XXI*e *siècle ?*, *op. cit.*, p. 230

consentement à sa propre finitude. Sagesse de l'humilité, mère de toute vertu.

Nous ouvrons ici le champ – sans clôture aucune – du dépassement de soi dans l'acceptation heureuse des limites humaines et de sa finitude temporelle.

Nous touchons aussi au mystère de l'impermanence de la vie que nous voyons se perpétuer, sous des formes multiples, par-delà ce qui naît, vit et meurt. C'est précisément là, dans le flux foisonnant et ininterrompu de la vie, que se révèle le domaine du sacré.

Et le sacré ? Quel sacré ?

Quoi qu'il en soit sur ce qui est et adviendra après cette vie, de la foi que nous avons ou pas à ce sujet, notre inextirpable appétence pour l'infini et la plénitude[1] est consubstantielle à un autre besoin ancré aux profondeurs de l'humain : le besoin de sacré. Non pas, je le précise, de « religieux » au sens dénaturé et contemporain du terme[2].

---

1. La fonction neurologique du striatum que nous avons évoquée n'en est peut-être que la « marque de fabrique » physiologique.
2. Le terme « religieux » renvoie aujourd'hui, dans l'esprit de beaucoup, aux pratiques et rituels de telle ou telle « religion », « groupe confessionnel ». Il est alors affecté de « dogmatisme », de « sectarisme », de « fondamentalisme » et d'obscurantisme, voire de violence. On est loin

De quel sacré s'agit-il ?

L'histoire de la technologie et son développement durant ces deux derniers siècles a opéré un prodigieux renversement dans l'appréhension du sacré. Alors que la nature a été longtemps sacralisée par les hommes du fait de sa capacité nourricière, de ses forces alors énigmatiques, mais aussi du caractère redoutable de ses rigueurs et ses imprévisibles dangers, l'essor exponentiel des progrès technologiques l'a aujourd'hui réduite, pour ne pas dire humiliée, à un niveau d'exploitation effarant. Ébloui par ses victoires et l'horizon de ses conquêtes futures, l'homme sacralise l'outil de sa domination : la technique. Que n'entendons-nous pas au nom du génie de la technologie numérique et de la géo-ingénierie censées résoudre tous les problèmes et d'enchanter le monde ? La technique « sacralisée » est la nouvelle déité asservissante de notre temps[1], alors qu'elle n'est que l'externalisation matérielle de la volonté de toute-puissance de l'homme, le miroir de l'autodéification de son

---

de sa signification originelle, proche du mot « reliance » aujourd'hui en vogue, c'est-à-dire du lien avec Autre que soi, Dieu, le Divin. Fondamentalement, l'homme « religieux » est « celui qui trouve un Sens à sa vie », disait Victor Frankl. Voir *Quelle spiritualité pour le XXI*e *siècle ?*, *op. cit.*, p. 84.

1. C'est la thèse de Jacques Ellul : « Ce n'est pas la technique qui nous asservit, mais le sacré transféré à la technique » (*Les nouveaux possédés*, Mille et Une Nuits, 2003, p. 259).

savoir et de son emprise sur la matière. Ne nous trompons pas sur le responsable de nos malheurs. « L'homme n'a pas le droit d'accuser la technique d'être sans âme : c'est lui-même, sa volonté de puissance insensée, qu'il doit accuser[1]. »

Originellement, le sacré renvoie au « divin », à la notion du « numineux » mise en évidence par Rudolf Otto[2]. Cette présence, à la fois fascinante et terrifiante, dont l'homme peut faire l'expérience saisissante, échappe aux prises de la raison. C'est autour de ces expériences du sacré et de leurs témoins que les religions ont forgé des rites liturgiques, initiatiques et autres célébrations mémorielles. Ceux-ci ont été entourés d'un périmètre inviolable, interdit au « profane », mettant à distance celui qui est étranger au rite, le non-initié. Le « saint », le « sacré » ainsi compris désignent ce qui est autre que le monde périssable.

La compréhension anthropologique classique du sacré n'est pas sans transmettre un message essentiel à l'homme du XXIe siècle : la vie appelle à son respect dont le cœur est l'inviolabilité des lois de son écosystème. Leur transgression ne peut être sans conséquences graves. Quant à la Source du vivant – son Principe, son Auteur ou son Origine –, elle

1. Karl Barth, *Dogmatique*, t. 16, Labor et Fides, 1973, p. 79.
2. Rudolf Otto, *Le Sacré*, Payot, 1995 (1re éd. 1917).

sera toujours au-delà des prises humaines, enveloppée d'un halo de mystère qui confère à la vie son caractère sacré et sa dignité inaliénable. Par-delà le temps et les cultures, le sacré originel, c'est la vie en son énigmatique provenance et sa mystérieuse omniprésence. La première des merveilles n'est-elle pas le fait d'exister, ici et maintenant ? De prendre conscience de l'immense océan de vie dans lequel nous sommes tous immergés ? Et d'évoluer vivant, coexistant à la présence du vivant en ses multiples manifestations, extérieures et intérieures à nous-mêmes[1] ? Pensons simplement à la respiration qui nous anime de jour et de nuit, à ce souffle qui nous échappera au moment de notre dernier expir. Pressentir la préciosité de la vie, c'est être réceptif à la sacralité primordiale. La violence inouïe dont la vie terrestre et son écosystème sont aujourd'hui les victimes nous rappelle à cette sacralité essentielle. Il aura donc fallu la planétarisation de cette barbarie géocide jusqu'à en être, nous les humains, mortellement atteints pour nous réveiller, enfin, à cette dimension. Quel sommeil était le nôtre ! Le sommeil d'un

1. N'oublions pas notre intériorité physiologique – cellules, globules, neurones, tissus, organes, os... – qui constituent notre corporéité. Et notre intériorité psychologique – affects, imagination, univers de nos pensées. Et notre intériorité spirituelle – conscience de soi, capacité intuitive, dialogue silencieux avec le tréfonds et l'au-delà de soi...

oubli essentiel : la nature fait partie de nous. Et réciproquement. « En traitant la nature comme hors de nous-mêmes, on se nie nous-mêmes[1]. » Se couper d'elle, c'est se mutiler.

Le sacré est essentiellement relatif à « la vie, au mouvement et à l'être » pour reprendre une formule du livre des Actes des Apôtres (17, 28). Le sacré ne peut donc être circonscrit au seul édifice de pierre, temple, église, mosquée, dojo, ashram, panthéon. Certes les hommes, croyants ou athées, ont un besoin viscéral de rites, de faire mémoire de leur histoire, d'événements qualifiés d'historiques, « illustres », « miraculeux ». Certains lieux sont « sacralisés », tels les sanctuaires de pèlerinages, les mémoriaux ou monuments commémoratifs dédiés aux morts, « martyrs », victimes de guerre et d'autres violences. Et il est bon qu'il en soit ainsi, dans la mesure où ces lieux sont les relais de la mémoire, les médiums du respect dû à la vie qui a été, de quelque manière, magnifiée, « glorifiée » ou meurtrie, « humiliée » par un événement. Cependant ces lieux, aussi éminents soient-ils, ne peuvent confiner ni verrouiller la vie et sa sacralité. Un lieu de recueillement – religieux,

1. Catherine Larrère, philosophe spécialisée sur les questions éthiques et politiques liées à la crise environnementale, au cours de l'émission de télévision « Écologie et morale », « Arrêt sur images », France 5, 5 juillet 2019.

spirituel, laïc –, si nécessaire pour le devoir de mémoire, l'exercice de la prière et de la méditation, l'apaisement et le ressourcement de l'intériorité humaine, ne doit pas nous faire oublier que tout lieu est sacré dans la mesure où nous prenons conscience de la Vie qui l'emplit. L'enseignement de l'Évangile dit « de la Samaritaine » éclaire notre propos : « "Nos pères ont adoré sur la montagne qui est là, [dit la Samaritaine à Jésus] et vous, les Juifs, vous dites que le lieu où il faut adorer est à Jérusalem." Jésus lui dit : "Femme, crois-moi : l'heure vient où vous n'irez plus ni sur cette montagne ni à Jérusalem pour adorer le Père. [...] Mais l'heure vient – et c'est maintenant – où les vrais adorateurs adoreront le Père en esprit et vérité : tels sont les adorateurs que recherche le Père. Dieu est esprit, et ceux qui l'adorent, c'est en esprit et vérité qu'ils doivent l'adorer" » (Jean 4, 20-24). Au-delà de la charge mémorielle et « sacrée » d'un lieu, la vie et son Auteur appellent à sa vénération et à son respect où que nous soyons. Voilà une des lectures que nous pouvons faire de ce passage de l'Évangile.

La dimension sacrée de la vie, fondement de la dignité de toute créature, se révèle au regard contemplatif, à l'oreille qui écoute, attentive au miracle de son jaillissement qui meut tous les êtres et les relie ensemble en une unique réalité. La crise inédite de la civilisation du monde occidentalisé est, nous l'avons vu, une crise spirituelle. L'obscurcissement moral a entraîné une grave faillite du comportement de l'homme. Cette dérive est au principe d'une désagrégation d'un triple lien : avec soi, avec autrui, avec la nature. Or c'est dans le jeu de ce triple lien que s'élabore le tissu de l'interdépendance du vivant. Le sacré est au cœur de cette étoffe du vivant et de son unité. Cette étoffe est aujourd'hui déchirée. Il nous appartient, en retrouvant sa sacralité primordiale, d'être les ouvriers tisserands de sa réparation[1].

En vertu du sceau sacré dont la vie est marquée, toute créature est digne de respect. Le croyant dira qu'elle est « vénérable » parce que prégnante de la « grâce divine ». Saint Païssios du mont Athos, de la tradition de la chrétienté orthodoxe, n'hésitait pas à considérer les plus humbles des êtres comme des icônes : « Cette herbe est une icône ; cette pierre est une icône ; et je puis l'embrasser, la vénérer, parce qu'elle est emplie de la grâce de Dieu[2]. » Le sacré réside dans la vie, dans sa beauté et sa bonté inestimables. Rien – certainement pas la technologie, l'argent et les biens matériels – ne peut être

---

1. Voir Abdennour Bidar, *Les Tisserands. Réparer ensemble le tissu déchiré du monde*, Les Liens qui libèrent, 2016.
2. Jean-Claude Larchet, *Les Fondements spirituels de la crise écologique*, *op. cit.*, p. 42.

supérieur à la beauté et à la bonté de la vie. C'est dans l'amour de cette beauté-bonté de la vie qu'indignation et engagements puisent leur force combative, militante, et leur inspiration créative. Avant d'aller plus loin dans notre réflexion, faisons une pause. Reposons notre esprit. Que nous soyons agnostiques, athées, croyants, méditons les mots de la prière du pape François proposée à la fin de son encyclique *Laudato si'* :

Dieu Tout-Puissant qui es présent dans tout l'univers
et dans la plus petite de tes créatures,
Toi qui entoures de ta tendresse tout ce qui existe,
répands sur nous la force de ton amour pour que nous protégions la vie et la beauté.
Inonde-nous de paix, pour que nous vivions comme frères et sœurs
sans causer de dommages à personne.
Ô Dieu des pauvres, aide-nous à secourir les abandonnés
et les oubliés de cette terre qui valent tant à tes yeux.
Guéris nos vies,
pour que nous soyons des protecteurs du monde et non des prédateurs,
pour que nous semions la beauté et non la pollution ni la destruction.
Touche les cœurs de ceux qui cherchent seulement des profits
aux dépens de la terre et des pauvres.
Apprends-nous à découvrir la valeur de chaque chose, à contempler, émerveillés,

à reconnaître que nous sommes profondément
unis à toutes les créatures
sur notre chemin vers ta lumière infinie.
Merci parce que tu es avec nous tous les jours.
Soutiens-nous, nous t'en prions, dans notre lutte
pour la justice, l'amour et la paix.

11

Action primordiale II : s'engager

Anxiété de fond, diversité des réactions humaines

Les comportements de l'homme face au drame écologique couvrent un très large éventail, allant du déni masqué dans des apparences insouciantes à une forme de sidération causée par la peur et une anxiété permanente ; de l'évitement dans la déresponsabilisation de soi (« c'est aux grands décideurs de faire le boulot ! ») au réveil citoyen et à l'engagement militant ; de l'éveil passif et spectateur à la mise en œuvre de « petits gestes » créant une dynamique vertueuse ; de la fuite survivaliste aux jusqu'au-boutistes « après-moi-le-déluge », etc. La liste est longue. Plus sobrement, Pablo Servigne parle des trois « F » : « Fuir, faire Face, être Figé ».

Désormais indubitable, l'urgence écologique a la vertu de faire disparaître l'indifférence apathique et un certain dédain pour les questions « écolos ». De fait, elle semble devenir l'aiguillon salutaire dont l'humanité a besoin pour réinventer un monde viable. Le malheur environnemental oblige chacun à un positionnement personnel. Commenté quasi quotidiennement par divers articles et titres de presse, il génère tout une gamme de réactions humaines : « La culpabilité peut être un moteur pour changer de comportement[1] », « En Suède, la honte de prendre l'avion[2] », « Communiquer sur l'environnement ? Par la peur ou par l'espoir[3] ? », « L'angoisse écologique, malaise des temps modernes[4] ? », « Pourquoi la crise écologique mobilise si peu[5] ? »

Disparate dans ses formes, l'onde écologique traverse désormais toutes les couches de la population mondiale. Par-delà sa diversité, un fonds réactionnel typique a été repéré par les psychologues. Il s'apparente à une forme d'éco-anxiété ou d'« angoisse climatique » mêlée de souffrance morale et d'inquiétude face aux bouleversements environnementaux croissants. Pour désigner ce nouveau type de mal-être, de détresse

---

1. *Reporterre*, 3 juillet 2019.
2. *Les Échos*, 20 avril 2019. Né en Suède à la fin de l'année 2018, le mouvement appelé *Flygskam* consiste à boycotter l'avion face à l'urgence climatique. Son ampleur, qui entraîne un net recul du nombre des usagers de l'avion, ne manque pas d'inquiéter les compagnies aériennes.
3. Jacques Lecomte, 24 juin 2019.
4. *La Croix*, 2 juillet 2019.
5. *Reporterre*, 6 septembre 2018.

à la fois psychique et existentielle, un mot a été forgé : la « solastalgie[1] ». Parlant d'un probable « mal du siècle », Alice Desbiolles, médecin de santé publique spécialisée en santé environnementale, précise que ce mal est paradoxalement un signe de santé, du moins une saine réaction : « Les éco-anxieux sont des gens normaux dans un monde malade », assure-t-elle[2]. Étant donné qu'« il n'y a pas de planète B », l'espoir d'un monde meilleur vacille. La plupart ressentent le trouble d'un « double décalage » : celui qu'ils éprouvent vis-à-vis des standards consuméristes et polluants du système dominant, suivis par la majorité de leurs concitoyens, pouvant s'accompagner d'« un sentiment de solitude, d'incompréhension, voire de colère » ; et le décalage de leur propre immersion dans un mode de vie auquel ils n'adhèrent plus, entraînant une sorte d'écartèlement « entre leur conscience et leur quotidien qui les met en souffrance[3] ».

---

1. Ce néologisme a été créé en 2003 par le philosophe australien Glenn Albrecht. Il l'utilise une première fois dans un article paru en 2005 (« "Solastalgia", a new concept in health and identity », dans *Philosophy, Activism, Nature*). Ce mot combine le terme anglais *solace* (réconfort), provenant du latin *solacium* (consolation), et celui d'*algie* (douleur).
2. Dans l'émission « Effondrement : les éco-anxieux sont des gens normaux dans un monde malade », réunissant Sébastien Bohler, Cécile Duflot et Alice Desbiolles, « Arrêt sur images », 28 juin 2019.
3. Alice Desbiolles, « "Solastalgie" : quand la peur de l'effondrement rend malade », *Mr. Mondialisation*, 3 février 2019.

Ce mal-être peut être également une opportunité stimulante à saisir pour devenir un acteur résilient du changement de société espéré : il s'agit de « passer du statut de spectateur solastalgique à celui d'acteur pleinement partie prenante des enjeux de son époque[1] ». De sorte que la question de plus en plus pressante pour tous est une question d'ordre spirituel : quel sens vais-je donner aux graves et inévitables bouleversements provoqués par la crise écologique ? Quelle va être ma façon écoresponsable de réagir aujourd'hui et demain ?

Chaque année, l'actualité nous confirme un peu plus l'aggravation de la crise écologique, génératrice des réactions dont nous venons de décrire la diversité. Sans remonter aux premiers signaux forts des années 1970, les alertes scientifiques n'ont jamais été aussi nombreuses que durant cette dernière décennie. Ce qui faisait dire au pape François, en 2015, que « les prévisions catastrophiques ne peuvent plus être considérées avec mépris ni ironie[2] ». Quelques années plus tôt, lors d'un colloque en 2009, l'économiste Alain Grandjean[3] déclarait : « Nous approchons à grands pas d'une crise de ressources majeure.

---

1. Alice Desbiolles, « La solastalgie, ou le nouveau mal du siècle ? », *La Croix*, 30 janvier 2019 ; voir la vidéo sur la solastalgie et l'éco-anxiété via Loopsider-Facebook, 8 juillet 2019.
2. LS 161.
3. Président de la Fondation Nicolas-Hulot depuis janvier 2019.

Tout n'est pas joué, mais une grande partie l'est. De manière simpliste, le choix qui se pose à l'humanité, c'est l'apocalypse ou les très gros ennuis. » Et il ajoutait sans ambages : « [...] la stratégie de l'aveuglement ("on s'en est toujours sortis", "je crois en l'homme", "la technique va nous sauver") est criminelle ; elle nous interdit de nous adapter à l'avance aux conséquences déjà certaines et dramatiques du changement climatique »[1]. Pour le dire autrement et clairement, le temps où les responsables politiques, économiques et financiers auraient pu sauver la planète du délitement de son écosystème provoqué par les activités humaines, ce temps-là est révolu[2]. L'heure est aujourd'hui celle de la réduction la plus importante possible des effets du drame environnemental.

De sorte que la priorité dans le domaine des réactions est d'abord de ne pas sombrer dans la surdité du déni ni de s'enliser dans le débat visant à rechercher LE coupable ; ce qui ne fait très souvent que différer un engagement réel ou inciter à s'en dispenser. « La grande complexité

---

1. « L'apocalypse n'aura pas lieu », dans Dominique Bourg et Philippe Roch (sous la dir. de), *Crise écologique, crise des valeurs ?*, *op. cit.*, p. 318.

2. Lire à ce propos le passionnant ouvrage de Nathaniel Rich, *Perdre la Terre. Une histoire de notre temps*, Seuil, 2019. Grâce à un enquête minutieuse, l'auteur démontre comment et pourquoi rien n'a été fait durant le temps où nous aurions pu sauver la Terre de la grave crise systémique dont elle est aujourd'hui victime.

des crises écologiques globales que nous allons affronter, analyse Alain Grandjean, c'est qu'elles ne sont que les conséquences de la généralisation à l'ensemble de l'humanité de conditions de vie qui nous semblent bien "un minimum". Il ne suffit pas d'éradiquer un gaz comme les CFC, à l'origine du trou de la couche d'ozone. C'est bien notre modèle de croissance économique qui n'est pas viable, sauf à considérer qu'il pourrait ne pas être généralisé, ce qui n'est manifestement pas l'avis des populations des pays émergents et des autres[1]... »

Mais alors, si tel est le cas – les « très gros ennuis » dans une conjoncture très proche puisque tous les voyants sont au rouge –, la peur, réaction naturelle à l'approche d'un péril, ne risque-t-elle pas de se propager de manière virale et de paralyser l'énergie mobilisatrice au moment où nous en avons le plus besoin ?

Il n'y a pas à conjurer le registre réactionnel de la peur au motif de ses possibles effets délétères, ainsi que nous le constatons ici et là chez certains commentateurs et observateurs des événements environnementaux, plus ou moins rétifs à la littérature « collapsologique » et à sa résonance médiatique. Nous devons réaffirmer (ou rappeler) le caractère salubre de la peur, tout particulièrement dans le contexte effondriste actuel. Réaction émotionnelle naturelle

1. *Ibid.*

de défense face à un danger, la peur protège instinctivement l'intégrité de la vie. La nier ou la « dépasser » serait néfaste[1]. Elle n'est pas forcément sidérante, elle peut être capable d'inventer des solutions courageuses, voire héroïques, lorsqu'elle est transformée, canalisée en force motrice, salvatrice de la vie[2]. Les témoignages de situations extrêmes illustrées par le sauvetage ou l'autosauvetage de vies en péril ne manquent pas.

Un consensus mondial se dégage pour reconnaître qu'il y a désormais péril en la demeure[3]. Un « danger mortel » – il l'est déjà – va être de plus en plus identifié et surtout redouté en ses effets par le commun des mortels que nous sommes : l'altération de l'habitabilité de la Terre. Il est impossible que l'objectivité de ce constat ne puisse pas engendrer parmi la population un sentiment de lourde inquiétude et de peur légitime. Nul n'aura besoin de lire des ouvrages sur la collapsologie pour cela. La peur étant

1. « Le déni de la peur ne conduit-il pas malades et médecins dans l'impasse ? », chronique Danielle Moyse, chercheuse associée à l'Iris, au CNRS et à l'EHESS, *La Croix*, 2 décembre 2019.

2. Voir la thématique classique de la dimension « heuristique » (inventive), accélératrice de découverte propre à la peur-crainte chez Hans Jonas (cf. *Le Principe de responsabilité*, *op. cit.*)

3. Voir, entre autres multiples sources, les déclarations du secrétaire général de l'ONU, Antonio Guterres, en septembre 2018.

une réaction saine face à un grave danger, il n'y a pas à la redouter… s'il existe une solution, une issue. Or, aussi critique que soit la situation présente, les « solutions » à la tragédie environnementale existent, non pour éviter les « très gros ennuis » – il n'y a plus à se mentir, compte tenu de ce que nous savons et observons déjà –, mais pour en atténuer les effets, au nom de la vie à sauver du péril dans lequel nous l'avons abîmée, au nom de l'avenir de nos enfants. Et plus simplement au nom de notre dignité humaine. Il importe donc de décrire ces solutions – ce à quoi nous nous attelons dans notre essai – et de les communiquer sans édulcorer la gravité du moment ni minimiser les efforts considérables qu'implique leur mise en œuvre. Puisque « l'effondrement n'est pas inéluctable[1] », dans la mesure où s'affirmeront vigoureusement, dès aujourd'hui, nos actions en faveur de la vie, la peur – émotionnellement maîtrisée – peut être, elle aussi, le vecteur d'un engagement radical, une alliée pour trouver les issues face au péril auquel l'humanité est confrontée.

Que le choc des consciences, inévitable, survienne – sous les modes variables de

1. Voir la tribune publiée dans *Le Monde* du 17 août 2019, « Écologie, climat : l'effondrement n'est pas inéluctable », cosignée par six personnalités : Geneviève Ancel, Isabelle Delannoy, Gaël Giraud, Alain Grandjean, Jean Jouzel et Jacques Lecomte.

l'indignation et de la colère, de l'anxiété et l'inquiétude, de la peur et du courage... et surtout de l'amour de la vie. Qu'il s'approfondisse intérieurement et se traduise en actes et engagements. Là est l'ancre – et l'encre – de l'espérance de l'humanité pour vivre le présent et écrire son proche avenir. Espoir aussi qu'une autre réaction, beaucoup moins sympathique, ne voie pas le jour : celle des repliements de tout poil, frayant la route aux régressions les plus barbares motivées par « le sauve qui peut[1] ». Le risque est bien réel lorsqu'il est question de survie.

Espérance lucide et active pour un pacifisme insurrectionnel

Un point est on ne peut plus clair : sous peine d'être complices de non-assistance à la vie planétaire en péril, nous nous devons de réagir face à l'urgence environnementale. Avec la vigueur et la conscience intérieure de la radicalité que nous avons précisées. Cette nécessité en vue de l'action, sachons-le, est heureuse.

---

1. Dictatures, restriction des libertés (de la presse, de manifester, de l'expression artistique...), guerres, repliements nationaux et mesures discriminatoires, élévations de murs et de barrières douanières, stratégies survivalistes par la création d'îlots socio-ségrégationnistes (réservés aux plus nantis), etc.

Loin d'être déprimante, elle est tout au contraire enthousiasmante parce que porteuse de sens et de résilience à la fois personnelle et collective. Mettre en œuvre et conforter des engagements concrets, militants, et plus encore susciter l'essor d'une « espérance lucide » pour sauver la vie sur Terre, voilà le combat captivant pour l'amour de la vie, au service des vivants. Son objectif est clair : sauver la qualité de l'habitabilité de la planète dans un délai extraordinairement court au vu de l'histoire humaine[1]. En vue de ce combat, nourrissons une « espérance lucide », non de « faux espoirs »[2]. Tel est l'enjeu de l'urgence écologique dans toute sa réalité et sa gravité. Un enjeu dont le balancier émotionnel oscille entre « pessimisme catastrophique » et « optimisme irréaliste ». La ligne de crête est étroite : dans un monde submergé par le consumérisme, elle consiste à mener une lutte quotidienne pour

---

1. Les prochaines années du XXIe siècle, à compter d'aujourd'hui, seront décisives. Beaucoup parlent même de l'unique prochaine décennie comme « fenêtre d'action » encore ouverte pour amortir les effets délétères des activités humaines sur l'environnement (climat, pollution, ressources, biodiversité) et enrayer les effets des rétroactions positives encore peu étudiées de manière synthétique.
2. Voir l'interview d'Arthur Keller, « Déconstruire les faux espoirs pour en construire de nouveaux », site Sismique, 9 octobre 2018. Ingénieur en aérospatiale de formation, Arthur Keller est aujourd'hui consultant et conférencier sur les questions d'énergie, de climat et de transition écologique. Il est aussi membre du conseil d'administration de l'association Adrastia.

l'émergence d'une humanité nouvelle, sobre, solidaire et empathique avec son unique habitat, la nature de la planète Terre.

Pour inverser la courbe des activités humaines, leur impact dévastateur qui excède la biocapacité de notre planète, de quelle manière s'inscrire dans une existence respectueuse des limites naturelles de la Terre au rythme de notre quotidien et de nos implications collectives ? Le maintien de la trajectoire actuelle de notre civilisation thermo-industrielle régie par le capitalisme étant impossible, la validation d'une triple sortie est nécessaire[1]. Les trois sorties à opérer sont les suivantes :

– Sortir de l'imaginaire « illimitiste » fondé sur la croyance quasi « religieuse » en une perpétuelle course techno-économique-consumériste que l'humanité a toujours connue et que, par conséquent, elle devrait ne jamais cesser de connaître. Illusion suicidaire.
– Sortir de la pensée « soutenabiliste » de ceux qui ambitionnent la maîtrise de « l'empreinte écologique » grâce la géo-ingénierie et autres prouesses de l'innovation technologique, tout en pérennisant le mode de vie actuel. Illusion tout aussi funeste.

1. Je m'inspire directement de l'exposé d'Arthur Keller, *Effondrement : seul scénario possible ?, [Next]*, web série, 20 juin 2019.

– Sortir des prétentions à « découpler » les capacités biologiques de la planète de l'impact économique des activités humaines, sans modifier pour autant le rythme et la pesanteur consuméristes de celles-ci, grâce aux « technologies vertes et durables ». Rêverie d'un conservatisme sociétal également voué à l'échec.

Le chemin de la viabilité terrestre ne sera trouvé qu'au prix de la mise en place courageuse, onéreuse en matière de conversion de vie, d'un paradigme autre que celui du « tout économique » que nous subissons. C'est la voie que j'aime appeler une espérance active[1]. Elle est fondée sur la conviction que l'on peut changer l'ordre établi, ou du moins créer un espace alternatif en lui résistant par une action amorcée de manière synchronique en soi, autour de soi, avec d'autres. Et de proche en proche, affermir cet élan personnel par un engagement plus ample, collectif, proprement social, en pression contestataire sur ceux qui exercent un pouvoir juridique, politique, économique, financier. Cet axe d'action s'inscrit dans le préalable du changement intérieur, fondement permanent de l'engagement extérieur dont nous

1. Proche de la pensée développée par Joanna Macy et Chris Johnstone (Findhorn) dans leur livre *Espérance en mouvement*, Labor et Fides, 2013.

voulons démontrer la pertinence et l'urgente actualité[1].

La voie du réalisme écohumaniste est par conséquent d'œuvrer résolument, de manière personnelle et collective, à une nécessaire sortie du système « tout économique ». Même si cette sortie ne peut s'accomplir, sur le plan personnel, du jour au lendemain. Et qu'elle suppose, sur le plan collectif, l'effort d'une mutualisation de compétences. Impossible, reconnaissons-le, de s'extraire du système dominant par un claquement de doigt. Nous en sommes tous dépendants – et plus que moins, drogués au consumérisme en voie de sevrage. Une contradiction à assumer sans découragement ni complaisance plus ou moins défaitiste diluée dans un engagement tiède sans lendemain. Elle est inévitable, puisque aujourd'hui un seul navire « économique » (mal)mène le monde. À nous d'inventer et de créer des « chaloupes » résilientes et résistantes pour en sortir le plus tôt possible. L'idéal d'une « sainteté écologique » peut être un point de mire stimulant pour nos

---

1. « Il me semble de plus en plus qu'un changement politique et de la société nécessite qu'il y ait de vrais changements intérieurs des personnes qui sont appelées à mener cette insurrection, cette rébellion, cette révolution [pour "inverser le cours des choses"], reconnaît Corinne Morel-Darleux. Sans ces cheminements intérieurs, on fera peut-être la révolution, mais je suis de moins en moins sûre que le résultat soit meilleur que l'ancien » (« Maintenant, il faut tout donner… », *Reporterre*, 5 janvier 2019).

vies présentes, nous incitant à aller de l'avant. Elle ne peut être un modèle immédiatement applicable – hormis quelques exceptions, pourquoi pas ? –, sinon pour décourager une grande partie de la population qui commence tout juste à bouger. L'importance, décisive, est d'amorcer fermement en soi et de conforter, au jour le jour, la dynamique du changement par la lutte écocitoyenne.

N'étant jamais définitivement acquis, les progrès en matière de civilisation et de droits sociaux réclament la vigilance de chaque génération. Par conséquent, une des priorités humanistes dans le contexte bouleversé de notre monde en crise est de ne pas céder à la résignation face à la pesanteur du conditionnement culturel ambiant. Ne pas s'assoupir dans une forme d'accommodation passive jusqu'à sombrer dans l'indifférence grégaire. Celle-ci engagerait notre responsabilité dans le délitement en cours et porterait atteinte à notre propre dignité humaine. L'indifférence est le pire état citoyen. Elle signe l'agonie de notre humanité parce qu'elle finit par accepter, sans broncher, les conditionnements du moment.

En ce début de XXIe siècle, il est urgent de lutter résolument contre les « forces d'acclimatation » aux normes de la civilisation thermo-industrielle capitaliste et de s'insurger contre l'assujettissement de nos esprits et de nos désirs aux sanctuaires des attractions consuméristes.

La réaction d'indignation insurrectionnelle est parfaitement légitime[1] lorsque les pouvoirs en place lèsent l'intégrité des populations et ne laissent plus d'autres voies qu'un succédané de « démocratie » représentative vidée de sa signification démocratique. Cette réaction signe la bonne santé citoyenne d'une population. Elle n'est en rien contradictoire avec le principe dit de « non-violence ». La désobéissance civile en est une des expressions fortes. Elle assume l'éventualité d'une confrontation physique pacifique avec les autorités publiques. À ce propos, cessons de vernir d'un idéal romantique les luttes menées par les apôtres de la non-violence inlassablement cités : Gandhi, Martin Luther King, Mandela. Qu'on se donne la peine de lire de près leurs biographies. Tous trois ont eu à subir, et durement, les répressions violentes de leurs manifestations pacifiques. Je crois profondément à l'engagement militant pacifique. Mais donnons-lui toute la vigueur qu'il requiert en le qualifiant de pacifisme insurrectionnel. L'esprit insurrectionnel est intérieur à la démarche pacifique d'un Gandhi pour obtenir l'indépendance de

1. On oublie peut-être que le droit à l'insurrection était inscrit dans notre Constitution de 1793 : « Quand le gouvernement viole les droits du peuple, l'insurrection est pour le peuple, et pour chaque portion du peuple, le plus sacré des droits et le plus indispensable des devoirs » (article 35 de la Constitution de 1793). Ce droit a été ensuite retiré.

l'Inde, d'un Martin Luther King pour obtenir la fin de la ségrégation raciale, d'un Mandela pour obtenir l'abrogation de l'apartheid. De l'effondrement du mur de Berlin et du bloc soviétique grâce aux immenses manifestations de rue et à la « voie balte[1] » à celles en cours en 2019 en Algérie, au Chili, en Équateur, au Liban, au Soudan, à Hong Kong, nous constatons la capacité du pacifisme insurrectionnel à inverser le cours de l'histoire en renversant les pouvoirs établis ou en les obligeant à changer leur politique.

Au vu de l'assombrissement socio-écologique à venir et des forces en présence – les oligarchies économico-financières qui satellisent les exécutifs politiques –, le pacifisme insurrectionnel paraît être la seule issue socialement et politiquement réaliste[2]. Lutter contre la vaste entreprise d'endormissement de nos esprits et résister aux pouvoirs dominants, ne pas se conformer au « siècle présent » était une des

1. La « voie balte » est le nom donné à une chaîne humaine allant de Vilnius en Lituanie à Tallinn en Estonie, en passant par Riga, soit 687 kilomètres en tout, pour demander l'indépendance des pays baltes le 23 août 1989. Plus de 2 millions de personnes avaient participé aux manifestations, soit environ un tiers de la population.

2. Voir l'interview de Christophe Bonneuil, directeur de recherche au CNRS en histoire environnementale et histoire des sciences et des techniques, « Climat et effondrement : "Seule une insurrection des sociétés civiles peut nous permettre d'éviter le pire" », *Basta Mag*, 16 octobre 2018.

recommandations fortes de l'apôtre Paul aux chrétiens de Rome pour les aider à discerner ce qui est la volonté de Dieu (l'Inconditionné par excellence), « ce qui est bon » pour la vie des hommes (Romains 12, 2). Le discernement du non-conformisme passe par le refus révolté de l'injustice qu'est l'indignation. Et l'indignation conduit à l'engagement insurrectionnel pacifique. C'est ce que répétait le grand humaniste Stéphane Hessel face à l'injustice et à l'oppression : « Indignez-vous ! » Et aussi : « Engagez-vous ! » Voilà le double cri anticonformiste dont nous avons besoin pour emprunter les voies d'un éco-humanisme réaliste, impliqué dans l'inévitable combat sociopolitique soutenu par de nouvelles formes de manifestations et de contestations. « La guerre civique, écrit Jean-Marc Gancille, celle qui vise à défendre nos droits humains et non humains fondamentaux, paraît de plus en plus inéluctable. Des formes plus offensives de contestations vont irrémédiablement se multiplier dans les années à venir[1]. » Nous les voyons apparaître dès à présent avec les opérations d'occupations d'institutions bancaires, de blocages, de sensibilisation de la population, de désobéissance civile pleinement assumée par divers mouvements tels

1. Jean-Marc Gancille, *Ne plus se mentir. Petit exercice de lucidité par temps d'effondrement écologique*, Rue de l'Échiquier, 2019, p. 76.

Attac, Extinction Rebellion, Youth for Climate, ANV-COP21[1]...

Avec le courage d'une espérance lucide et active, secouons la pesanteur anesthésiante dans laquelle le système actuel veut nous maintenir. Cessons d'être de dociles consommateurs, sujets d'un royaume-système où l'Argent est le monarque absolu. L'apathie civique éteint en nous le sens de la justice et de l'équité, de l'entraide et du partage. Bref, elle annihile le sens de la vie humaine. Avec l'énergie de l'amour de la vie et sa contemplation silencieuse, indignons-nous, insurgeons-nous, engageons-nous. Sans tarder.

Sur les chemins de l'engagement rôde toujours un ennemi redoutable par sa capacité à corrompre les idéaux les plus nobles : l'enfermement idéologique. Comment s'engager sans s'enfermer dans ses convictions ?

Se rassembler : une nécessité vitale

Au seuil de la décennie 2020, la transformation civilisationnelle qu'appelle l'urgence écologique enjoint les Terriens que nous sommes à se rassembler en vue de soutenir un combat singulier : la sauvegarde de la vie et l'émergence

1. « Climat : la désobéissance de masse arrive en France », *Libération*, 29 juin 2019.

d'une Terre nouvelle. Et à cette fin, de concevoir une plate-forme commune qui en définirait les axes, les orientations pratiques, les outils. La gravité de l'urgence écologique nous place, en vérité, dans une situation similaire à un « état de guerre ». Une « guerre » d'un type inédit. Une guerre que « l'humanité livre à la planète[1] » depuis des décennies, voire des siècles. Et finalement une guerre contre elle-même. Une guerre dont l'ennemi peut être repéré, certes, dans le système du « tout économique » qui exténue l'humain et pille le vivant, dont nous dénonçons l'irresponsabilité civile, la cécité morale et le cynisme criminel. « C'est une guerre que nous devons mener pour le climat, constatait un avocat spécialiste du droit de l'environnement, Sébastien Mabile. Il nous faut désormais affronter des gens violents, prêts à tout pour sauver leur monde mortifère[2]. » Toutefois ce juste repérage serait insuffisant si nous ne discernions pas en chacun de nous le ressort invisible de ce conflit mondialisé. Voilà une guerre bien étrange qui dérange tout humain. Dans l'espace de ses ravages – la société humaine et son habitat naturel –, chacun en est, de quelque manière, le protagoniste. Pour soutenir ce combat, il est

1. Laurent Testot, *Cataclysmes*, *op. cit.*, p. 447.
2. Sophie Chapelle, « Occupation, boycott, sabotage : jusqu'où les activistes pour le climat sont-ils prêts à durcir leurs actions ? », *Basta Mag*, 20 septembre 2019.

indispensable de s'unir, d'être rassemblés. De décréter l'impératif d'une convergence éco-humaniste. De surmonter dissensions intellectuelles et brouilles partisanes stériles. C'est l'appel que lançait Nicolas Hulot fin juin 2019 : « Il est urgent d'affronter la réalité climatique, écologique plutôt que de toujours lui tourner le dos. Nous devons absolument nous rassembler, au-delà de toutes nos barrières politiques, religieuses, pour changer nos modes de vie. En temps de guerre, on est capable de s'unir sur l'essentiel. Et nous sommes en guerre[1] ! »

---

1. *Dimanche Ouest-France*, 30 juin 2019. Même appel au rassemblement et à l'union, quelques jours après, formulé par Yann Arthus-Bertrand : « Croire que les politiques vont changer le monde, c'est croire au père Noël. Ils essayent – et je pense qu'ils le font avec sincérité –, mais ils sont prisonniers d'un système qui va à l'opposé de ce qu'on devrait faire. Je voudrais que les écolos, pour une fois, se réunissent tous ensemble. Les Hulot, les Cohn-Bendit, les Jadot… qu'on soit tous ensemble au lieu de faire ce jeu politique ridicule » (Europe1, 5 juillet 2019). Ne soyons pas rétifs à ces appels que le simple bon sens et surtout l'extrême gravité de la situation nous mandent d'entendre. Appels à gérer, certes, avec lucidité et sans angélisme, mais surtout à ne pas écarter d'un revers de main sous prétexte que « je n'aime pas un tel ou une telle »… Les réactions suscitées par l'article de *Reporterre*, « Comment Cyril Dion et Emmanuel Macron ont élaboré l'assemblée citoyenne pour le climat », du 10 juillet 2019 (à la suite de l'implication de Cyril Dion dans l'élaboration de « l'assemblée citoyenne pour le climat », retenue par Emmanuel Macron le 25 avril 2019), sont significatives des difficultés du rassemblement pour la cause écologique. Voir la mise au point de Cyril Dion sur sa page Facebook du 13 juillet 2019 et la réponse d'Hervé

Ne soyons pas surpris ni effrayés par la formule « nous sommes en guerre ». Elle exprime avec lucidité la priorité vitale d'une mobilisation générale. Nous ne pourrons pas nous en sortir autrement. Ne nous enlisons plus dans des joutes d'ego et des querelles de chapelles où règnent la critique systématique et parfois l'anathème.

Ne nous enfermons pas dans des ornières idéologiques, symptômes d'une surdité intellectuelle et d'un comportement sectaire. Jardinons le terrain de nos luttes en polyculture de l'esprit. À l'heure où notre Terre saigne d'une hémorragie mortelle, ne nous battons pas les uns contre les autres. Ceux dont la conscience se réveille au bruit des coups assassins portés sur le corps de la planète, aux cris d'une humanité exploitée, spoliée, délocalisée, marginalisée, rejetée à la mer, massée dans des camps, qu'ils unissent leurs forces et leurs compétences. Au-delà des opinions et des convictions légitimes, chacun, qu'il soit athée, agnostique, croyant, est le bienvenu dans ce combat universel. À la mesure de sa foi en l'être humain, en la vie et son insaisissable mystère qui appelle au respect, à la créativité, au partage et à l'émerveillement. La confluence ou la conciliation écohumaniste est possible.

Kempf, « De l'urgence de débattre au sein du mouvement écologiste », *Reporterre*, 18 juillet 2019.

Pour cela, ne nous privons ni des courants humanistes les plus féconds ni du riche patrimoine des textes religieux[1]. Sans négliger le nécessaire dépassement des stériles querelles de « clochers écologiques[2] ».

« La gravité de la crise écologique exige que tous nous pensions au bien commun et avancions sur un chemin de dialogue qui demande patience, ascèse et générosité, écrit le pape François, nous souvenant toujours que "la réalité

---

1. « Je veux rappeler, écrit le pape François dans son encyclique sur l'écologie *Laudato si'*, que les textes religieux classiques peuvent offrir une signification pour toutes les époques, et ont une force de motivation qui ouvre toujours de nouveaux horizons. [...] Est-il raisonnable et intelligent de les reléguer dans l'obscurité, seulement du fait qu'ils proviennent d'un contexte de croyance religieuse ? En réalité, il est naïf de penser que les principes éthiques puissent se présenter de manière purement abstraite, détachés de tout contexte, et le fait qu'ils apparaissent dans un langage religieux ne les prive pas de toute valeur dans le débat public. Les principes éthiques que la raison est capable de percevoir peuvent réapparaître toujours de manière différente et être exprimés dans des langages divers, y compris religieux », (LS 199).
2. Voir les remarques d'Alexis Cassel, connu sous son pseudo Absol, qui met en ligne ses vidéos : « Comment voulez-vous rassembler toute une population et même tous les pays du monde vers une cause commune si vous n'arrivez pas déjà à vous mettre d'accord entre vous ? Quand je vois certains collapsologues, effondristes, écologistes, décroissants, survivalistes se qualifier les uns les autres d'"adversaires idéologiques", je me dis qu'on est mal barrés » (*Effondrement*, partie 2 : « 22 contre-arguments à la collapsologie »).

est supérieure à l'idée"[1]. » Écartons la tyrannie des idéologies, les zélateurs de l'Absolu et leurs inquisiteurs, qu'ils soient athées ou adeptes d'une religion. L'agnosticisme – de celui qui sait qu'il ne saura jamais exhaustivement et que toujours existera la part prédominante d'un mystère inexpliqué – est transversal à toute quête. De l'athéisme ouvert aux multiples demeures de la foi en Dieu. À tout être humain de bonne volonté[2], ouvrons largement l'espace du dialogue au bénéfice de l'ample mobilisation que réclame l'urgence écologique et civilisationnelle de notre temps.

Vivre en « noodiversité » : l'indispensable dialogue

S'établir dans un esprit de dialogue est un des premiers fruits de l'attitude contemplative décrite précédemment, que nous avions

1. LS 201. La citation « La réalité est supérieure à l'idée » est extraite de son encyclique *Evangelii gaudium* 231-233.
2. Je souscris volontiers aux propos de Philippe Corcuff, « militant altermondialiste et libertaire », qui « délimite son espace pluraliste de tolérance et de dialogue aux croyants qui ne cherchent pas à imposer aux autres et à la cité leurs croyances, et aux athées qui ne s'échinent pas à pourchasser la moindre trace de spiritualité religieuse » (*Pour une spiritualité sans dieux*, Éditions Textuel, 2016, p. 25). Lire aussi la réflexion de Vincent Goulet, « Rompre avec la "religiophobie", repenser la laïcité à gauche », dans *Blog-Médiapart*, 1er septembre 2019.

approfondie dans un précédent essai[1]. L'écoute silencieuse déplace et élève notre esprit au-delà de ses seuls raisonnements et pensées. Elle permet d'entendre d'autres points de vue et ainsi de fertiliser le sien. Vivre en « noo-diversité » traduit cette posture dialogale. Dans la philosophie de l'Antiquité grecque, *noos* (ou *noûs*) désigne la partie supérieure de l'âme, l'intelligence, capable d'entrer en communication avec la sphère divine. Cultiver la « noodiversité », vivre en « noodiversité », c'est solliciter en nous la partie la plus affûtée de notre esprit, foncièrement ouverte à autre que soi. C'est se disposer à la rencontre féconde, parfois déstabilisante, souvent exigeante avec l'altérité. Ce qui implique un dessaisissement de soi, puisqu'on expose ses conceptions à ce que pense autrui[2]. Les voies ultra-partisanes, monologiques ou monoculturelles ne peuvent qu'artificialiser le sol de notre esprit et aboutir

---

1. *Quelle spiritualité pour le XXIe siècle ?*, *op cit*, 4e partie : « Spiritualité en dialogue, avenir de l'humanité », p. 195-236.
2. « Au lieu d'imposer à tous les autres une maxime dont je veux qu'elle soit une loi universelle, je dois soumettre ma maxime à tous les autres afin d'examiner par la discussion sa prétention à l'universalité. Ainsi s'opère un glissement : le centre de gravité ne réside plus dans ce que chacun souhaite faire valoir, sans être contredit, comme étant une loi universelle, mais dans ce que tous peuvent unanimement reconnaître comme une norme universelle » (Jürgen Habermas, *Morale et communication. Conscience morale et activité communicationnelle*, Cerf, 1986, p. 88).

à des divisions, des luttes fratricides, voire des conflits.

Vivre en esprit de dialogue – en « noodiversité » –, c'est poser les conditions du rassemblement dont la lutte écohumaniste, nous venons de le souligner, a aujourd'hui un besoin vital. Il ne s'agit plus de camper sur des postures partisanes clivantes : « écolos méditants » contre « écolos militants », écolos négociateurs avec le pouvoir contre écolos sécessionnistes, écolos retirés en vie autonome « collaborative » contre écolos en lutte collective sur divers projets périurbains, écolos débutants contre écolos aguerris… La critique est légitime lorsqu'elle ne stigmatise ni n'anathématise. Tout le monde n'en est pas au même point, au même degré de conscientisation sur la question écologique, en dépit de sa gravité. Dans le vaste éventail des sensibilités écologiques[1], l'opposition entre action individuelle et lutte collective n'a pas de sens, dans la mesure où l'action de chacun valide et soutient l'action collective pour une transformation sociétale. Et où l'action collective s'enracine dans la cohérence d'un agir personnel et d'une élévation de conscience.

Tout ce qui œuvre à un changement réel de société converge. S'il est impossible de

1. Marie Astier et Gaspard d'Allens, « Compromis ou radicalité, le mouvement écolo cherche sa stratégie », *Reporterre*, 27 juillet 2019.

pronostiquer le déroulé événementiel des prochaines années en matière d'écologie, d'économie et de géopolitique, puissent tout engagement individuel et manifestation collective progresser dans la participation à une mutation sociétale. Que les îlots de résistance et de vie alternative deviennent archipel. Que les multiples partis, associations et autres initiatives de la conscience écologique actuelle fassent « corps » en portant leurs regards, au-delà des divergences, sur leur double ennemi commun : le système « tout économique » et la part de chacun qui s'y complaît encore. Forger, coûte que coûte, une pareille unité dans la diversité d'une lutte commune me paraît être la condition pour une issue crédible. La gravité croissante de l'état d'urgence socio-écologique de notre Terre le réclame. Ainsi que le préconisait Nicolas Hulot dans sa « lettre ouverte » du 20 février 2019, « passons de la prétention de tout savoir à la compréhension, à l'acceptation de la complexité. Basculons de la dénonciation stérile à l'élaboration féconde ! Nous avons déjà les outils technologiques, économiques, intellectuels, humains pour faire collectivement un saut qualitatif. Seule fait défaut une volonté commune. La vraie révolution que certains appellent de leurs vœux, c'est de mieux s'écouter pour se comprendre, de s'inspirer, de polir nos certitudes aux convictions des autres ».

La radicalité est nécessaire puisque notre vie est en jeu. Une radicalité sans sectarisme idéologique ni dérive dans un écologisme individualiste qui ne change rien au fond du problème : le système qui l'engendre et l'aggrave. Assurément, « les actions individuelles n'ont de poids que si elles s'associent avec une lutte générale », de quelque manière[1]. Tout comme la « lutte générale » n'est efficiente sans l'inspiration d'un changement intérieur. L'écologie extérieure jusqu'à l'engagement militant ne peut être menée à bien ni éviter les erreurs partisanes sans une écologie intérieure fondée sur une assise méditante, en mode « noodiversité ».

1. Voir l'article « Nous ne renoncerons à rien », site Grozeille, 26 juillet 2019.

12

Fruits de l'action primordiale : une lutte mobilisatrice

> La contemplation est la sève de l'action et la force de sa réalisation.
>
> ANONYME DU VIe SIÈCLE

> La peur de l'engagement nous coûte cher et nous laisse errer libres certes, mais vides.
>
> CHRISTIANE SINGER

S'ASSEOIR pour évaluer le sens et la portée de son engagement. Agir pour apprécier l'intégrité et la justesse de sa contemplation. Contempler et s'engager : voilà les deux forces motrices de l'action primordiale ouvrant une voie vers plus d'humanité et de respect du vivant. La maturation de leur synchronicité aboutit, sous des modes les plus divers, à une mobilisation citoyenne : un investissement dans la cité, selon les besoins de ceux qui la composent et de l'habitat naturel qui l'abrite, dont elle est dépendante. Dans le contexte socio-écologique actuel, exposé à des pressions considérables, un des défis majeurs pour assurer la cohésion sociale de la cité humaine sera la mise en place d'une gestion solidaire des biens communs et de leur redistribution partagée. En vue de cette révolution systémique de notre société, plus qu'aucun autre régime politique, les vertus de la démocratie seront sollicitées jusqu'en leurs principes fondateurs : un « pouvoir géré par le peuple de la cité », au service du bien commun. « Face au monde qui vient et qui est déjà là, si la menace est écologique et climatique, le principal défi est démocratique[1]. »

Pour un monde partagé : plus de démocratie

C'est à l'heure où la démocratie chancelle de toutes parts que nous avons le plus besoin d'elle. Assurer la défense de la démocratie et son corollaire, la réhabilitation de l'État de droit, est l'urgence sociopolitique du moment. « Enchaînée face au pouvoir de l'argent », sur la défensive face à un marché international visant l'affranchissement de toutes contraintes extérieures (fiscale, sociale, environnementale)[2], attaquée

---

1. Christine Pedotti, « La grande espérance », *Témoignage chrétien*, édito du 21 décembre 2018.
2. Paul Jorion, *Le dernier qui s'en va éteint la lumière*, *op. cit.*, p. 130-131. « Aujourd'hui nous sommes en train d'inféoder

par les populismes d'extrême-droite, la démocratie vacille. L'accélération de son affaiblissement en Occident, sa terre natale, ne manque pas d'inquiéter. Une de ses déficiences les plus manifestes, qui explique en partie la fragilisation de son fonctionnement et sa désaffection au sein de l'opinion, est un manque criant de représentativité citoyenne – la crise des gilets jaunes en France en a été un des révélateurs. La carence de dialogue des instances politiques dirigeantes, qui confine à une dangereuse surdité, appelle à revisiter ses principes. Pour réanimer ses vertus, insuffler une forte dose de démocratie directe et participative est incontournable. Les exemples de réussite en la matière ne manquent pas lorsqu'on accorde aux localités communales des capacités d'autogestion et de d'autocontrôle populaire, en faisant confiance à la force de l'intelligence collective et inspirée, par exemple, du « municipalisme[1] ». Voir, dans des

---

le droit à une logique économique de privatisation du monde, dénonce Gaël Giraud. C'est cela, la catastrophe civilisationnelle de l'Occident. Pour lutter contre cela, il faut refuser de ratifier l'accord avec le Mercosur, dénoncer la plupart des traités commerciaux bilatéraux qui ne permettent pas de respecter l'accord de Paris et organisent le démantèlement de l'État de droit, autorisant par exemple les entreprises privées à porter plainte contre une loi défavorable à leurs intérêts privés » (« Si l'Inde et l'Asie du Sud-Est deviennent invivables, trois milliards de personnes vont devoir migrer », *Reporterre*, 5 septembre 2019).

1. Relire Murray Bookchin, *Pour un municipalisme libertaire*, Atelier de création libertaire, 2003 ; voir Alain Coulombel,

registres différents mais convergents, l'exemple de la commune de Vandoncourt en France[1] et les initiatives de la « Suite du monde », projet initié par Nicolas Voisin, dans le Limousin, sorte de confédération de communes libres et autonomes qui promeut « une organisation communaliste [...] afin de multiplier les pratiques coopératives locales et connectées entre elles[2] ». Jusqu'aux réalisations les plus amples et radicales, là où la situation le réclame, comme dans l'État du Chiapas au sud du Mexique, avec la création de communes autonomes[3], et dans la région du Rojava, au Kurdistan occidental[4].

De nouveaux défis pour l'écologie politique, Éditions Utopia, 2019.

1. « La démocratie, ça marche ! », *Reporterre*, 13 juillet 2013, sur l'expérience de démocratie participative des 800 habitants de Vandoncourt, dans le Doubs.
2. « Face à l'effondrement en cours, la "Suite du monde" acquiert puis libère des terres agricoles et des biens immobiliers afin d'y développer des projets liés à l'habitat, la production agricole, l'énergie, l'organisation communaliste, l'événementiel, l'éducation, ou toute activité permettant davantage d'autonomie. Elle multiplie les activités de recherche, d'expérimentation et de conseil afin de rendre multipliables ces Communes Imaginées, connectées entre elles » (www.lasuitedumonde.com).
3. « C'est quoi les communautés autonomes du Chiapas ? », site rebellyon.info, 1er juin 2017 ; « "Ici, le peuple dirige, le gouvernement obéit" : au Mexique, le zapatisme est bien vivant », Jérôme Baschet, *Reporterre*, 6 septembre 2019.
4. « Le Rojava : une expérience d'autonomie municipale en temps de guerre », www.citego.org, 2016 ; Corinne Morel-Darleux, « Au Rojava kurde, on attaque aussi une manière de vivre libre », *Reporterre*, 17 octobre 2019.

Il nous faut relire les pionniers fondateurs de l'écologie sociale et politique (Ellul, Bookchin, Dumont, Gorz, Illich, Latouche, Morin...), s'inspirer de leurs critiques de la société thermo-industrielle et des solutions qu'ils ont élaborées. Dans un contexte de mondialisation économique et de concentration oligarchique du pouvoir politique, la sauvegarde des droits humains et de l'intégrité environnementale suppose l'instauration d'une démocratie participative et d'une autogestion à petite échelle : villages[1], entités urbaines coopératives par écoquartier – voir l'expérience de « l'écoquartier Darwin » sur Bordeaux[2], en intelligence départementale, voire régionale. La concentration nationale des pouvoirs entre les mains d'une caste d'élus dévitalise et corrompt les rouages démocratiques.

La démocratie vit là où s'investissent les citoyens. En réalité, la santé d'une démocratie suppose une maturité civique de ses membres. « Il faut qu'on arrête d'être des enfants, affirme Cyril Dion, qu'on se rende compte que la démocratie ne peut fonctionner que si on s'y

---

1. Voir le travail de l'association « S.O.S Maires » favorisant l'autonomie des communes rurales.
2. Cofondé par Philippe Barre et Jean-Marc Gancille en 2007, l'éco-quartier Darwin héberge associations, restauration, un coworking et un évènement annuel : le Climax festival. En novembre 2017, pour son dixième anniversaire, le site a recensé 1 million de visiteurs, 650 emplois et 50 associations.

implique tous les jours[1]. » Sans pour autant que nous devenions tous des « élus », la vitalité du fonctionnement démocratique passe par une responsabilisation citoyenne à temps plein. Aussi utiles et nécessaires que soient les consultations nationales – présidentielle, législatives, municipales, européennes –, le citoyen lambda ne peut pas avoir conscience de son être-citoyen ni être responsabilisé si son activité civique se réduit à déposer périodiquement un bulletin de vote dans une urne. Au mieux, il sera un citoyen passif, informé par les médias dominants de l'activité des « pros » de la politique qu'il a mandatés. Proposer des consultations, constituer des commissions et des assemblées citoyennes sont les voies de la responsabilisation citoyenne. C'est ainsi que le tissu de la cohésion sociale se recréera, que la vie de la cité se réhumanisera et que pourra être inversée la tendance de l'individualisme et du désintérêt civique qu'encourage le système dominant actuel, puisqu'il s'en nourrit grassement.

La mise en œuvre de ce supplément d'autogestion locale, de municipalisme ou communalisme et de démocratie participative capable de revitaliser les institutions démocratiques est d'autant plus pressante que l'actualité pointe sur ce sujet un horizon des plus préoccupants. À l'approche des bouleversements majeurs que

1. « Démission de Nicolas Hulot : pour Cyril Dion, "il faut qu'on arrête d'être des enfants" » (*Télérama*, 28 août 2018).

le monde va connaître (migrations massives dues au réchauffement climatique, pénuries hydriques et alimentaires, conflits géopolitiques, dysfonctionnement des circuits de distribution, risques de résurgences d'épidémies...), la tentation de l'écofascisme ou celle d'une bunkérisation des États les plus riches, « d'un capitalisme partiellement démondialisé et structuré en blocs dictatoriaux, où l'État militarisé et le pouvoir économique ne feraient qu'un[1] », ces graves dérives politiques sont tout à fait prévisibles. Elles sont déjà amorcées en Chine, en Russie, aux États-Unis. Nous traversons une étape de l'histoire humaine où tous les aspects sociétaux semblent frappés de fébrilité irrépressible : environnement, économie, social, géopolitique, culture, institutions religieuses... Or il n'est guère qu'un régime foncièrement démocratique pour remédier à ces sévères turbulences, d'une manière juste en matière de droits et viable sur le plan social, en cohérence avec les vertus écohumanistes que nous avons précisées. La démocratie est le régime « qui est le plus à même d'accorder un peu d'importance à la voix des acteurs faibles que sont les générations futures et les non-humains[2] ».

---

1. Christophe Bonneuil, « Climat et effondrement... », *Basta Mag*, 16 octobre 2018.
2. « Civilisée ou barbare ? De quelle façon allons-nous sortir de la civilisation thermo-industrielle ? », entretien avec Luc Semal, *Reporterre*, 16 juillet 2019.

Une démocratie rénovée jusqu'en ses fondements sera l'ouvrière politique de la transformation éco-sociétale à faire. Ici et là, elle commence à germer et à porter ses fruits. L'affirmer n'est ni incantatoire ni autopersuasif comme le serait la méthode Coué. C'est une réalité, fragile certes – nous avons commencé à en mentionner les réalisations –, qui appelle l'adhésion et l'engagement déterminé de chacun pour gagner en force et en représentativité sociale.

La mutation socio-écologique, nouvel axe civilisationnel

On entend beaucoup parler ici et là, dans les milieux politiques et médiatiques et jusqu'aux plus hautes instances gouvernementales, de « transition écologique » pour traduire le changement dont notre société a besoin. Le mot « transition » n'est pas approprié à la réalité. Face à l'ampleur du changement à effectuer, sa signification est bien trop faible, trop molle. Il ne s'agit pas de « transiter », tranquille, d'un point à un autre sur une trajectoire linéaire, mais d'opérer un saut civilisationnel qualitatif. Cessons d'user de formules illusoires, doucereuses, insinuant implicitement une évolution sociétale compatible avec un système « tout économique » quelque peu reverdi. On nous rebat les oreilles avec un « développement durable » rendu possible grâce aux vertus d'« une croissance verte ». Avec cette dynamique vertueuse, nous assure-t-on, la transition écolo est au bout du chemin... sans trop changer ses habitudes pour ce changement qui n'en est pas un. Le « développement » fondé sur la croissance et le PIB ne peut être « durable » ; tout comme une « croissance verte ou écologique ». Ces expressions sont de parfaits oxymores. On ne peut concilier CO_2 et PIB[1]. Est-il encore nécessaire de rappeler que les données de l'état planétaire dans lequel nous sommes ont franchi un seuil critique et qu'elles nous obligent à entrer au plus tôt dans une tout autre modalité de vie et d'organisation sociale ? La voie réelle à emprunter, inscrite dans l'actualité réelle, c'est celle du sauvetage de la vie. Or ce sauvetage ne sera possible que dans le cadre d'une mutation socio-écologique intégrale, refondatrice de l'ensemble des aspects de notre vivre-ensemble.

---

1. Voir l'exposé de Jean-Marc Jankovici, ingénieur et spécialiste du climat, à Sciences-Po le 29 août 2019, « CO_2 ou PIB, il faut choisir » (www.sciencespo.fr). La décarbonation de l'économie, dit-il avec force arguments chiffrés, ne peut aller de pair avec la course au gain de PIB, donc avec la croissance, qui conditionne la totalité de notre système économique : « PIB ou CO_2, il faut choisir. » Dopée par une consommation en énergie fossile toujours à la hausse, notre économie ne peut pas les remplacer par des énergies renouvelables : « C'est incompatible avec le fonctionnement actuel de notre système économique. » D'où l'incapacité de nos dirigeants politiques et autres décideurs économiques à opérer ce changement paradigmatique.

En 1982, reprenant un slogan des insurgés parisiens de Mai 1968, Murray Bookchin s'exprimait ainsi : « Soyons réalistes, demandons l'impossible, scandaient les étudiants français en 1968. À cette exigence, la génération qui va être confrontée au prochain siècle peut ajouter une injonction solennelle : Si nous ne réalisons pas l'impossible, nous devrons faire face à l'impensable[1]. » Les mots de Murray Bookchin résonnent on ne peut plus juste en 2020. Qu'est-ce que « faire face à l'impensable » ? Être confronté à l'effondrement planétaire de la vie et ses écosystèmes, conjointement à une déplétion de l'humanité sans précédent, voire son extinction. Qu'est-ce que « réaliser l'impossible » ? Mettre en œuvre la mutation socio-écologique dans une dynamique d'affranchissement du système dominant. Nous sommes celles et ceux appelés aujourd'hui, c'est-à-dire maintenant, à une mobilisation aussi radicale sur le plan intérieur, personnel, que générale sur le plan militant, collectif. C'est la voie du réel à sauver – nous-mêmes, nos enfants, nos proches, l'humanité et plus largement le vivant, tous les non-humains – qui nous y presse.

Nous ne pouvons, dans le cadre de notre essai, entrer dans le contenu détaillé d'un programme socio-politique qu'implique cette mutation

1. Murray Bookchin, *Qu'est-ce que l'écologie sociale ?*, *op. cit.*, p. 54.

systémique de notre monde[1]. Les propositions existent[2]. Ce que nous voulons préciser, c'est que ce saut civilisationnel ne relève en aucun cas d'une répression des attentes fondamentales de l'humain ou d'une « punition ». Rien de tout cela. L'écologie ne peut être « punitive ». Ce sont les décisions dites de « transition écologique » qui le sont lorsque celles-ci sont socialement injustes, dépourvues de mesures d'accompagnement pour les plus démunis. Loin d'être punitive, l'écologie nous encourage en nous rappelant à la vie, à une attitude respectueuse à l'égard du vivant, à l'intelligence de ses écosystèmes, à l'émerveillement de son mystère. Ce sont les conséquences écocides de l'actuel système extractiviste-productiviste-consumériste qui nous tourmentent de maux toujours plus dévastateurs. Amante du vivant, l'écologie nous dissuade de rester complices de cette trajectoire suicidaire. L'écologie est une enseignante

---

1. Et qui remédierait aux symptômes dépressifs mentionnés dans la première partie de notre essai : saccage environnemental, inégalités sociales, dérive de toute-puissance des technosciences, rythme exténuant de la vie quotidienne, anémie du lien interpersonnel.
2. Je renvoie, entre autres, à celles formulées par Delphine Batho, *Écologie intégrale. Le manifeste*, *op. cit.* Voir les 32 mesures du Pacte pour la Transition, celles de l'association Adrastia, site www.adrastia.org ; Mouvement Utopia, *Le Manifeste Utopia*, 2012 ; Attac, *Manifeste altermondialiste*, Mille et Une Nuits, 2007 ; Alain Caillé (sous la dir. de), *Manifeste convivialiste. Déclaration d'interdépendance*, en collaboration avec 64 personnalités, Le Bord de l'eau, 2013 ; etc.

de vie. Non une mère fouettarde. Que veulent dire alors ses détracteurs, ceux qui dénoncent les nouveaux « khmers verts » et autres « ayatollahs écocatastrophistes »[1] ? L'écologie serait-elle « punitive » parce qu'elle nous convierait à quitter un mode de vie insoutenable pour la planète, à modifier nos comportements consuméristes, à valider une politique alternative ? Serait-elle « punitive » parce qu'elle nous ouvre les yeux sur la « dépollution intérieure » à réaliser en soi ? Serait-elle alors moralisatrice en révélant nos dérives écocides et autres irresponsabilités quotidiennes ? Autant dire que l'interdiction de fumer dans les lieux publics est « punitive » ; tout comme celle de jeter détritus et autres déchets sur les plages, les lieux publics et privés. Que le gaspillage, la pollution et l'accumulation de richesses superflues ne sont pas des formes de violence infligées au vivant et à la vie sociale. En réalité, ceux qui dénoncent l'écologie comme une entreprise coercitive rejettent les exigences concrètes du changement à opérer. Ils n'ont pas compris ou ne veulent pas comprendre que la vie ne peut être préservée dans l'actuel système, dans un style de vie qu'ils ne veulent pas quitter. « Le projet [de l'écologie politique] n'est pas d'imposer des limitations aux individus,

1. Qui ne ménagent pas leur peine pour vilipender lamentablement Greta Thunberg, tels Pascal Bruckner, Michel Onfray, Laurent Alexandre et autres...

mais de les amener à se défaire du mythe selon lequel le bonheur se trouverait uniquement dans les biens et services marchands vantés par la société de consommation. En effet, cinquante ans de propagande industrialiste ont beaucoup fait pour convaincre qu'allumer la climatisation de sa voiture ou que disposer de cinq écrans connectés à domicile étaient des "libertés inaliénables" dont l'abandon constituerait un douloureux retour à l'âge de pierre[1]. »

Ni punitive ni liberticide, l'écologie est tout simplement responsable[2]. L'écologie responsabilise pour devenir pleinement et collectivement humain. L'humanisation de notre être est un chemin personnel que je ne peux parcourir sans être solidaire de tous. De mes proches les plus proches. Et de mes proches en humanité les plus éloignés géographiquement. En particulier, ceux qui subissent de plein fouet le drame socio-environnemental avec les prémices d'un exode climatique souvent tragique, l'extraction effrénée des richesses de leurs sols dans les conditions de travail les plus sordides pour inonder nos grandes surfaces commerciales de

1. Guillaume Carbou et l'Atelier toulousain d'écologie politique, « Liberticide, l'écologie ? Le vrai débat est ailleurs », *Reporterre*, 11 juillet 2019.

2. Voir Olivier Blond, *Pour en finir avec l'écologie punitive*, Grasset, 2018 ; Christian Weiss, « Écologie punitive ou constructive ? Responsable tout simplement... », *Médiapart*, 7 septembre 2018.

smartphones et autres articles high-tech. Leurs sols étant aussi la poubelle de nos déchets plastiques et autres produits dégradés. Voudra-t-on taire ou relativiser cette réalité parce qu'elle dérange et remet directement en question nos modes de vie ?

La mutation socio-écologique est un processus intérieur animé par un esprit solidaire avec l'unité du genre humain et du vivant. Elle est portée par une conscience universelle : la conscience de former une même communauté humaine abritant une diversité de cultures, un seul « corps » formé de différents membres. Conscience que nous trouvons formulée chez saint Paul : « Si un seul membre souffre, tous les membres partagent sa souffrance ; si un membre est à l'honneur, tous partagent sa joie[1]. » Les oreilles de notre cœur peuvent-elles rester sourdes aux détresses humaines et non humaines provoquées par l'inconscience des pays riches dont nous faisons partie ? L'écologie est le transformateur sociétal dont notre siècle a besoin. Elle éveille, responsabilise, engage à agir.

Le poids de ce désastre humain et environnemental appelle à un discernement dans l'échelle des implications. L'écologie responsabilise selon une vision juste dans la mise en œuvre collective de ce grand saut civilisationnel. À celles et ceux

1. Ire lettre aux Corinthiens 12, 26.

qui exercent le pouvoir politique, économique et financier d'un pays à agir au premier chef, en raison même des hautes responsabilités dont ils sont investis.

Nous savons que dans l'hypothèse où la majorité d'entre nous seraient végétariens, ne prendraient plus l'avion, diminueraient drastiquement leurs trajets en voiture, leur consommation énergétique, etc., la trajectoire du dérèglement climatique (et autres dysfonctionnements écologiques majeurs) ne pourrait être suffisamment corrigée[1]. « En ce qui concerne les émissions de carbone, les décisions individuelles ne vont pas s'additionner à la hauteur dont nous avons besoin, prévient Naomi Klein. Et je crois que le fait que, pour tant de gens, il soit plus confortable de parler de sa propre consommation que de changement systémique est un produit du néolibéralisme : nous avons été formés pour nous voir d'abord comme des consommateurs[2]. » Le sauvetage de la viabilité sur Terre passe par un changement civilisationnel – une révolution – dans le domaine de l'industrie, de l'agriculture, de l'agroalimentaire, de l'agrochimie, du tourisme, etc. Elle présuppose l'implication réelle des grands décideurs.

1. Gaspard d'Allens, « Climat : l'action individuelle ne peut pas tout », *Reporterre*, 22 novembre 2019.
2. Naomi Klein, « Nous entrons dans l'ère de la barbarie climatique », *Reporterre*, 18 septembre 2019.

Sans leur investissement massif pour une mutation paradigmatique de leur gestion en vue d'un changement systémique, c'est peine perdue. Nous butons ici sur un point d'achoppement majeur. La musique de « l'adaptation » que nos gouvernements commencent à nous seriner avec insistance ne peut être un blanc-seing pour les détenteurs des différents pouvoirs financiers, économiques et politiques[1]. Ce serait une mascarade de plus, dédouanant les premiers responsables du drame environnemental et surtout cautionnant un tragique *statu quo* politico-culturel.

La mutation socio-écologique doit être à la fois personnelle, collective et institutionnelle. Elle devra assumer l'opposition frontale des tenants du pouvoir dominant qui n'ont guère la réputation d'être en odeur de sainteté écologique. « Dessein illusoire », diront certains. Là est pourtant l'unique voie pour réaliser l'impossible et éviter l'impensable. Les efforts en matière de protection de l'environnement déployés au Costa Rica, en Norvège, en Éthiopie, au Bhoutan

1. « L'écologie est présentée comme un coût, un fardeau, et ce serait d'abord aux gens d'évoluer dans leurs comportements. Mais où entend-on parler de la responsabilité du gouvernement et des multinationales dans la destruction du climat et l'extinction des espèces ? On demande à monsieur et madame Tout-le-Monde de porter le chapeau pour protéger l'impunité de ceux que j'appelle les "écocriminels" », Delphine Batho, *Libération*, 18 février 2019.

démontrent que cette solution est possible au niveau d'une politique nationale.

Les voies d'un engagement méditant-militant : une résistance créative

Nul n'a besoin d'être prophète pour pressentir que l'émergence d'une Terre nouvelle ne se fera pas sans luttes ni heurts. Instaurer et adopter un nouveau mode de vie – outre le travail intérieur à réaliser –, c'est résister et créer. De quelle manière ?

Manifester dans les rues lors des « marches pour le climat » et soutenir les initiatives citoyennes, telles que la mobilisation des maires ayant pris des arrêtés antipesticides sur leur commune, L'Affaire du siècle – attaquer l'État français en justice pour inaction climatique[1]. Suivre de près l'évolution de « l'assemblée citoyenne pour le climat[2] » et ses propositions, etc. Multiplier les

1. Quatre associations – Notre Affaire à Tous, la Fondation Nicolas Hulot pour la Nature et l'Homme, Greenpeace France et Oxfam France – ont décidé, au nom de l'intérêt général, d'attaquer l'État français en justice pour qu'il respecte ses engagements climatiques et protège nos vies, nos territoires et nos droits. C'est « l'Affaire du siècle ».

2. Annoncée à l'issue du grand débat national, la création d'une convention citoyenne pour le climat, composée de 150 personnes désignées par tirage au sort, « permettra l'émergence de propositions concrètes en faveur de l'environnement et de la transition écologique » (site du gouvernement).

actes de non-coopération, de boycott avec le modèle consumériste[1]. Côtoyer des associations et des mouvements voués à la cause environnementale, aller à la rencontre des lieux de vie alternatifs.

Quelles associations, quels mouvements, quels lieux ?

Les écolieux, écovillages, écocités et autres éco-hameaux, tels Kingersheim, Montfermeil, Mouans-Sartoux, Ungersheim, Langoüet, Saillans, Loos-en-Gohelle[2], Le Hameau des Buis, La Bénisson-Dieu, Pourgues, le Campus de la transition à Forges, Alter'Eco 30 à Vauvert, la ZAD de Notre-Dame-des-Landes, etc.[3]. Le mouvement Villes en transition écologique,

---

1. Voir le site du Mouvement pour une alternative non violente (MAN) et ses 198 propositions d'actions non-violentes, www.nonviolence.fr ; ANV-COP21 (mouvement populaire et non violent pour relever le défi climatique), www.anv-cop21.org ; l'association I-buycott qui promeut une consommation éthique et le boycott de certains produits pour faire pression sur les géants de la distribution commerciale, www.i-buycott.org, etc.

2. Sophie Chapelle, « Malgré le chômage et la pauvreté, une ancienne ville minière devient un modèle de transition écologique », *Basta Mag*, 20 novembre 2019.

3. Voir le site www.ecovillageglobal.fr ; Vie alternative : annuaire des écolieux, écovillages et écohameaux en France, www.toitsalternatifs.fr ; le réseau français des écovillages, www.rama.1901.org ; « Cinq villes pionnières de la transition écologique et sociale », 9 août 2019, www. novethic ; voir www.transiscope.org, le portail web des alternatives, etc. S'inspirer de l'expérience des jardins partagés de la ville de Detroit (États-Unis), celle du village de Sainte-Camille

initié par Rob Hopkins[1], dans lequel plusieurs villes sont impliquées, les propositions du « Village des possibles ou des alternatives » activées au sein de plusieurs communes, les collectifs regroupant divers mouvements écologiques. Toutes ces réalisations – la rapidité de leur expansion et leur diversité rendent quasi impossible leur recensement – témoignent de la vitalité du désir de « recivilisation ». De même que les multiples démarches écocitoyennes protestataires et autres forces de propositions alternatives, très diverses dans leurs sensibilités, mais polarisées par un même idéal éco-humaniste : Alternatiba, ANV-COP21, Attac, Citoyens pour le climat, Colibris, Collectif pour une transition citoyenne, Extinction Rebellion, France Nature Environnement, Fondation Nicolas Hulot, Fondation Good Planet, Greenpeace, les Amis de la Terre, le mouvement Utopia, Nous voulons des

---

au Québec, de l'écoquartier Can Batlló à Barcelone, de la communauté de Findhorn en Écosse, etc.

1. Rob Hopkins, *Ils changent le monde, 1001 initiatives de transition écologique*, Seuil, 2010 ; voir l'exemple de Constance en Allemagne, ville de près de 100 000 habitants, déclarée en « état d'urgence climatique », et les mesures conséquentes qui y sont prises (« Voitures nulle part, arbres fruitiers partout : quand des villes se déclarent vraiment en état d'urgence climatique », *Basta Mag*, 19 septembre 2019). En France, Paris, Mulhouse, Montpellier se sont déclarées en « état d'urgence climatique » en juin et juillet 2019.

coquelicots, Notre Affaire à tous, On passe à l'acte, Oxfam, Transition France, WWF, Youth for Climate, etc.[1].

Que de pistes concrètes, déjà existantes et inspirantes, à emprunter ! Où que nous soyons, les possibilités d'un engagement écohumaniste nous tendent les bras pour rejoindre hommes et femmes déjà à l'œuvre dans ce vaste chantier. Comme dit le proverbe africain : « Tout seul, on va plus vite ; ensemble, on va plus loin. » Rejoindre celles et ceux qui ont déjà fait le pas dans le large éventail associatif et les lieux de vie alternatifs en constant essor, c'est poser un acte en faveur de la vie et de sa protection. Sans oublier les sites de presse indépendants, d'actualité en ligne, indispensables

1. Il faudrait également citer les mouvements et associations œuvrant dans le domaine des circuits commerciaux, de l'alimentation, de la protection du milieu naturel : les Amap, La Ruche qui dit oui, les coopératives Biocoop, Satoriz, Day by Day, La Cagette (Montpellier), Enercoop, la banque éthique La Nef, L214 qui enquête et alerte sur les conditions de vie des animaux dans les élevages et la pêche, Mobicoop (covoiturage sans commission, l'alternative solidaire à Blablacar), les monnaies locales, Pollinis qui agit pour la protection des abeilles domestiques et sauvages et milite pour une agriculture qui respecte tous les pollinisateurs, Zéro Waste, etc. ; les multiples floraisons de restauration et de ventes locales en agriculture biologique, les jardins partagés (voir l'article inspirant « Les collectifs de jardins russes, un système résilient », dans *Yggdrasil*, n° 2, p. 112-119), les recommandations en matière de « transition énergétique, agroécologie et alimentaire » des associations Negawatt et de Solagro ; etc.

acteurs de la lutte écocitoyenne et de l'alternative écohumaniste[1].

À l'instar des écolieux laïcs, les centres spirituels sont nombreux à intégrer la dimension écologique au cœur de leur mission[2] : l'Arche de Saint-Antoine dans la Drôme, le village des Pruniers et les autres communautés bouddhistes en France[3], l'association BASE (Bouddhisme, action sociale et engagement), etc. Tous, de différentes manières, sont attentifs au respect du vivant et à l'instauration d'un autre mode de vie plus juste, sobre et solidaire[4]. Les communautés monastiques chrétiennes sont aussi engagées

---

1. *Adastria, Alternatives Économiques, Basta !, ConsoGlobe, Futura Planète, Kaizen, La Décroissance, La Pensée écologique, La Relève et la Peste, Médiapart, Mr. Mondialisation, Novethic, Politis, Rebellyon, Reporterre, Sismique, SuperLocal, Usbek & Rica, Yggdrasil Magazine*, etc.
2. Voir l'enquête de Christine Kristof-Lardet, *Sur la Terre comme au Ciel. Lieux spirituels engagés en écologie*, Labor et Fides, 2019, qui offre une vue synthétique « des monastères, ashrams, centres spirituels ou écosites sacrés de diverses traditions en France et à l'étranger » intégrant la dimension écologique dans leur mode vie et leurs structures.
3. Comme l'Institut Shangpa Karma Ling en Savoie, le temple de la Gendronnière dans la Loire, etc.
4. Dans l'univers bouddhiste, relevons l'originalité avec laquelle le pays du Bhoutan mesure le bonheur et le bien-être de sa population, le BNB (Bonheur National Brut), tout autrement que les PIB de nos pays. L'indice du BNB repose sur quatre piliers : un développement économique et social, durable et équitable ; la préservation et la promotion des traditions culturelles bhoutanaises ; la sauvegarde de l'environnement et une bonne gouvernance. En 2008, le BNB est intégré à la nouvelle Constitution du Bhoutan. Une voie

dans une démarche écologique profonde. Citons la communauté des sœurs dominicaines de Taulignan, le monastère orthodoxe de Solan dans le Gard et le foyer Marie-Jean en Ardèche – tous trois initiés à l'agrobiologie par Pierre Rabhi –, l'Abbaye Sainte-Marie de la Pierre-qui-Vire dans le Morvan, l'abbaye Sainte-Benoît d'En-Calcat dans le Tarn, l'écohameau de la Chaux en Côte-d'Or, l'abbaye Notre-Dame-de-Maylis dans les Landes, l'abbaye Sainte-Anne de Kergonan dans le Morbihan, le projet du Centre international de méditation chrétienne de Bonnevaux près de Poitiers, etc.[1].

La création – et la refonte – de « sociétés » à petite échelle n'est pas nouvelle. Ce qui est inédit, c'est l'émergence de ce type d'écoréalisation dans toutes les franges sociales et culturelles de la société, tous âges confondus, croyants et agnostiques, y compris dans les milieux où l'écologie fut longtemps perçue comme « réservée aux bobos » : les quartiers des banlieues[2].

---

qui mériterait d'être davantage étudiée et proposée comme référence inspiratrice de modèle sociétal.

1. Mentionnons l'association Chrétiens unis pour la Terre, fondée en 2012 par Laura Morosini et Christine Kristof-Lardet, son ouverture d'esprit et son engagement œcuménique en faveur de l'écologie. Voir l'entretien « Chrétienne, je marcherai samedi pour le climat », *La Croix*, 7 décembre 2018.

2. Voir l'expérience à Malakoff près de Nantes (*Écologie, révolution silencieuse des quartiers populaires*, Goethe Institut) ; Les Mureaux dans les Yvelines (« Énergie et Solidarités.

La neutralisation de la fièvre consumériste et du repliement individualiste se traduit par la création d'« oasis » de vie autonome et solidaire, de résistance alternative. Pierre Rabhi a été un pionnier en la matière[1] dès les années 1990. Edgar Morin en promeut aussi l'idée : « Je crois dans la multiplication des oasis de résistance, liées les unes aux autres par cette idée de fraternité humaine et universelle[2]. » C'est effectivement ce à quoi nous assistons aujourd'hui ici et là. Ces « oasis », espaces de vie nouvelle animés et gérés autrement que par les critères du « tout économique », sont parmi les meilleures réponses, accréditant une alternative sociétale.

Toutefois, ici encore, ne nous berçons pas d'illusions. Les « éco-oasis » ne sont pas de tranquilles havres de paix, à l'abri des pressions hégémoniques du monde ambiant. L'exemple de Notre-Dame-des-Landes est encore présent dans les esprits[3]. Celui, moins médiatisé, de

---

L'écoquartier des Mureaux, pour mieux vivre ensemble », *Kaisen*, 28 janvier 2018) ; la bergerie des Malassis en Seine-Saint-Denis (« Des immeubles à la place d'une bergerie ? À Bagnolet, la résistance s'organise », *Reporterre*, 11 octobre 2019).

1. Voir le « projet Oasis » de l'association Colibris dont Pierre Rabhi a été le principal inspirateur. Plus de 800 lieux de ce type participent aujourd'hui au réseau Oasis.

2. « Edgar Morin et Alain Touraine, une humanité de pensée », *Libération*, 4 février 2019.

3. Voir les obstacles juridiques qui entravent toujours la concrétisation des projets des habitants de la ZAD de Notre-Dame-des-Landes : « Sur la ZAD de Notre-Dame-des-Landes,

Darwin, ancienne caserne de 22 000 mètres carrés de la banlieue bordelaise reconvertie en écoquartier, est symptomatique de la résistance des pouvoirs en place dès lors qu'un lieu de vie alternatif se développe et gêne leurs projets. Que se passe-t-il pour Darwin ? Le plan périurbain prévoyant l'instauration d'une ZAC, dirigé par « Bordeaux Métropole Aménagement » (BMA), menace le maintien de Darwin dans toutes ses composantes. En octobre 2018, le directeur de BMA, Pascal Gerasimo, a assigné Darwin devant le tribunal de grande instance de Bordeaux pour obtenir son expulsion. Choquant et consternant constat, finalement peu étonnant en raison de l'incompatibilité de deux options de vie sociétale. « À un moment donné, on nous a donné l'espoir que notre utopie pouvait se déployer, rapporte Jean-Marc Gancille, cofondateur de Darwin, et aujourd'hui on veut nous couper les ailes », regrette-t-il. C'est une « certaine forme de cynisme qui l'emporte. Darwin a été une très belle vitrine à Bordeaux du temps où il ne bousculait pas trop les intérêts, notamment économiques, financiers et politiques[1] ».

Comment réagir face à ce délit d'obstruction à un projet de vie alternatif ? Jean-Marc Gancille

---

la bataille pour augmenter le pouvoir de non-achat », *Médiapart*, 25 octobre 2019.

1. Entretien à retrouver sur *Rue89 Bordeaux*, 26 juin 2018.

invoque le droit d'exercer une « légitime défense contre le système[1] ». La formule sonne juste. Lutter contre l'emprise d'un système sourd aux impératifs du drame écologique et réfractaire aux voies alternatives autorise les postures de contestation et d'engagement en faveur de la défense de la viabilité sur Terre. C'est bien de cette urgence vitale qu'il est question. En définitive, agir avec détermination contre les tenants de l'inaction climatique et les premiers responsables de la prédation environnementale est motivé par un « état de nécessité » : le combat pour la préservation de la vie, celle de tout vivant.

Or qu'y a-t-il de plus précieux que la vie ?

Les jeunes : vers une prise de conscience éthique et politique

La vie, les jeunes en sont pleins. Pour la croquer à pleines dents, s'y investir et trouver une voie. Leur voie. Celle correspondant à leurs capacités, à leurs talents, à leurs désirs de fond. Réaliser un projet professionnel, un idéal familial. « Faire sa vie », la vivre de la manière la plus heureuse. Et voyager si les moyens le permettent, avoir des amis avec qui se détendre, faire la fête, pouvoir échanger, se

1. *Ne plus se mentir, op. cit.*, 75-76.

confier, être complices. Du moins, c'est là le tableau convenu. La réalité est autre. L'angoisse et la peur sont souvent au rendez-vous pour franchir le seuil de l'autonomie et obtenir le label « adulte »[1]. Outre les difficultés à trouver un emploi et un logement, à assumer l'impératif des « choses à réaliser au moins une fois dans sa vie », tout en restant « zen » et heureux, les nouvelles générations sont désormais aux prises avec le calamiteux héritage écologique que nous leur léguons.

Et les voilà en mode réaction. Depuis près de deux ans, au gré d'événements médiatiques marquants[2], adolescents et jeunes adultes entrent incontestablement dans une conscience nouvelle, à l'aune de la gravité de la crise environnementale, notamment du dérèglement climatique. Ces

---

1. Selon une étude d'Olivier Robinson, professeur de l'université de Greenwich à Londres, 69 % des jeunes (25-33 ans) connaissent une crise du « quart de vie », appelée également « crise des 25 ». « Qu'est-ce que la crise du "quart de vie" qui touche de plus en plus de jeunes ? », *Les Inrockuptibles*, 13 mars 2018. Voir aussi « Crise de la vingtaine, quand la peur de devenir adulte devient trop forte », www.mowmagazine.fr, 17 février 2019 ; « Jeunes adultes : attention fragiles ! Entretien avec David Gourion », *Sciences humaines*, février 2016.

2. Phénomènes cataclysmiques (incendies dévastateurs en Sibérie, en Amazonie, en Indonésie, en Australie ; ouragans plus nombreux et puissants ; sécheresses et canicules inédites ; effets délétères de la pollution atmosphérique, de celle des sols, des produits alimentaires…) ; l'alerte des déclarations du GIEC et autres tribunes scientifiques…

jeunes que l'on disait dépolitisés, cachés derrière leurs écrans, individualistes, commencent à descendre dans la rue pour clamer leur inquiétude et faire pression sur les pouvoirs politiques.

À l'heure où j'écris ces lignes, de nouvelles manifestations sont programmées, avec de fortes participations aux différentes « marches » et « grèves mondiales pour le climat »[1], l'engagement d'un nombre croissant de jeunes dans des mouvements radicaux comme Extinction Rebellion et Youth for Climate.

Un *Manifeste étudiant pour un réveil écologique* a été rédigé fin 2018. Il commence en ces termes : « Nous, étudiants en 2018, faisons le constat suivant : malgré les multiples appels de la communauté scientifique, malgré les changements irréversibles d'ores et déjà observés à travers le monde, nos sociétés continuent leur trajectoire vers une catastrophe environnementale et humaine. » Après avoir résumé la gravité de l'état écologique de la planète, les insuffisances des réponses et les dysfonctionnements

---

1. La « Grève mondiale pour le climat » du vendredi 20 septembre 2019 a franchi un nouveau seuil de mobilisation, avec plus 5 000 événements répartis dans 156 pays, rassemblant plus de 4 millions de personnes en Allemagne (plus de 1,4 millions), aux États-Unis (250 000), en Australie (300 000), à Montréal (500 000, le 27 septembre), au Brésil, en Inde, au Pakistan, en Ouganda, Algérie, au Ghana, Kenya, en Angleterre, Belgique, France… Voir « Grève mondiale pour le climat : une mobilisation historique », *Médiapart*, 21 septembre 2019.

systémiques de l'économie actuelle, le *Manifeste* invite énergiquement à un changement de comportement individuel et collectif, à « prendre notre avenir en main en décidant collectivement d'anticiper et d'inclure dans notre quotidien et nos métiers une ambition sociale et environnementale, afin de changer de cap et ne pas finir dans l'impasse[1] ». À l'automne 2019, ce *Manifeste* compte plus de 30 000 signatures.

Et Autumn Peltier, militante des droits de l'eau dans l'Ontario au Canada, engagée depuis l'âge de 11 ans dans ce combat[2] ; Carola Rackete et Pia Klemp, jeunes Allemandes et intrépides capitaines de bateaux au service des migrants ; Anuna De Wever et Kyra Gantois, militantes belges, fondatrice du mouvement Youth for Climate ; Alexandria Villaseñor, militante pour le climat aux États-Unis. Et bien sûr Greta Thunberg[3]. En 2018, à l'âge de 15 ans, Greta Thunberg se signale en faisant chaque vendredi

1. L'équipe de rédaction du *Manifeste étudiant* inclut des élèves d'HEC Paris, AgroParisTech, CentraleSupélec, l'École polytechnique et de l'ENS Ulm ; voir www.pour-un-reveil-ecologique.fr.

2. En 2017, Autumn Peltier est nommée pour le Prix international de la paix pour les enfants. En 2018, elle fait une adresse à l'ONU à l'âge de 13 ans, où elle appelle à se révolter face à la pollution des sources d'eau potable et les dommages causés à l'environnement par l'être humain.

3. Remarquons que toutes ses figures militantes sont de jeunes femmes ; le féminin est bien à l'avant-garde de la lutte écohumaniste.

la « grève de l'école pour le climat ». Les médias s'emparent du fait, le commentent. Le mouvement se propage alors dans le monde entier, surtout après son discours à la conférence de Katowice en décembre 2018 sur les changements climatiques (COP24). Le 15 mars 2019, à la suite de la Grève mondiale pour le climat, elle écrit sur Facebook : « Il nous faut une nouvelle façon de penser. Le système politique que vous, les adultes, avez créé n'est que compétition. Vous trichez dès que vous le pouvez, car tout ce qui compte, c'est de gagner. Nous devons coopérer et partager ce qui reste des ressources de la planète d'une façon juste. » La jeune Suédoise cristallise les passions les plus contraires. D'une part, elle force le respect de nombreux médias et institutions internationales, soulève l'enthousiasme militant chez les jeunes de toute culture. D'autre part, son franc-parler, l'entièreté de son engagement pour la cause environnementale inquiète les climato-négationnistes de tout bord, les politiques conservateurs et autres intellectuels agacés par son audace langagière. Traitée de « gourou apocalyptique », d'« hystérique », de fille « profondément dérangée » au « visage de cyborg qui ignore l'émotion », elle s'attire des critiques acerbes, stupéfiantes, qui n'ont aucune prise sur sa détermination ni sur l'authenticité de sa démarche. Véritable catalyseur de la cause environnementale, Greta Thunberg exerce un rôle d'éveilleur de conscience écologique dont le monde – spécialement les jeunes – a besoin. Elle est une « icône nécessaire », écrit Pascal Riché. Tout mouvement de grande ampleur a besoin de leaders. Greta Thunberg en est un des plus résolus. Et c'est tant mieux.

L'onde de choc écologique dans l'univers des jeunes est prometteuse. Un éveil des consciences s'amorce. Incontestablement. Il ne cesse, au fil des mois, de propager les cris de sa protestation. Le fait remarquable dans ce nouveau phénomène militant est la prise en compte de la dimension systémique de la crise écologique et de la nécessité de changer de modèle sociétal. Les jeunes comprennent la portée éthique et politique de la situation. Le contenu du *Manifeste étudiant* cité plus haut et les prises de paroles lors des marches pour le climat en sont la preuve. Il y a là non pas un alarmisme de « doctrines effondristes » (Luc Ferry), mais une lucidité mature. N'en déplaise aux adultes dérangés dans leurs pseudo-certitudes et bousculés dans leur conservatisme socioculturel.

Pour autant, et sans le minimiser aucunement, le mouvement protestataire des jeunes en faveur de la protection de l'environnement devra passer des paroles et autres slogans scandés lors des manifestations ponctuelles aux actes quotidiens inscrits dans la durée d'un changement drastique de style de vie et d'un engagement écomilitant constructif. Ce que faisait remarquer Aurélien Barreau sur un plateau télévisé : « La parole, c'est très bien, mais les actions ne suivent pas [...]. La plupart des jeunes mangent de la viande, la plupart des jeunes, quand ils en ont les moyens, rêvent d'aller passer leurs vacances à l'autre bout du monde, la plupart des jeunes, quand ils vont voter [...] ne vont pas choisir vraisemblablement une liste révolutionnaire écologique[1]. » Bref, tout comme leurs aînés, les jeunes seront confrontés à l'incontournable effort personnel qu'implique le délaissement volontaire de zones de confort auquel la civilisation actuelle les a habitués. Seront-ils disposés à s'affranchir du formatage « consumériste » dans lequel ils sont nés et ont été éduqués ? Sauront-ils entrer dans un nouveau paradigme, celui, par exemple, d'une sobriété numérique, en freinant l'hyperconnexion dont ils sont friands ? Voudront-ils mettre les actes de leur vie en cohérence avec les cris de leurs manifestations et poser les fondements d'une nouvelle civilisation ?

Je veux le croire. Je place mon espérance dans la force inhérente à la jeunesse. Audace et créativité, voilà son ADN. Misons sur la contagion de leurs exemples. Soyons fiers de ce qu'ils amorcent aux quatre coins de la planète. Et gageons qu'ils seront eux aussi les acteurs courageux de l'inévitable changement sociétal à mettre en œuvre, ensemble.

---

1. Interview « Fin du monde : l'appel d'Aurélien Barreau », C à vous, 9 mai 2019.

Conclusion

Et maintenant, agir sans compter

Cette bonne nouvelle, cet évangile du siècle présent, c'est la non-violence active, militante.

C'est la révolution totale : celle qui commence par soi-même et non par les autres.

La révolution qui commence par la conversion.

LANZA DEL VASTO

Si nous ne parvenons pas à nous sauver de nous-mêmes, nous sauverons au moins l'honneur de l'humanité, enfin à sa juste place, aux côtés et solidaire de toutes les autres espèces vivantes face au « mur d'effroi » qui s'avance.

JEAN-MARC GANCILLE

ROY SCRANTON, écrivain américain à succès outre-Atlantique, déclarait dans une tribune publiée en avril 2019 dans le magazine *MIT Techonology Review* : « Soit nous transformons radicalement notre mode de vie collectif en renonçant aux énergies fossiles, soit, et c'est plus probable, le changement climatique précipitera la fin de la civilisation capitaliste mondiale alimentée par les énergies fossiles. Révolution ou effondrement. Dans les deux cas, la belle vie d'avant n'est plus viable. » Révolution ou effondrement ? La réponse est au-delà de l'alternative. Elle unit les deux termes. Une révolution personnelle et collective est nécessaire parce que l'effondrement est déjà commencé.

Au moment où j'écris la fin de cet essai, et jusqu'à la date à laquelle il sera publié, combien de rapports scientifiques, plus alarmants les uns que les autres, paraîtront encore, relayés par les médias[1], confirmés par de nouveaux événements dévastateurs de notre Terre. La communauté scientifique ne sait plus comment communiquer pour être enfin entendue par les gouvernants et la population. Cette dernière tente, certes, de réagir de différentes manières. Gageons que cette réaction s'amplifiera pour faire pression sans relâche sur les détenteurs des pouvoirs afin de mettre en œuvre les changements drastiques à opérer. Il est plus que temps de regarder les choses en face. « La catastrophe est déjà là. Personne ne peut plus refuser d'y croire, écrivait Guillaume Goubert, directeur du journal *La Croix*, dans son éditorial du 25 septembre 2019. Et en un sens, c'est tant mieux, ajoute-t-il, car cela va accélérer la prise de conscience de chacun sur l'urgence d'un net changement de trajectoire dans le fonctionnement de l'économie et dans nos modes de vie. Les gouvernements ne pourront plus s'abriter derrière la nécessité de ménager les opinions publiques. Le mot d'ordre n'est plus de sauver la planète,

1. Le dernier en date de notre enquête : celui du programme des Nations unies pour l'environnement, publié le 26 novembre 2019, qui souligne qu'entre 2020 et 2030, les émissions mondiales de gaz à effet de serre devront baisser de 7,6 % par an pour espérer limiter le réchauffement climatique en deçà de 1,5 °C ; et de 2,7 °C pour ne pas dépasser les 2 °C. Un défi vertigineux, alors que ces émissions ne cessent d'augmenter.

slogan théorique. Mais, très concrètement, de la soigner. »

C'est d'un traitement de choc que la Terre a besoin pour être guérie des maux dont elle souffre. Si nous prenons en compte les seules conséquences – irréversibles – du dérèglement climatique causées par le taux actuel des émissions de gaz à effet de serre, nous ne pouvons pas échapper à de graves événements obligeant les populations à de rudes adaptations et des épreuves en tout genre[1]. Ces données ne relèvent pas d'interprétations d'ordre sociologique, psychologique, philosophique, plus ou moins affectées de marges d'erreur et teintées d'idéologie. Ce sont des données physiques. Que cela nous plaise ou non, le monde tel que nous le connaissons est agonisant. Nous sommes embarqués dans une dynamique de bouleversements sans précédent dont nous constatons maintenant les prémices.

Certes, le défi pédagogique de partager les connaissances scientifiques « dans le système éducatif et auprès des décideurs », de gérer les émotions de « peur, de sentiment d'impuissance, de colère[2] » est complexe. Que les rapports du GIEC soient malaisés à communiquer ne doit

---

1. Voir le rapport sénatorial du 16 mai 2019 sur l'adaptation de la France aux changements climatiques à l'horizon 2050, par Ronan Dantec et Jean-Yves Roux.
2. « Nous, les scientifiques, avons été trop prudents », entretien avec Valérie Masson-Delmotte (chercheuse et

pas cependant nous dissuader de leur prêter la plus grande attention. Autant couper le système d'alarme des espaces publics pour ne pas causer d'effroi quand survient un début d'incendie. Nous en sommes là. Les alarmes ne cessent de se multiplier depuis une cinquantaine d'années et l'on ne cesse de se bercer de discours tous plus « verts » les uns que les autres, d'annonces de mesurettes bien en deçà de la réalité chaotique. Quand ce ne sont pas les ritournelles du déni pathologique qui prédominent, celles des Trump, Bolsonaro, Poutine, Duterte et autres dirigeants à la botte des lobbies financiers et industriels, protecteurs de systèmes productivistes déclarés inattaquables parce que pourvoyeurs de « croissance » et d'emplois, qu'il faudrait simplement rendre « plus vertueux ». Qu'on le veuille ou non, l'aggravation factuelle du désordre écologique provoquera de lourdes inquiétudes, des peurs, avec les risques de conflits et de dérives barbares du « sauve-qui-peut ». Le survivalisme cynique des plus riches est d'ores et déjà en marche, avec la construction d'espaces bunkerisés en Nouvelle-Zélande et en Suède, dans l'espoir égoïste et criminel d'échapper au pire[1].

---

coprésidente du groupe de travail 1 du GIEC), *Reporterre*, 26 septembre 2019.

1. « Pourquoi les millionnaires de la Silicon Valley se préparent à la fin du monde », France Culture, 28 février 2017.

Le courage d'une perception lucide des données concrètes du chaos environnemental et de ses conséquences à court terme nous invite d'abord à cerner – sans cligner des yeux – ce qui entrave notre changement personnel et notre engagement collectif. Ce fut le propos de la deuxième partie de notre essai. Nous sommes tous affectés de parasitages psychologiques et autres conditionnements socioculturels qui plombent notre capacité à réagir. Pour autant, il n'y a pas à laisser prise à l'abattement sous prétexte que la tâche dépasserait nos forces. Assurément, elle les dépasserait si nous persistions à éluder l'attitude que réclame la situation : une posture véritablement révolutionnaire. De quelle révolution parle-t-on ? Celle dont l'épicentre est intérieur à soi. Le maître mot de cette révolution, qui est aussi une renaissance, est contemplation. Contempler, c'est voir dans le silence de l'écoute. La contemplation de la nature est restauratrice de notre humanité. La nature a tant à nous dire pour que nous réapprenions à aimer la vie et à la partager, à nous réjouir de notre dépendance vivifiante à elle. Le recouvrement de ce lien est essentiel à notre humanité, à l'impératif de salut qui s'impose aujourd'hui à nous.

La spiritualité à laquelle nous initie la cause écologique est la résultante de l'éveil à la réalité de notre unité avec le vivant. Elle n'a rien à voir avec une spiritualité émotionnelle,

« millénariste », rêveuse, dépolitisée, repliée dans un entre-soi nombriliste. Une écologie « intérieure » dépourvue d'une conscience citoyenne et d'un engagement collectif n'est tout simplement pas crédible. Tout comme une écologie « extérieure », militante, vouée au seul combat dans l'arène politique, s'expose à s'enliser dans des joutes partisanes stériles, sans grand impact sur le système en place.

Contempler et s'engager. Voilà les deux faces de l'action primordiale à laquelle nous attelle l'urgence des temps présents exposée dans la troisième partie de notre essai. N'hésitons pas à prendre les chemins d'un engagement solidaire qu'ouvre l'élan d'une révolution intérieure. La contemplation est le point d'appui archimédique qui élève nos esprits au-dessus de nos égoïsmes et les accorde aux dimensions du monde global, humanité et nature comprises. Cet accord intérieur nous établit non pas dans les projections de rêveries éthérées, mais dans la consistance du monde réel. Il sensibilise aux injustices sociales, aux détresses humaines tout comme aux souffrances des êtres vivants, humains et non-humains. L'authenticité de la contemplation s'évalue à l'aune de la compassion et de la bienveillance altruiste, de l'engagement pour la justice, le partage solidaire et la coopération, la mobilisation pour les causes humanitaires et environnementales.

À chacun, aujourd'hui, de faire le pas dont il est capable pour agir sans compter. Alors nous pourrons « gérer l'inévitable » et, pendant qu'il est encore temps, « éviter l'ingérable », selon la formule du climatologue italien Filippo Giorgi[1]. Rétablissons un pacte d'amour avec le Vivant. Les textes inspirateurs ne manquent pas[2].

Par-delà le nécessaire ancrage dans tel ou tel mouvement, que notre esprit demeure libre, non inféodé à une pensée unique – politique, religieuse, philosophique, scientifique, psychologique. Que nos enseignants privilégiés demeurent la nature et la vie humaine. La vie humaine contemplée dans son interdépendance avec la nature et le respect de son écosystème.

Enfin, dépassons le débat « être optimiste ou pessimiste ». Soyons réalistes et responsables, avec la lucidité courageuse que procurent l'information et une contemplation militante.

---

1. « Gérer l'inévitable et éviter l'ingérable – nous en sommes là, selon le climatologue italien Filippo Giorgi », GERM (Groupe d'études et de recherches sur les mondialisations), 1er avril 2008.

2. Voir l'encyclique du pape François, *Laudato si'* ; Michel Serres, *Le Contrat naturel*, Le Pommier, 1990 ; la « Charte de la Terre », avec ses quatre piliers et ses seize principes, élaborée sous l'égide de l'ONU sur l'environnement et le développement, dont le texte final a été approuvé en mars 2000 ; le texte en projet de la Déclaration des droits de l'humanité, sous l'égide de Corinne Lepage, rédigé en 2015, en marge de la COP21 (Paris), pour être proposé aux États-membres de l'ONU, etc.

S'habituer dès à présent à déconsommer[1]. Œuvrer à une décroissance synonyme d'une croissance écohumaniste, d'un recouvrement du lien solidaire. Accepter de diminuer son niveau de vie et augmenter son aptitude à l'entraide. S'initier à une contre-culture du « tout économique » par un engagement associatif et l'investissement dans des écolieux, « biotopes de résilience sociale ». Agir au niveau local pour bousculer l'immobilisme politique actuel.

Analogue aux conséquences d'un « état de guerre » de l'humanité contre elle-même, la gravité de l'état de santé de notre planète ouvre, je le crois, à la possibilité d'une ample mobilisation. Aussi difficile que soit sa mise en œuvre, efforçons-nous, là où nous vivons, d'instaurer une démarche solidaire et dialogale. Coûteuse – elle suppose, pour surmonter repliement sur soi et sectarisme, que nous soyons des écoutants persévérants des enseignements du silence intérieur –, elle seule peut créer une issue crédible pour un monde durable et attrayant.

Aussi, osons prononcer le mot universel, le mot dont nous avons tous besoin pour être pleinement humains : aimer. Je le rencontre sous

1. Je n'énonce pas les actes personnels à poser en ces temps de grande mutation. Ils sont régulièrement énumérés dans de nombreuses publications. Voir Julien Vidal, *Ça commence par moi, op. cit.* ; Aurélien Barreau, *Le plus grand défi de l'histoire de l'humanité, op. cit.*, p. 57-61 ; Fred Vargas, *L'Humanité en péril, op. cit.*, p. 206-221.

la plume de nombreux auteurs engagés dans la cause écologique. Aurélien Barreau revendique « une économie de l'amour en lieu et place d'une gestion de la finance ». Jean-Marc Gancille appelle à un surcroît de « fraternité, de vitalité et d'amour » pour tisser et conforter les liens de communautés nouvelles résilientes. Derrick Jensen rappelle que « la pierre angulaire du courage est l'amour ». Pablo Servigne et Gauthier Chapelle n'évoquent pas autre chose en parlant d'« entraide » et de « coopération ». En épilogue à l'un de ses livres, le regretté biologiste, botaniste et écologue Jean-Marie Pelt rapporte l'échange suivant avec son ami, le célèbre naturaliste Théodore Monod : « Il y a eu les grandes voix : celles d'un Bouddha en Orient ou d'un Jésus plus en Occident ; ils nous parlèrent de compassion, nous proposèrent de "nous aimer les uns les autres", d'"aimer notre prochain comme nous-mêmes". Nul ne critique ces messages connus et reçus par tous. Mais qui les met vraiment en pratique ? Nous nous sommes gardés jusqu'ici de les essayer pour de bon… Or, sans un puissant sursaut spirituel, nous n'y arriverons jamais. Mais si l'on essayait pour de bon de mettre ces préceptes en pratique, je suis sûr que cela marcherait : le monde et la vie en seraient entièrement transformés[1] ! »

1. Jean-Marie Pelt, *La Solidarité chez les plantes, les animaux, les humains*, *op. cit.*, p. 136.

Traduisons aujourd'hui ces paroles de lumière dans la consistance de nos existences quotidiennes et le contexte sociétal ambiant. La qualité de notre monde futur, le nôtre et celui de nos enfants, en dépend. Nous ne pouvons, sans nous renier, abandonner l'espoir que porte ce combat essentiel à notre humanité. L'amour est l'âme du relèvement existentiel dont notre imaginaire a faim. Ce combat ne signifie rien d'autre que de faire exister les valeurs d'entraide, d'altruisme, de compassion et d'attention, de respect envers autrui et tout vivant, de coopération, de partage et de solidarité, de justice et de paix, de fête et d'émerveillement. Cela dans une ouverture humblement réceptive au mystère de la vie. Celle qui nous anime depuis notre naissance, qui irradie l'immensité du cosmos et se condense sur notre planète Terre avec un équilibre chimique, une harmonie biologique et une précision stupéfiante.

Notre humanité est en danger parce qu'elle est en état d'urgence spirituelle, en déficit d'écoute, anémiée dans sa capacité à aimer en vérité. Que l'on soit athée, agnostique ou croyant, il est possible de puiser dans la signification des paroles du Christ une force inépuisable[1]

---

1. Semblable, pour les athées et les agnostiques, à celle d'un « mythe performateur », apte à inspirer dans l'existence les actes qu'il signifie. « Le Christ, je le perçois comme un mythe, affirme le journaliste, homme politique et agnostique François Ruffin. Je considère qu'il a existé, mais le fait qu'il

capable de nous mouvoir, de restaurer l'utopie d'un « vivre ensemble » heureux, qui respecte le vivant, envisage son semblable comme son prochain. Un « proche » en humanité.

À tous mes frères et sœurs en humanité, je le dis : il y a une mutation écohumaniste à vivre en puisant au puits sans fond de nos forces intérieures. Relevons ce défi.

À tous mes frères et sœurs en Jésus-Christ, je le dis : il y a une Pâque, une mort-résurrection à vivre en laissant brûler la flamme d'amour que l'Évangile nous a léguée.

Que l'axe de l'universelle convergence humaine demeure le même : aimer la vie, la respecter, la partager. Habiter encore notre Terre est à ce prix.

---

soit le fils de Dieu et qu'il ait produit des miracles, je ne peux pas y croire. Cependant, je le considère comme un mythe important, qui m'habite et que je transmets à mes enfants. Je leur en parle régulièrement. En leur laissant la possibilité d'y croire ou non » (*Paix intérieure & paix sociale. François Ruffin et Mgr Olivier Leborgne, dialogue entre un député et un évêque sur la spiritualité et la politique*, Temps présent, 2018, p. 52).

capable de nous mouvoir, de restaurer l'utopie d'un « vivre ensemble » heureux, qui respecte le vivant, envisage son semblable comme son prochain, un « proche » en humanité.

À tous mes frères et sœurs en humanité, je le dis : il y a une mutation écohumaniste à vivre en puisant au puits sans fond de nos forces intérieures. Relevons ce défi.

À tous mes frères et sœurs en Jésus-Christ, je le dis : il y a une Pâque, une mort-résurrection à vivre en laissant brûler la flamme d'amour que l'Évangile nous a léguée.

Que l'axe de l'universelle convergence humaine demeure le même : aimer la vie, la respecter, la partager. L'avenir de notre Terre est à ce prix.

---

soit le fils de Dieu et qu'il ait produit des miracles, je ne peux pas y croire. Cependant, je le considère comme un mythe important, qui m'inspire et que je transmets à mes enfants. Je leur en parle régulièrement, en leur laissant la possibilité d'y croire ou non » ([illegible] et Mgr Olivier [illegible], *Dialogue entre un élu et un évêque sur la spiritualité et le politique*, Temps présent, 2019, p. 52).

Remerciements

À Élisabeth pour sa présence, son soutien et l'acuité de sa relecture.

À Jérôme et Simone, aux amis et aux proches de ma famille, au personnel des milieux médicaux qui m'ont aidé à concevoir et à porter ce livre jusqu'à sa publication.

Index des noms propres

Bibliographie

Sylviane AGACINSKI, *L'homme désincarné, du corps charnel au corps fabriqué*, Gallimard, 2017.

Gunther ANDERS, *Et si je suis désespéré, que voulez-vous que j'y fasse ?*, Allia, 2001.

Hannah ARENDT, *La crise de la culture*, Gallimard, (1961), 1989.

–, *Condition de l'homme moderne*, (1958), Pocket, 2002.

Paul ARIÈS, *Décroissance ou barbarie*, Golias, 2005.

–, *Écologie et culture populaire*, Éditions Utopia, 2015.

ATTAC, *Sortir de la crise*, La Découverte, 2009.

Geneviève AZAM, *Le temps du monde fini*, Les Liens qui Libèrent, 2010.

–, *Lettre à la Terre*, Seuil, 2019.

Aurélien BARREAU, *Le plus grand défi de l'histoire de l'humanité, Face à la catastrophe écologique et sociale*, Michel Lafon, 2019.

Jean BASTAIRE, *Pour une écologie chrétienne*, Cerf, 2004.

Delphine BATHO, *Écologie intégrale, Le Manifeste*, Le Rocher, 2019.

Jean BAUDRILLARD, *La société de consommation*, Denoël, 1970.

Gaultier BÈS, *Nos limites, Pour une écologie intégrale*, Le Centurion, 2014.

–, *Radicalisons-nous ! La politique par la racine*, Le Centurion, 2017.

Jean-Michel Besnier, *Demain les posthumains : le futur a-t-il encore besoin de nous ?*, Hachette, 2009.

Janet Biehl, *Le municipalisme libertaire – La politique de l'écologie sociale*, Écosociété Éditions, 2014.

Philippe Bihouix, *L'Âge des low-tech : Vers une civilisation techniquement soutenable*, Seuil, 2014.

–, *Le bonheur était pour demain, Les rêveries d'un ingénieur solitaire*, Seuil, 2019.

Olivier Blond, *Pour en finir avec l'écologie punitive*, Grasset, 2018.

Sébastien Bolher, *Le Bug humain : pourquoi notre cerveau nous pousse à détruire la planète et comment l'en empêcher*, Robert Laffont, 2019.

Murray Bookchin, *Qu'est-ce que l'écologie sociale ?*, Atelier de création libertaire, 2003.

–, *Pour un municipalisme libertaire*, Atelier de création libertaire, 2018.

–, *Pouvoir de détruire, pouvoir de créer : Vers une écologie sociale et libertaire*, L'échappée, 2019.

Dominique Bourg, *Du risque à la menace. Penser la catastrophe*, PUF, 2013.

–, *Une nouvelle Terre, Pour une autre relation au monde*, DDB, 2018.

François Brune, *Le bonheur conforme, Essai sur la normalisation publicitaire*, Gallimard, (1981), 1985.

Valérie Cabanes, *Un nouveau droit pour la Terre : pour en finir avec l'écocide*, Seuil, 2016.

Rachel Carson, *Printemps silencieux*, Plon, (1962), 1966.

Bernard Charbonneau, *Le système et le chaos. Critique du développement exponentiel*, Anthropos, 1973.

Jean-Louis Chrétien, *L'espace intérieur*, Minuit, 2014.

Yves CITTON, *Pour une écologie de l'attention*, Seuil, 2014.
William CLAPIER, *Quelle spiritualité pour le XXIe siècle ? Au fil d'une vie*, Presses de la Renaissance, 2018.
Yves COCHET, *Devant l'effondrement, Essai de collapsologie, Le compte à rebours a commencé,* Les Liens qui Libèrent, 2019.
Daniel COHEN, *« Il faut dire que les temps ont changé… » Chronique (fiévreuse) d'une mutation qui inquiète*, Albin Michel, 2018.
René COSTE, *Dieu et l'écologie, Environnement, théologie, spiritualité*, Éditions de l'Atelier, 1994.
Alain COULOMBEL, *De nouveaux défis pour l'écologie politique,* Éditions Utopia, 2019.
Jérémie CRAVATTE, *L'effondrement, parlons-en… Les limites de la collapsologie*, Barricade, 2019.
Jared DAIMOND, *Effondrement*, Gallimard, 2006.
Alain DAMASIO, *Les furtifs*, La Volte, 2019.
Guy DEBORD, *La Société du spectacle,* Buchet-Chastel, 1967.
Jean-Paul DÉLÉAGE, *Histoire de l'écologie, une science de l'homme et de la nature*, La Découverte, 1991.
Lanza DEL VASTO, *Les Quatre Fléaux,* Le Rocher, (1959), 1993.
–, *Pour éviter la fin du monde*, Le Rocher, 1991.
Cyril DION, *Petit manuel de résistance contemporaine : Récits et stratégies pour transformer le monde*, Actes Sud, 2018.
Marc DUGAIN & Christophe LABBÉ, *L'homme nu, La dictature du numérique*, Plon et Robert Laffont, 2016.
René DUMONT, *L'Utopie ou la mort*, Seuil, 1974.
Jacques DUPUY, *Pour un catastrophisme éclairé*, Seuil, 2002.
Renaud DUTERME, *De quoi l'effondrement est-il le nom ? La fragmentation du monde*, Éditions Utopia, 2016.

Michel Maxime EGGER, *Ecospiritualité, Réenchanter notre relation avec la nature*, Jouvence, 2018.

Jacques ELLUL, *Anarchie et christianisme*, Atelier de création libertaire, 1988.

–, *Le système technicien*, Le Cherche-Midi, (1977), 2004.

–, *La Technique ou l'Enjeu du siècle*, Économica, (1954), 2008.

–, *Le bluff technologique*, Hachette, (1988), 2012.

Laurent ELOI, *Sortir de la croissance, Mode d'emploi*, Les Liens qui libèrent, 2019.

Stéphane FOUCART, *Le Populisme climatique : Claude Allègre et Cie, enquête sur les ennemis de la science*, Denoël, 2010.

–, *Et le monde devint silencieux. Comment l'agrochimie a détruit les insectes*, Le Seuil, 2019.

Jean-Baptiste FRESSOZ, *L'Apocalypse joyeuse, Une histoire du risque technologique*, Seuil, 2012.

Jean-Baptiste FRESSOZ & Christophe BONNEUIL, *L'événement anthropocène : la Terre, l'histoire et nous*, Seuil, 2013.

Francis FUKUYAMA, *La fin de l'histoire et le dernier homme*, Flammarion, 1992.

Jean GADREY, *Adieu à la croissance, Bien vivre dans un monde solidaire*, Les petits matins, 2012.

Jean-Marc GANCILLE, *Ne plus se mentir, Petit exercice de lucidité par temps d'effondrement écologique*, Rue de l'Échiquier, 2019.

Gaël GIRAUD, *L'illusion financière*, Éditions de l'Atelier, 2013.

Nadim GHODAME, *Une écologie intérieure, Une prière pour la planète*, Edilivre, 2016.

André GORZ, *Écologie et politique*, Galilée, 1975.

–, *Écologie et liberté*, Galilée, 1977.

–, *Écologica*, Galilée, 2003.

Alain GRANDJEAN, *Vers une société sobre et désirable*, PUF, 2010.

–, *Agir sans attendre, Notre plan pour le climat*, Les Liens qui Libèrent, 2019.

Félix GUATTARI, *Les trois écologies*, Galilée, 1989.

Clive HAMILTON, *Requiem pour l'espèce humaine, Face à la réalité du changement climatique*, Presses de Sciences Po, (2010), 2013.

Stéphane HESSEL, *Indignez-vous*, Indigène, 2010.

–, *Engagez-vous*, L'Aube, 2011.

David HOLMGREN, *Permaculture, Principes et pistes d'action pour un mode de vie soutenable*, Rue de l'Échiquier, 2014.

Ivan ILLICH, *La société conviviale*, Seuil, 1973.

–, *La Perte des sens*, Fayard, 2004.

Eva ILLOUZ, *Les marchandises émotionnelles*, Premier Parallèle, 2019.

Eva ILLOUZ & Edgar CABANS, *Happycratie, Comment l'industrie du bonheur a pris le contrôle de nos vies*, Premier Parallèle, 2018.

Albert JACQUARD, *Mon Utopie*, Stock, 2008.

Jean-Marc JANKOVICI, *Transition énergétique pour tous ! Ce que les politiques n'osent pas vous dire*, Odile Jacob, 2013.

–, *Dormez tranquilles jusqu'en 2100*, Odile Jacob, 2015.

Anselm JAPPE, *La société autophage, Capitalisme, démesure et autodestruction*, La Découverte, 2017.

Jean-Paul II, « La paix avec Dieu créateur, la paix avec toute la création, Message pour la célébration de la journée mondiale de la paix (1er janvier 1990) », *La Croix*, 6 décembre 1989.

Hans JONAS, *Le principe de responsabilité : une éthique pour la civilisation technologique*, Flammarion, (1979), 2013.

Paul JORION, *Le dernier s'en va éteint la lumière : essai sur l'extinction de l'Humanité*, Fayard, 2016.

–, *Se débarrasser du capitalisme est une question de survie*, Fayard, 2017.

Hervé KEMPF, *Comment les riches détruisent la planète*, Seuil, 2007.

–, *Pour sauver la planète, sortez du capitalisme*, Seuil, 2009.

–, *L'oligarchie, ça suffit, vive la démocratie*, Seuil, 2011.

–, *Tout est prêt pour que tout empire, 12 leçons pour éviter la catastrophe*, Seuil, 2017.

Naomi KLEIN, *La stratégie du choc*, Actes Sud, 2008.

–, *Tout peut changer, Capitalisme & changement climatique*, Actes Sud, 2015.

Jiddu KRISHNAMURTI, *Se libérer du connu*, Stock, 1970.

–, *L'éveil de l'intelligence*, Stock, 1975.

Christine KRISTOF-LARDET, *Sur la Terre comme au Ciel, Lieux spirituels engagés en écologie*, Labor et Fides, 2019.

Pierre KROPOTKINE, *L'entraide, un facteur de l'évolution*, Écosociété, (1902), 2001.

Satish KUMAR, *Pour une écologie spirituelle*, Belfond, 2018.

Jean-Claude LARCHET, *Les fondements spirituels de la crise écologique*, Éditions des Syrtes, 2018.

Christopher LASCH, *La culture du narcissisme, La vie américaine à un âge de déclin des espérances*, Flammarion, (1979), 2018.

–, *La révolte des élites et la trahison de la démocratie* Flammarion, (1996), 2007

Serge LATOUCHE, *Décoloniser l'imaginaire*, Parangon, 2005.

–, *Sortir de la société de consommation*, Les Liens qui Libèrent, 2010.

–, *Le Pari de la Décroissance*, Fayard, 2016.

–, *Comment réenchanter le monde : La décroissance et le sacré*, Bibliothèque Rivages, 2019.

Bruno Latour, *Face à Gaïa. Huit conférences sur le Nouveau Régime Climatique*, La Découverte & Les Empêcheurs de tourner en rond, 2015.

–, *Où atterrir ? Comment s'orienter en politique*, La Découverte, 2017.

Stéphane Lavignotte, *La décroissance est-elle souhaitable ?*, Textuel, 2009.

Jacques Lecomte, *Notre monde va beaucoup mieux que ce vous croyez*, Les Arènes, 2017.

Frédéric Lordon, *Et la vertu sauvera le monde*, Raison d'Agir, 2003.

James Lovelock, *La Terre est un être vivant, L'hypothèse Gaïa*, Flammarion, 1999.

Joanna Macy et Chris Johnstone, *Espérance en mouvement*, Labor et Fides, 2013.

Pierre Madelin, *Après le capitalisme, Essai d'écologie politique*, Écosociété, 2017.

Thierry Magnin, *Penser l'humain au temps de l'homme augmenté, Face aux défis du transhumanisme*, Albin Michel, 2017.

Herbert Marcuse, *L'Homme unidimentionnel*, Minuit, 1968.

Jean-Fançois Mattei, *Questions de conscience, De la génétique au posthumanisme*, Les Liens qui Libèrent, 2017.

Laurent Mauduit, *La caste*, La Découverte, 2019.

Dennis Meadows, *Les limites à la croissance (dans un monde fini) Le Rapport Meadows, 30 ans après*, L'écopoche, (2004), 2017.

Dominique Méda, *La mystique de la croissance. Comment s'en libérer*, Flammarion, 2013.

–, *Au-delà du PIB. Pour une autre mesure de la richesse*, Champs-Actuel, 2008.

Vincent Mignerot, *Le piège de l'existence : pour une théorie écologique de l'esprit*, Éditions Solo, 2014.
–, *Transition 2017 : Réformer l'écologie pour nous adapter à la réalité*, Éditions Solo, 2017.
Jürgen Moltmann, *Dieu dans la création, Traité écologique de la création*, Cerf, 1988.
Théodore Monod, *Dictionnaire humaniste et pacifiste*, Le Cherche-Midi, 2004.
Thomas More, *L'Utopie*, Flammarion, 1993.
Corinne Morel-Darleux, *Plutôt couler en beauté que flotter sans grâce*, Libertalia, 2019.
Edgar Morin, *La voie*, Fayard, 2011.
–, *L'an 1 de l'ère écologiste*, Tallandier, 2007.
–, *Terre Patrie*, Seuil, 1996.
Timothy Morton, *La Pensée écologique*, Zulma, 2019.
Dmitry Orlov, *Les cinq stades de l'effondrement*, Le Retour aux Sources, 2016.
Pierre d'Ornellas, *Bioéthique, quel monde voulons-nous ? Discerner des chemins d'humanité*, Balland, 2019.
Pape François, Exhortation apostolique, *Evangelii Gaudium*, Salvator, 2013.
–, Encyclique *Laudato si'*, Salvator, 2015.
Jean-Marie Pelt, *La solidarité chez les plantes, les animaux, les humains*, Fayard, 2004.
–, *Cessons de tuer la terre pour nourrir l'homme ! : Pour en finir avec les pesticides*, (avec Franck Steffan), Fayard, 2012.
–, *Le monde a-t-il un sens ?*, (avec Pierre Rabhi), Flammarion, 2014.
Sylvaine Perragin, *Salaire de la peine : le business de la souffrance au travail*, Seuil, 2019.
Thomas Piketty, *Capital et idéologie*, Seuil, 2019.

–, *Rapport sur les inégalités mondiales 2018*, (avec Facundo Alvaredo, Lucas Chancel, Emmanuel Saez et Gabriel Zucman), Le Seuil, 2018.

Jean-Claude Pont, *Le vrai, le faux et l'incertain dans les thèses du réchauffement climatique*, La Liseuse, 2018.

Richard Powers, *L'arbre monde*, Le Cherche-Midi, 2018.

Pierre Rabhi, *Manifeste pour la Terre et l'humanisme*, Actes Sud, 2008.

–, *La part du colibri, L'espèce humaine face à son devenir*, L'Aube, 2009.

–, *Vers la sobriété heureuse*, Actes Sud, 2010.

Matthieu Ricard, *Plaidoyer pour l'altruisme, La Force de la bienveillance*, Nil, 2013.

Nathaniel Rich, *Perdre la Terre*, Seuil, 2019.

Hubert Reeves, *Mal de Terre*, (avec Frédéric Lenoir), Seuil, 2003.

–, *Là où croît le péril… croît aussi ce qui sauve*, Seuil, 2013.

Michel Rocard, *Suicide de l'Occident, suicide de l'humanité ?*, Flammarion, 2015.

Sandrine Roudaut, *L'Utopie mode d'emploi*, La mer salée, 2014.

Juliette Rousseau, *Lutter ensemble, Pour de nouvelles complicités politiques*, Cambourakis, 2018.

Harmut Rosa, *Accélération, Une critique sociale du temps*, La Découverte, 2013.

François Ruffin, *Il est où le bonheur*, Les Liens qui Libèrent, 2019.

François Ruffin & Mgr Olivier Leborgne, *Paix intérieure et paix sociale, Dialogue entre un député et un évêque sur la spiritualité et la politique*, Temps Présent, 2018.

Éric SADIN, *L'intelligence artificielle ou l'enjeu du siècle, Anatomie d'un antihumanisme radical*, L'Échappée, 2018.

Ernst Friedrich SCHUMACHER, *Small Is Beautiful, Une société à la mesure de l'homme*, Contretemps & Seuil, 1973.

Michel SERRES, *Le contrat naturel*, Flammarion, 1992.

Pablo SERVIGNE & Raphaël STEVENS, *Comment tout peut s'effondrer, Petit manuel de collapsologie à l'usage des générations présentes*, Seuil, 2015.

Pablo SERVIGNE & Gauthier CHAPELLE, *L'entraide, l'autre loi de la jungle*, Les Liens qui Libèrent, 2017.

Pablo SERVIGNE, Raphaël STEVENS & Gauthier CHAPELLE, *Une autre fin du monde est possible*, Seuil, 2018.

Annick de SOUZENELLE, *L'Alliance oubliée*, Albin Michel, 2005.

Brand STEWART, *Discipline pour la planète Terre, Vers une écologie des solutions*, Tristram, 2014.

Barbara STIEGLER, *« Il faut s'adapter » : sur un nouvel impératif politique*, Gallimard, 2019.

Joseph STIGLITZ, *Un autre monde contre le fanatisme du marché*, Fayard, 2006.

–, *Le triomphe de la cupidité*, Les Liens qui Libèrent, 2010.

Joseph TAINTER, *L'effondrement des sociétés complexes*, Le Retour aux Sources, 2013.

Laurent TESTOT, *Cataclysmes, Une histoire environnementale de l'humanité*, Payot & Rivages, 2017.

Pierre TEILHARD DE CHARDIN, *Le Phénomène humain*, Points, (1955), 2007.

–, *Le Milieu divin, Essai de vie intérieure*, Points, (1957), 1993.

–, *L'Avenir de l'homme*, Points, (1959), 2001.

Henry David THOREAU, *Journal*, Le Mot et le Reste, 2019.

George UGEUX, *La descente aux enfers de la finance*, Odile Jacob, 2019.

Shiva VANDANA, *Éthique et agro-industrie. Main basse sur la vie*, L'Harmattan, 1996.

–, *Le terrorisme alimentaire*, Fayard, 2001.

–, *La Guerre de l'eau : Privation, pollution et profit*, Parangon, 2003.

Jean VANIER, *Accueillir notre humanité*, Presses de la Renaissance, 1999.

–, *La communauté, lieu du pardon et de la fête*, Mame, (1979), 2012.

Fred VARGAS, *L'humanité en péril, Virons de bord, toute !*, Flammarion, 2019.

Bertrand VIDAL, *Survivalisme, Êtes-vous prêts pour la fin du monde ?*, Arkhe, 2018.

Julien VIDAL, *Ça commence par moi*, Seuil, 2018.

Patrick VIVARET, *La cause humaine : du bon usage de la fin du monde*, Les Liens qui Libèrent, 2012.

Peter WOHLLEBEN, *La vie secrète des arbres, Ce qu'ils ressentent, Comment ils communiquent*, Les Arènes, 2017.

Jean-Guilhem XERRI, *Prenez soin de votre âme, Petit traité d'écologie intérieure*, Cerf, 2018.

Joëlle ZASK, *Quand la forêt brûle. Penser la nouvelle catastrophe écologique*, Premier Parallèle, 2019.

Collectif :

Dominique BOURG et Philippe ROCH (sous la dir.), *Crise écologique, crise des valeurs ? Défis pour l'anthropologie et la spiritualité* (Jacques Grinevald, Jean Bastaire, Michel Maxime Egger, Pierre Gisel, Jean-Louis Schlegel, Alain Papaux, Heather Eaton,

Philippe Descola, Jean-Claude Galey, Jacques Ivanoff, Olivier Ferrari, Christopher Key Chapple, Karen Gloy, Nicolas Hulot, Philippe Roch, Gérald Hess, Thierry Paquot, Jean-Bernard Racine, Jean-Martin Folz, Alain Grandjean), Labor et Fides, 2010.

Conférence des Églises Européennes et Conseil des Conférences Épiscopales Européennes, *Paix et justice pour la création entière, Document du rassemblement œcuménique européen « Paix et Justice »*, Cerf, 1989.

Conférence des Evêques de France, *Enjeux et défis écologiques pour l'avenir*, 2012.

Écologie et spiritualité (André Comte-Sponville, Albert Jacquard, Théodore Monod, Jean-Marie Pelt, Pierre Rabhi, Annick de Souzenelle), Albin Michel, 2006.

Écologie en résistance, Stratégies pour une Terre en péril (vol 1) (Vandana Shiva, Derrick Jensen, Stéphanie Mc Milan, Lierre Keith, Aric Mc Bay), Éditions libre, 2018.

Écologie en résistance, Stratégies pour une Terre en péril (vol 2) (DGR, Derrick Jensen, Chris Hedges, Armand Farrachi, Joshua Headley, Murray Bookchin), Éditions libre, 2018.

L'homme entre Terre et Ciel, Nature, écologie et spiritualité (Jean-Marie Pelt, Pierre Rabhi, Nicolas Hulot, Edward Goldsmith, Roland de Miller, Aigle Bleu, Yan Amar), Jouvence, 2007.

Spiritualités et engagements dans la cité, Dialogue entre un musulman critique, un agnostique anarchiste, un catholique libertaire et une romancière (Jérôme Alexandre, Philippe Corcuff, Haoues Seniguer, Isabelle Sorente), Le bord de l'eau, 2018.

Table

Deuxième partie
Les obstacles au changement

Troisième partie
Contempler et s'engager : éducation permanente et mobilisation solidaire

Dans la collection « Le Passeur Poche » *(suite)*

Linda Bortoletto, *Là où je continuerai d'être*
Gisèle Casadesus, *Cent ans, c'est passé si vite*
Marianne Chaillan, *Game of Thrones, une métaphysique des meurtres*
Marianne Chaillan, *La playlist des philosophes*
Katia Chapoutier, *La vie après le suicide d'un proche*
Katia Chapoutier, *Les vies secrètes de Paris*
Henriette Chardak, *La passion secrète d'une reine*
Jean-Yves Clément, *Les deux âmes de Frédéric Chopin*
Sébastien de Courtois, *Lettres du Bosphore*
Sébastien de Courtois, *Un thé à Istanbul*
Stéphane Degonde, *J'ose entreprendre !*
Joëlle Désiré-Marchand, *Alexandra David-Néel, passeur pour notre temps*
Nicolas Dufetel, *Tout le ciel en musique*
Nathalie Duplan et Valérie Raulin, *Jocelyne Khoueiry, l'indomptable*
Harvey J. Fields, *La Torah commentée pour notre temps*
Gustave Flaubert et Guy de Maupassant, *La terre a des limites, mais la bêtise humaine est infinie*
Florence M.-Forsythe, *Tu me vertiges*
Alain Gagnol, *Un fantôme dans la tête*
Patrice Gourrier, *Deviens ce que tu es*
Anselm Grün, *Oser la vie et la liberté*
Jean-Pierre Guéno, *Antoine de Saint-Exupéry, le Petit Prince, c'est toi*
Francis Huster, *Albert Camus, un combat pour la gloire*
Francis Huster, *L'Énigme Stefan Zweig*
Emmanuel Jaffelin, *Osez la gentillesse en entreprise*
Jacques Lacarrière, *Ne lâchons pas la proie du soleil pour l'ombre des écrans*

Jean de La Fontaine, *Il faut que je vous apprenne jusqu'à mes songes*
Frank Lanot, *Une balle de colt derrière l'oreille*
Nadine Laporte, *Nicolas Bouvier, passeur pour notre temps*
Franz Liszt, *Tout le ciel en musique*
John Main, *Méditer chaque jour et trouver la paix intérieure,*
Jean-Michel Maulpoix, *Le voyageur à son retour*
Béatrice et François Morinière, *Et le ciel devient familier*
Frédéric Nietzsche, *Il faut vivre dangereusement*
Michel Onfray, *Vivre une vie philosophique*
Laurence Roux-Fouillet, *La sophrologie au travail*
George Sand et Eugène Delacroix, *Je serais folle de vous si je ne l'étais d'un autre*
George Sand et Gustave Flaubert, *Tu aimes trop la littérature, elle te tuera*
Nathalie Sarthou-Lajus et Jean-Pierre Winter, *Peut-on croire à l'amour ?*
Arthur Schopenhauer, *La fin du monde, voilà le salut*
Charles Senard, *L'or, la paille, le feu*
Jean-Pierre Siméon, *La poésie sauvera le monde*
Henry D. Thoreau, *Histoire de moi-même*
Pascal Tonazzi, *La grande histoire de Notre-Dame dans la littérature*
André Tubeuf, *Bach ou le meilleur des mondes*
Bertrand Vergely, *Transhumanisme : la grande illusion*
Gilles Vervisch, *Peut-on réussir sans effort ni aucun talent ?*
Gilles Vervisch, *Star Wars, la philo contre-attaque*

CET OUVRAGE A ÉTÉ COMPOSÉ
EN PALATINO CORPS 11
PAR NORD COMPO
À VILLENEUVE-D'ASCQ.

ACHEVÉ D'IMPRIMER
PAR CPI BUSSIÈRE
À SAINT-AMAND-MONTROND, EN MARS 2021,
POUR LE COMPTE DU PASSEUR ÉDITEUR.

Dépôt légal : mai 2021.
N° d'imprimeur : 2057660
Imprimé en France.